LOUIS MARSCHALKO

LOS CONQUISTADORES DEL MUNDO
Los verdaderos criminales de guerra

LOUIS MARSCHALKO

Louis Marschalko, también conocido como Lajos Marschalko (11 de septiembre de 1903 - 20 de mayo de 1968), fue un escritor nacionalista húngaro, conocido sobre todo por su libro "Los conquistadores del mundo" (1958). Comenzó su carrera escribiendo para periódicos nacionalistas y vivió en Debrecen hasta 1936, antes de trasladarse a Budapest. Fue autor del folleto "Quién traicionó a Hungría en 1918-19", prohibido después de 1945 por su contenido antisemita y antijudío. Tras la Segunda Guerra Mundial, Marschalko no regresó a Hungría por miedo a ser ejecutado por los bolcheviques. Se quedó en Múnich e intentó emigrar a Estados Unidos, pero su solicitud fue denegada por supuesta influencia judía.

LOS CONQUISTADORES DEL MUNDO
LOS VERDADEROS CRIMINALES DE GUERRA

Országhódítók - 1958

Traducido y publicado por Omnia Veritas Ltd

www.omnia-veritas.com

Omnia Veritas Limited - 2024

Todos los derechos reservados. Queda prohibida la reproducción total o parcial de esta publicación por cualquier medio sin la autorización previa del editor. El código de la propiedad intelectual prohíbe las copias o reproducciones para uso colectivo. Toda representación o reproducción total o parcial por cualquier medio, sin el consentimiento del editor, del autor o de sus derechohabientes, es ilícita y constituye una infracción sancionada por los artículos del Código de la Propiedad Intelectual.

CONQUISTADORES DEL MUNDO 11
INTRODUCCIÓN 13
CAPÍTULO I..19
    El "nazismo" más antiguo del mundo 19
CAPÍTULO II 36
    El sentido de la resistencia de Cristo 36
CAPÍTULO III...50
    La dominación del mundo en tres etapas 50
CAPÍTULO IV...62
    Los banqueros millonarios apoyan a los bolcheviques 62
CAPÍTULO V...80
    Un movimiento difamado 80
CAPÍTULO VI...93
    Los verdaderos criminales de guerra 93
CAPÍTULO VII 112
    Por qué tuvo que irse Hitler 112
CAPÍTULO VIII..122
    Los verdaderos vencedores de la Segunda Guerra Mundial 122
CAPÍTULO IX...140
    "La venganza es nuestra" 140
CAPÍTULO X...156
    Nuevo Purim y Nuremberg 156
CAPÍTULO XI...177
    ¿Qué ha sido de los seis millones de judíos?................................177
CAPÍTULO XII 202
    Persecución espiritual y económica 202
CAPÍTULO XIII..221
    Clase Biológica - Guerra contra todas las naciones......................221
CAPÍTULO XIV..231
    Los judíos tienen la bomba atómica 231
CAPÍTULO XV..243

    La traición de Estados Unidos 243
CAPÍTULO XVI **268**
    El cumplimiento de los Protocolos y la carta de despedida de un mártir húngaro 268
CAPÍTULO XVII **287**
    Las posiciones clave del poder mundial judío 287
CAPÍTULO XVIII **321**
    Poderes secretos 321
CAPÍTULO XIX **336**
    La revuelta húngara por la libertad 336
EPÍLOGO..**349**
BIBLIOGRAFÍA **351**
OTROS TÍTULOS..**357**

Conquistadores del Mundo

Se decía que la Segunda Guerra Mundial se había librado por "los derechos de las naciones pequeñas", pero el autor, como otros innumerables húngaros, está literalmente "huyendo del comunismo". Vive en el exilio desde 1945 por sus opiniones anticomunistas. Aunque nunca fue miembro de ningún partido, el régimen comunista de Hungría, con su típico descaro, exigió a las autoridades estadounidenses que "entregaran a Louis Marschalko como criminal de guerra."

Antiguo corresponsal especial de dos importantes periódicos de la Hungría precomunista, Marschalko es un brillante novelista, dramaturgo y poeta, y tiene en su haber cientos de artículos.

Conquistadores del Mundo expresa parte de la amargura y el desprecio de los europeos esclavizados por los gobernantes de las "naciones victoriosas". Demuestra que al instarles a deshacerse del yugo alemán, las naciones centroeuropeas fueron engañadas para que se convirtieran en satélites de los soviéticos. Conquistadores del Mundo señala a los **verdaderos criminales de guerra.** Ofrece destellos espeluznantes de la agonía tras el Telón de Acero y describe el complot para extender el sistema esclavista al mundo occidental. Se han vendido miles de ejemplares de la edición húngara y esta traducción al inglés se publica para advertir a Occidente. Está escrito por alguien que es un firme amigo del pueblo de habla inglesa, pero un enemigo implacable de sus gobiernos vacilantes y corruptos.

Dedicación

A la memoria de los mártires nacionalistas y víctimas del bolchevismo

Nota del editor

En muchos casos, el traductor ha podido cotejar las citas de libros y periódicos con los originales. En los casos en que no ha sido posible, el editor pide al lector que disculpe las diferencias debidas a la traducción.

INTRODUCCIÓN

Desde hace más de un siglo, bajo diversos pretextos, se libra una batalla por el poder sobre las naciones. El ejercicio del poder se ha convertido en el objetivo supremo de muchas personas. Banqueros, políticos, clérigos, dirigentes sindicales y secretarios del Partido Comunista están todos a la caza del poder. Las tropas de asalto de las dictaduras ya no gritan las viejas consignas socialistas. Declaran abiertamente y pregonan brutalmente "Poder es lo que queremos". Y los llamados partidos demócratas, aunque intentan mantenerlo en secreto, también han adoptado de hecho en sus corazones el grito de guerra dictatorial: "Poder es lo que queremos". El poder, como la posesión de la varita mágica del mago, se ha convertido en su obsesión en la vida y no importa cómo se consiga, si a través de los partidos conservadores o laboristas o a través de las iglesias cristianas.

La estructura de la sociedad moderna, con su superpoblación, ha desarrollado como consecuencia la idolatría del poder. El becerro de oro ha sido bajado de su pedestal y se ha convertido en un emblema secundario. El oro, la riqueza y todas las partes del simbólico animal sagrado del Capitalismo pueden ser repartidas, distribuidas o vendidas por cualquiera que tenga el poder de hacerlo, como si se tratara de carne en una carnicería. La Iglesia pretende alcanzar el poder mediante el control del alma humana, el marxista mediante la autocracia y la omnipotencia de los medios materiales, el banquero mediante su oro o teniendo en su mano el control de la Prensa, el bolchevique mediante la pura brutalidad de la metralleta. Pero todos los partidos, grupos, sectas, democracias, dictaduras e iglesias tienen algo en común: todos quieren el poder. Y esto es bastante comprensible, ya que el poder a menudo parece ser absoluto, más incluso que todo el oro de Fort Knox. Porque si ese oro se repartiera equitativamente entre todos los habitantes de la Tierra, la cuota per cápita sería tan pequeña que apenas valdría nada.

Pero el poder sobre imperios, Estados, sociedades y continentes es infinito. Puede distribuirse como los cinco panes y los dos peces que repartió Cristo. Asegura puestos ministeriales, cargos y beneficios episcopales, altos cargos en la policía, secretarías de partido, así como otros cargos mayores y menores. Pero sólo para aquellos que son los seguidores del poder o que pertenecen a la organización de los jefes que detentan el poder. Están incluidos los que pertenecen al rebaño que sigue al líder del partido, a los sindicatos, al patrón, al dictador o a los banqueros; los que son miembros de algún sindicato democrático, de los sindicatos cristianos o, por supuesto, de cualquiera de las logias masónicas.

Así que es bastante comprensible que en estos días casi todos los eslóganes y escuelas de pensamiento se dirijan a una sola cosa: la toma del poder. "Oremos" dicen las iglesias, pero detrás de sus palabras no siempre se construye el reino de Cristo, sino el poder mundano de algunos sumos sacerdotes dedicados a la contabilidad de doble entrada. "Libertad" gritan los comunistas a sus embaucados miembros y seguidores del Partido, pero como telón de fondo de este eslogan vacío se perfilan la cámara de tortura, la cárcel, el campo de detención y los tétricos tugurios de los trabajadores esclavos siberianos. En ellos conviven la miseria de la explotación y el poder y la riqueza de las privilegiadas clases dominantes comunistas. "Democracia" es el lema que se proclama en todo el mundo occidental, pero es bien sabido que el sistema de votación aquí no representa el poder del pueblo, sino que se limita a apantallar la misteriosa influencia y el gobierno oculto que ejercen camarillas secretas.

Detrás de estas falsas fachadas se esconde la sustancia del sueño más satánico de los conquistadores del mundo: ¡convertirse en los amos del mundo entero! ¿Cómo puede alcanzarse este ambicioso objetivo, sueño y meta de césares, dictadores, banqueros y potentados sindicales desde Esdras y Moisés y pasando por Alejandro Magno hasta Stalin? Los ejércitos convencionales se han quedado obsoletos para la consecución de este propósito. La bomba de hidrógeno puede acabar con ambas partes. Ambas partes pueden ser atacadas con cohetes. Tal conquista es ahora impracticable, por lo que el plan es conquistar el mundo por medios "pacíficos", como el talonario de cheques, la UNESCO, la reeducación, un nuevo código moral y la propaganda pacifista. A partir de esta idea Lenin desarrolló y construyó su diabólico sistema estratégico para conquistar y expandir el poder, y este sistema bajo el nombre de bolchevismo ha demostrado hasta ahora ser irresistible en todas partes donde la gente desconocía los detalles de esta técnica de poder.

El mundo supuestamente culto no se dio cuenta, sin embargo, de que el bolchevismo de Lenin era sólo un componente, como lo eran también el marxismo, la masonería y el propio capitalismo. Existía otro plan más completo, universal y gigantesco que ya había estado funcionando durante más de un siglo y medio, y cuyo objetivo ya estaba casi cumplido. Sobre la base de antiguas doctrinas, este último esquema no iba a conquistar el poder global para ninguno de los "ismos", partidos, sectas, iglesias, organizaciones profesionales o clases sociales, sino exclusivamente para una sola nación.

Los planes del sistema de Lenin eran hasta cierto punto toscos y superficiales. Su mayor debilidad era semejante a la de un general que da a conocer por adelantado al enemigo el punto de ataque y la fuerza de sus fuerzas y las tácticas que piensa emplear. Mientras que el otro, el gran plan fundamental, demostró ser mucho más eficaz porque, al igual que las operaciones militares de éxito histórico, ha guardado cuidadosamente sus secretos de los extraños y, de hecho, a menudo también de los iniciados. Su mayor ventaja es que parecía mucho más general que, por ejemplo, los planes de los líderes sindicales limitados a la lucha de clases, o las tácticas de los líderes eclesiásticos restringidas al plano espiritual.

Era el Totalitarismo perfecto y absoluto.

Esta planificación, incluso hoy, no intenta hacerse con el poder mundial por medio de ningún movimiento o sistema político en particular, sino mediante el uso simultáneo de todos los credos, iglesias, materialismos, doctrinas políticas y patrones de poder. Desea incorporarse a todos los cargos, movimientos, Iglesias, logias masónicas y sindicatos. Desea apoderarse de todos los puestos clave en los movimientos más opuestos, en las Iglesias, los partidos y los sindicatos. Desea tener en su mano tanto el bolchevismo como el capitalismo, el materialismo y el idealismo, capturar o contratar espiritualmente a todos los escritores, artistas, políticos y a la plebe. Pretende no ser visible en ninguna parte, pero estar presente en todas partes y dirigirlo y controlarlo todo. Dividir y gobernar. Marchar despegados pero en un momento dado asaltar unidos.

Cualquiera que observe ahora el mundo y los asuntos mundiales puede darse cuenta de que este plan ya ha tomado forma. La fisión atómica de la sociedad humana ha alcanzado un éxito perfecto. La humanidad está dividida no sólo por las razas y naciones naturales creadas por Dios. Incluso las naciones están divididas ahora. Alemania Oriental y Occidental están divididas, al igual que Corea del Norte y Corea del Sur. China, Indochina y Trieste están divididas o separadas mientras que Europa está dividida por la Cortina de Hierro. Las poblaciones están escindidas y divididas en personas blancas y de color, capitalistas y bolcheviques, empresarios y empleados, clases adineradas y clases trabajadoras, católicos y protestantes, supresores y suprimidos, vencedores y vencidos. Pero, como veremos más adelante, todo este caos, desorden y división está dirigido por la misma voluntad de hierro, por la misma fuerza secreta que actúa según el interés de los dirigentes de una sola raza de 15 millones de personas. Se encuentran detrás de las puertas bien acolchadas del capitalismo mundial, así como detrás de los gruesos muros del Kremlin. Son ellos quienes instigan a las multitudes enfurecidas a la huelga y a las manifestaciones, al tiempo que conceden aumentos salariales y promueven la inflación. Atacan al cristianismo mientras actúan simultáneamente como administradores del oro y otros bienes que representan el poder terrenal de las iglesias "cuyo reino no es de este mundo". Son los científicos del átomo y los humanistas anti-átomo; son los amos y los asesinos de la policía secreta comunista, pero al mismo tiempo condenan los asesinatos de las naciones en la ONU. Son el archienemigo de los ideales patrióticos; predican contra la soberanía de los estados y contra la discriminación racial, mientras que todo el tiempo representan un nacionalismo racial de una vehemencia hasta ahora desconocida que jamás haya reinado sobre las naciones de la tierra.

Nuestro globo con todos sus Continentes - abierta o secretamente - ya está dominado por este nacionalismo judío. Utilizando ciertos métodos este hecho puede ser demostrado al igual que la presencia de radiación atómica puede ser demostrada con la ayuda de un contador geiger. Por ejemplo, si cualquier nación, estado, prensa o político, parlamento o cualquier otra persona cometiera cualquier acto no prohibido por la ley o por el código moral contra otro estado, clase o persona, entonces en esta sublime era de la democracia todo es libre y está permitido sin riesgo. Pero si alguien cometiera el mismo acto contra el judaísmo o incluso contra un judío, los judíos borrarán de la faz de la tierra a esta entidad ofensora, ya sea un individuo o una gran nación. Esto será efectuado, si es necesario, por la bomba atómica o por el victorioso Ejército Rojo o por la ayuda de cualquiera de las constituciones "democráticas", tal vez por el uso de prisiones de terror o el talonario de cheques o tommy-gun.

Entre otras muchas cosas, esta toma invisible del poder debió su éxito a la incomprensión y el descuido de los antijudíos durante el siglo pasado. Consideraban al judío como un internacionalista, lo cual no era la verdadera razón para oponerse a él. Por otra parte, no se podía justificar más fácilmente su comportamiento al destruir a sus semejantes porque sus motivos se basaban en la raza, el credo o el nacimiento, que, de hecho, es lo que les motiva. Así pues, estamos convencidos de que es nuestro derecho divino y nuestro deber humano luchar contra el reino del terror ejercido a escala supranacional por una pequeña minoría nacionalista fanática que ha subyugado al mundo y ha llevado a la humanidad por el camino de la extinción total.

Con el destello de la bomba atómica deberíamos ver por fin que vivimos en un orden mundial falso, deshonesto, engañoso, en una sociedad desorganizada en vísperas de una catástrofe universal. Este satánico nacionalismo tribal tiene el poder mundial en sus manos. Posee la bomba de hidrógeno y, en su loca ceguera, podría destruir todo el globo y, con él, la humanidad. ¿Es todo esto un mal sueño o una pesadilla? Para responder a esta pregunta debemos aprender más sobre este nacionalismo tribal y sus tácticas. Entonces veremos que la pesadilla se resolverá en realidad y hechos.

CAPÍTULO I

El "nazismo" más antiguo del mundo

> *"... y poseeréis naciones más grandes y más poderosas que vosotros".*
>
> - Deut. xi. 23.

SIN un estudio detallado del Antiguo Testamento, es decir, de la Torá, no podemos encontrar la solución a esas aspiraciones judías empeñadas en hacerse con el poder mundial ni comprender los acontecimientos de la actualidad. Quienes no conocen a fondo los cinco primeros libros del Antiguo Testamento, es decir, el Pentateuco, pueden fácilmente concebir dudas de que existan tales intenciones judías, y por lo general descartarán cualquier referencia a las mismas como delirios "antisemitas". Tales personas son incapaces de darse cuenta de que el judaísmo se encuentra en el umbral de la dominación total del mundo.

Desde el final de la Segunda Guerra Mundial y la derrota del nacionalsocialismo alemán, tacharán de nazi a cualquiera que se atreva a referirse a estos hechos atroces; se le acusará de preparar una nueva dictadura y, tal vez, de planear otra masacre. Al convertir la palabra "judío" en tabú, están suprimiendo la libertad de expresar la propia opinión y los propios pensamientos y, al mismo tiempo, se aseguran de que la gente de todo el mundo no sea capaz de ver con claridad en el momento de peligro. La acusación de nazismo es fácil, barata y popular. El supuesto hombre de la calle sabe tanto sobre el nacionalsocialismo como los grandes órganos de prensa judíos consideran adecuado que sepa y, por lo tanto, en su ignorancia considera a la judería una "raza perseguida" y para él la mera pronunciación de la palabra "judío" representa "antisemitismo".

Así que teniendo su mente envenenada por la propaganda, el hombre de la calle, no está dispuesto a darse cuenta de que todo lo que ahora maldice y condena en el nacionalsocialismo alemán, esos principios por los que sus líderes fueron ahorcados en Nuremberg en nombre de la "conciencia mundial", han existido durante los últimos tres o cuatro mil años. Durante el "Fuhrership" de Moisés, todo era igual en el régimen totalitario de JAHVE. Las leyes de protección de la raza judía de aquellos días y el nacionalismo tribal judío han sobrevivido hasta sobrevivir al propio líder del nacionalsocialismo alemán. Pues la concepción de la superioridad racial, junto con sus cultos religiosos y políticos no son invenciones hitlerianas.

Cuando Hitler, Goebbels y Rosenberg se valieron de una concepción racial no estaban haciendo otra cosa que utilizar contra la judería las armas de la judería. Todo lo que el judaísmo mundial, bajo el disfraz de la bandera de las potencias aliadas, condenó, era en realidad de su propia hechura y dispositivo. La judería se ahorcó a sí misma en Nuremberg. Porque las leyes relativas a la segregación racial y que la establecían se publicaron por primera vez en los libros de los profetas Esdras y Nehemías, y no en la Rassenschutz-Gesetz (Ley de Protección de la Raza) de Nuremberg. Los primeros campos de concentración no fueron ideados por Heinrich Himmler, sino por el rey Salomón. El lema de la "aniquilación" total y el "exterminio" total del enemigo derrotado apareció por primera vez en las órdenes de Moisés, el Führer judío.

Hitler sólo proclamó que los alemanes son una raza superior a los judíos. En este punto Moisés llegó a extremos mucho mayores al anunciar que la judería es de origen divino directo y el pueblo elegido por Dios y, en consecuencia, sagrado. Todos y cada uno de los judíos son personalmente sagrados y quien ofende a un judío, ¡ofende a Dios mismo! Esto se mantiene tácitamente incluso hoy en día en la opinión de la judería.

¿Qué otra cosa es esto sino la forma chauvinista más exagerada de Totalitarismo racial? Está bastante claro que esta altiva y antigua conciencia de excelencia y santidad raciales sigue muy viva hasta el día de hoy, cuando vemos a la judería protestar contra el juicio de un judío acusado ante cualquier tribunal gentil, pues consideran y tratan una afrenta contra un judío como una afrenta contra toda la judería. Según las normas cuatromilenarias del nacionalismo judío, cualquier insulto contra un judío es un insulto directo contra Dios y un crimen contra la sagrada semilla de Abraham.

El primer y más importante mandamiento de Moisés, el gran administrador del Estado, está destinado a salvaguardar la pureza racial. El motivo siempre recurrente del Antiguo Testamento es esta orden de Moisés, quien, antes de la conquista de la Tierra Prometida, señala a los pueblos vecinos y luego dice a los hijos de Israel:

> "... No harás alianza con ellos, ni tendrás misericordia de ellos. Ni contraerás matrimonio con ellos; no darás tu hija a su hijo, ni su hija a tu hijo". *(Deut. vii. 2-3.)*

Cuatro mil años más tarde, el nacionalsocialismo alemán tenía el mismo objetivo cuando las leyes de Nuremberg prohibieron el matrimonio, la amistad y las actividades comerciales con los judíos.

Los jueces propuestos por los judíos en los juicios de Nuremberg no podían enfatizar lo suficiente, en nombre de la "conciencia mundial", que las leyes raciales alemanas eran una barbarie. Pero al mismo tiempo estos jueces no eran conscientes de que con su sentencia estaban condenando a los propios judíos. Porque cuando los judíos regresaron del cautiverio babilónico,

> "... separaron de Israel a toda la multitud mixta". *(Nehemías xiii. 3.)*

Y el diario del profeta "nazi" continúa:

> "También en aquellos días vi yo a judíos que se habían casado con mujeres de Asdod, de Amón y de Moab, y sus hijos hablaban la mitad en el lenguaje de Asdod, y no podían hablar en la lengua de los judíos, sino según la lengua de cada pueblo, y discutí con ellos, y los maldije, y herí a algunos de ellos, y les arranqué los cabellos y les hice jurar por Dios, diciendo: No daréis vuestras hijas a sus hijos, ni tomaréis sus hijas para vuestros hijos, ni para vosotros...."*(Nehemías xiii. 23-25.)*

Nehemías, el profeta de las leyes de protección racial de aquellos tiempos antiguos, sin embargo sólo maldice y golpea a los que corrompen la pureza racial mientras que Esdras actúa con mucho más vigor y energía. Él nos dice en su libro que los judíos han tomado esposas entre las hijas de los cananeos, hititas, jebuseos, amonitas, moabitas, egipcios y ammoritas según las abominaciones de estos pueblos, y que por lo tanto la semilla santa se mezcló con la gente de esas tierras. *(Esdras ix. 1, 2, 12.)* Esdras ordena a los contaminadores de la pureza racial judía que vengan a Jerusalén y los expone y denuncia en su libro y citando la ley divina, exige que despidan a sus esposas no judías -y había entre ellos esposas que ya habían tenido hijos- relata el Antiguo Testamento. ¡No importa! Tienen que perecer todos los que profanaron la semilla sagrada, tanto las madres como los hijos mestizos. En el estado teocrático, el Dios-Fuhrership racial no tolerará madres de origen extranjero ni hijos mestizos. Los profetas no pueden prever que dos mil años más tarde en el *New York Times del* Sr. Sulzberger esta misma "falta de tolerancia" será estampada y condenada como pecado mortal contra Dios cuando las leyes de Esdras y Nehemías se apliquen contra los propios judíos. Las iglesias "cristianas" que enseñan y predican el Antiguo Testamento tachan de "impías" las leyes hitlerianas de Nuremberg y, sin embargo, muestran una comprensión plena y piadosa hacia la decisión del nuevo parlamento israelí cuando, en 1953, prohibió el matrimonio entre judíos y gentiles.

Tal discriminación racial podría parecer una oscura superstición, una herejía. Sin embargo, las leyes judías consideran la pureza racial como un mandamiento de la máxima importancia.

> "El amonita o el moabita no entrarán en la congregación del Señor; hasta su décima generación no entrarán en la congregación del Señor para siempre". *(Deut. xxiii. 3.)*

Los descendientes posteriores de los judíos se tomaron tan en serio este mandamiento de Moisés que, según Houston Stewart Chamberlain, las muchachas judías que evidentemente habían quedado embarazadas de hombres gentiles eran enviadas a otras comunidades, donde las futuras madres, junto con sus hijos, eran asesinadas. En fecha tan reciente como 1949, los rabinos judíos estadounidenses promulgaron decretos que prohibían los matrimonios mixtos entre judíos y gentiles.

La magia de la santidad de la "semilla santa", la conciencia de ser la raza superior, arde en el Antiguo Testamento con el feroz resplandor del nacionalismo más fanático de todos los tiempos. Los judíos mataron y destruyeron a los pueblos no judíos de la antigüedad en obediencia a las leyes religiosas y nacionales del Dios-Fuhr, y cuando pensamos en los juicios de Nuremberg a los modernos "criminales de guerra", nos damos cuenta de cuánto más merecían ser condenados por el mismo motivo los reyes y profetas judíos de la antigüedad. Pero las llamadas iglesias cristianas no condenan nada, y sin embargo siguen enseñando a los niños gentiles ese libro tan pornográfico y sanguinario: el Antiguo Testamento. Por otra parte, los llamados libros sagrados judíos se jactan claramente de venganza, relatando los más macabros relatos de la matanza y exterminio de naciones enteras. Proclaman la matanza de inocentes, incluso de bebés si no son judíos, como el cumplimiento del más alto deber nacional y como el acto más agradable a Dios.

> "... los herirás y los destruirás por completo; no harás con ellos ningún pacto, ni tendrás misericordia de ellos". *(Deut. vii. 2.)*

La raza superior judía tiene libertad para cometer crímenes. Según la Torá y los profetas, la matanza y destrucción de otras razas y pueblos no es sólo un deber religioso, sino un derecho absoluto de la nación judía, y este derecho incluye la prerrogativa de gobernar sobre los demás.

El profeta Isaías ya describe este poder mundial venidero con colores resplandecientes y brillantes, como sigue:

> "Así ha dicho el Señor Dios: He aquí que yo alzo mi mano a los gentiles, y levanto mi estandarte a los pueblos; y traerán a tus hijos en brazos, y a tus hijas llevarán sobre sus hombros. Y los reyes serán tus padres lactantes, y sus reinas tus madres lactantes; se inclinarán ante ti con el rostro hacia la tierra, y lamerán el polvo de tus pies..." *(Isaías xlix. 22, 23.)*

> "Y los hijos de los extranjeros edificarán tus muros, y sus reyes te servirán... Por tanto, tus puertas estarán abiertas

continuamente; no se cerrarán ni de día ni de noche, para que los hombres traigan a ti las fuerzas de los gentiles, y para que sean traídos sus reyes. Porque la nación y el reino que no te sirvan perecerán; sí, esas naciones serán totalmente asoladas..." Tú también mamarás la leche de los gentiles, y mamarás los pechos de los reyes..." *(Isaías lx. 10-12, 16.)*

No sólo por prejuicios raciales, sino sobre la base de un mandamiento divino directo, los judíos se sienten con derecho a subyugar a los extraños y a tratar como esclavos a todos los que caen en su poder.

"Y contó Salomón todos los extranjeros que había en la tierra de Israel... y puso de ellos trescientos diez mil para que llevasen cargas y cuatrocientos mil para que labrasen en el monte...". *(II Crónicas ii. 17-18.)*

Después de las "Leyes de Nuremberg" de protección de la raza de Moisés, despés de la 15 segregación racial y la manía de poder mundial de Esdras y Nehemías, vemos ahora el primer campo de concentración y el primer establecimiento de trabajo esclavo en el que los extranjeros trabajan para la raza dominante. Se relatan como un hecho consumado sin que jamás hayan sido condenados por un tribunal humanitario. Los planes de las cámaras de terror soviéticas y los campos de trabajos forzados del Imperio Kaganovitch fueron concebidos en la tierra de Israel.

Es el Antiguo Testamento y no *Mein Kampf* lo que hay que estudiar para ver que la cámara de gas hecha mundialmente famosa por la Sulzberger Press fue en realidad un invento del pueblo elegido. El profeta Samuel nos cuenta cómo la raza "humanitaria", en el éxtasis de la victoria, trató a sus enemigos derrotados: "Y sacó al pueblo que estaba allí (en la ciudad amonita de Rabá) y lo puso bajo sierras, gradas de hierro y hachas de hierro, y lo hizo pasar por el horno de ladrillos; y así hizo con todas las ciudades de los hijos de Amón. Y David y todo el pueblo volvieron a Jerusalén". (II *Samuel xii*, 31.)

El primer campo de concentración, la primera cámara de gas (un horno de ladrillos) del mundo estaban en la tierra de Israel. Y el primer gueto se estableció en Jerusalén y no en Europa.

"¡El judío forjó su propio destino!", escribió Houston Stewart Chamberlain refiriéndose a estas cosas.

Este nacionalismo tribal judío que creó las leyes protectoras de la raza, los guetos, los campos de concentración y las cámaras de gas de la antigüedad, nunca se extinguió. Continuó matando y asesinando a pueblos y razas vecinas. Cada vez que era derrotado, se levantaba de nuevo. Cantó los sonidos melancólicos de su irredentismo junto a las aguas de Babilonia durante el cautiverio y tras la liberación comenzó a construir la Nueva Jerusalén con la vehemencia de un nacionalismo resucitado. Había sufrido pero esperaba al nuevo Mesías, el libertador nacionalista judío y líder político, el nuevo Führer, que pondría el poder mundial sobre todas las naciones en manos de los judíos.

El judaísmo nunca ha abandonado este grandioso sueño nacional. Durante el Congreso Sionista de 1897 en Basilea, el Dr. Mandelstein, Profesor de la Universidad de Kiev, en el curso de su discurso de apertura de la conferencia el 29 de agosto, declaró enfáticamente que "Los judíos utilizarán toda su influencia y poder para impedir el ascenso y la prosperidad de todas las demás naciones y están resueltos a adherirse a sus esperanzas históricas, es decir, a la conquista del poder mundial". (*Le Temps*, 3 de septiembre de 1897.) Mediante un nacionalismo tan fanático se estableció el primer gueto en Jerusalén y se logró la separación completa de los no judíos. (*Joel, Capítulo iii. 17.*) Se prometió que Jehová, el Führer celestial moraría en Jerusalén para siempre y que todo pueblo no judío sería excluido de la presencia de Dios. Los rabinos judíos enseñan que todos los pueblos no judíos deben ser excluidos de compartir el nuevo mundo o de tomar parte en él; sólo pueden ser tolerados como un rebaño despreciado. (*Traktat, Gittin, Fol. 57, Talmud de Babilonia*).

El nacionalismo tribal judío se enfrentó a los momentos más peligrosos de su historia tras el nacimiento de Cristo. Este fue, o pudo haber sido, un momento fatal en la historia de los judíos. También fue una amarga decepción. Los judíos se sorprendieron al saber que no era el Mesías que esperaban. No era un libertador nacionalista que les librara de los soldados romanos. Era un antinacionalista, o, como se le llamaría hoy, un rebelde internacional: alguien que, en el templo, se atrevió a derribar las mercancías de los mercaderes, a derribar las mesas de los cambistas y a desalojar a los representantes y agentes de las autoridades monetarias locales. Era como si un decidido macartista asaltara la Bolsa de Nueva York con un látigo en la mano. Este nuevo profeta no creía en la superioridad racial de los judíos, sino en la hermandad de toda la humanidad. Según los criterios judíos, su origen racial es muy dudoso y sospechoso, porque vino de Galilea, y en Jerusalén todo el mundo podía reconocer a sus discípulos por su dialecto galileo. En las calles de Jerusalén este Maestro y Sus discípulos predicaron contra las doctrinas expuestas por las autoridades más poderosas sobre el modo de vida chauvinista judío y sobre el nacionalismo judío, es decir, predicaron contra el Sanedrín y contra los fariseos, escribas y saduceos. Este Maestro y sus discípulos no creían en una alianza tribal separada entre Dios y los judíos. En contradicción con los principios de los principales rabinos, Pedro, el pescador de Galilea, le dice a Cornelio, el capitán y centurión del Imperio Romano, que "todas las naciones" que le temen y actúan con rectitud son agradables a Dios. Estos discípulos enseñan en nombre del Señor Jesús que romanos, judíos y griegos son todos seres humanos y que no hay liberación exclusiva reservada a una sola nación, que no hay un Mesías especial sólo para los judíos, que no hay superioridad racial para los seguidores de Jehová, ya que todos son seres humanos, hijos del único Dios.

Les dijo que era el libertador no sólo de los judíos, sino de toda la humanidad, y que no estaba dispuesto a aceptar la supremacía y el dominio de ninguna raza dominante. Por lo tanto, tenía que ser crucificado.

"¡Crucifícalo!", gritaron al gobernador romano, que -un oportunista funcionario estatal similar a la figura eternamente vergonzosa del fiscal de Nuremberg- se enfrentó al odio concentrado de la turba con confusión de espíritu. "Crucifícalo" - después de todo, este Mesías bien podría resultar no ser el descendiente de la Santa Simiente de Abraham.

Houston Stewart Chamberlain en su libro titulado *Die Grundlagen des neunzehnten Jahrhunderts* (Los fundamentos del siglo XIX) deduce claramente las fatales consecuencias que conlleva la entrada de los judíos en la historia del mundo y es el primer autor que descubrió que Cristo, en lo que a ascendencia racial se refiere, no era judío. Chamberlain fue el primer autor que llegó a la conclusión de que el propio nombre de Galilea es en realidad "Gelil hag goyim", que significa "tierra pagana o gentil", donde vivían colonos no judíos. Se distinguían fácilmente por su dialecto. "La posibilidad de que Cristo no fuera judío y de que no hubiera una gota de sangre judía en sus venas es tan grande que casi equivale a la certeza", escribe en el libro citado anteriormente - Tomo 1, página 256.

La pregunta "¿Era Cristo judío?" la plantea Ferenc Zajthy, historiador húngaro, en su monumental libro *Hungarian Millennia* en el que demuestra que los propios judíos dudaban de la ascendencia judía de Cristo Zajthy señala que en el siglo VII a.C. Salmanasar llevó a toda la población de Galilea al cautiverio encadenada y que no quedó allí ni un solo judío. Las tribus pastorales escitas que posteriormente se asentaron en el hogar de la población desplazada adoptaron el credo judío con sus enseñanzas religiosas, pero, como los propios judíos lo denominaban, sólo estaban "bajo las leyes judías". Los judíos nunca los aceptaron como verdaderos descendientes de la Santa Simiente de Abraham.

"... Buscad y mirad, porque de Galilea no surge ningún profeta" *(Juan vii. 52)* dijeron los judíos a los apóstoles. Los profetas sólo pueden surgir de las comunidades raciales judías.

Las antiguas leyes judías protegían al máximo a los individuos judíos, y la sentencia de muerte sólo podía pronunciarse sobre un "estih", es decir, sobre una persona que intentara persuadir a los judíos de que abandonaran su credo o que intentara causar una ruptura en su unidad racial. Ferenc Zajthy describe cómo, de acuerdo con las antiguas leyes y costumbres judías, la vía de escape estaba siempre abierta incluso para una persona condenada a muerte. En el camino que conducía al lugar de la ejecución se colocaban observadores cada cien pasos. El deber de los observadores era informar si algún nuevo testigo daba una señal levantando el brazo de que estaba dispuesto a presentarse y testificar para salvar la vida del condenado. En caso de que se presentaran nuevos testigos, las leyes ordenaban la celebración de nuevos juicios o la concesión de una amnistía.

Es curioso, aunque dadas las circunstancias bastante natural, que en la procesión que seguía a Jesús hasta la Cruz, ningún testigo se ofreciera voluntario para testificar y salvarle. Entre los que recibieron a Hi m el Jueves Santo con jubilosas festividades, ninguno levantó la mano. Tampoco lo hizo ninguno de los que escucharon sus enseñanzas y vieron sus milagros. Ningún testigo se ofreció para salvarle. Y aquí tenemos la prueba decisiva de que Él no era judío, ya que a nadie se le permitió presentarse. Porque, según las leyes del estado judío, el nuevo juicio era permisible sólo para los descendientes de la semilla santa de Abraham. De este derecho quedaban excluidos los goyim, los gentiles, los extranjeros, los descendientes de todos aquellos de sangre no judía, así como aquellos que caían bajo la jurisdicción de las leyes judías pero que racialmente no eran judíos. Tan excluidos estaban los odiados galileos, los cusanos y los huvilainos que, según las leyes judías, debían ser prensados bajo el agua y ahogados por cualquier viandante que pasara por allí y los viera debatiéndose en el agua.

Los cristianos aceptamos la teoría de la Inmaculada Concepción, es decir, el principio de que Cristo era, de hecho, el hijo de Dios y, por tanto, no tiene raza. Pero en este caso es aún más cierto que el origen divino de Cristo, toda su personalidad y sus enseñanzas representaron una revolución de poder contra el chovinismo tribal de los judíos.

La Edad Media cristiana (calificada de Edad Oscura por la propaganda de los intelectuales judíos) era muy consciente de la importancia de la resistencia de Cristo contra el nacionalismo tribal judío. Más adelante tendremos ocasión de mostrar cómo esta clarividencia cristiana se volvió más confusa tras la Revolución Francesa y la emancipación judía. Desde entonces y hasta el día de hoy se ha venido produciendo un empañamiento y oscurecimiento artificial de todos los ideales cristianos, y a estas alturas la oscuridad es tan impenetrable que muchos movimientos y líneas de pensamiento confunden cristianismo y judaísmo. Peor aún que esto, algunos sacerdotes cristianos están adoptando en su ceremonial ese odio fanático que es un rasgo característico de los rabinos judíos (por ejemplo, la oración de los padres protestantes americanos leída antes del lanzamiento de las bombas atómicas sobre Hiroshima y Nagasaki).

El nacionalismo condenado en Nuremberg vivió sólo veinte años. Pero el *Mein Kampf* de Moisés, con su dogma del nacionalismo racial, fue conservado y estudiado diligentemente por la judería a lo largo de muchos miles de años. La intensidad de este antiguo nacionalismo nunca ha disminuido, ni siquiera durante los tiempos de la "Galuth", es decir, la falta de hogar. Tras el cautiverio babilónico, judíos y miembros de la diáspora del Imperio Romano se asentaron en los alrededores de Alejandría. Todos ellos eran ciudadanos romanos libres y personas de "mentalidad liberal" y seguían enviando considerables donativos anuales al templo de Jerusalén. Después de la Dispersión (Diáspora) la llama de este nacionalismo se hizo más intensa y vehemente. Hace setecientos años, Moseban Majemon, uno de los escritores más brillantes de la escritura judía, nos ofrece en Mischneh Torah otra descripción, de colores resplandecientes, de las posibilidades de la llegada del Mesías y de la consecución del poder mundial por parte de su nación.

"El mundo se familiarizó con las cosas relativas al Mesías y a la Torá", escribió, continuando: "Estas cosas se dieron a conocer en tierras lejanas y entre muchos pueblos incircuncisos. Los cristianos se familiarizaron con muchas cosas aunque antes el Mesías era conocido sólo por Israel."

Maimónides también admite que el cristianismo familiarizó al mundo con el Antiguo Testamento, es decir, con la Torá, pero añade que su interpretación era errónea y que los errores se pondrán de manifiesto a la llegada del Mesías político de la judería que, como líder del poder armado de la judería, subyugará a las naciones no judías del mundo y exterminará, junto con sus mujeres e hijos, a todos aquellos que se nieguen a aceptar las leyes de Noé. (*La judería y el cristianismo,* por el canónigo Lipot Huber, p. 141.)

Durante el Galuth, el nacionalismo judío se transformó en un irredentismo religioso, con la Torá y el Talmud actuando como su *Mem Kampf*. El *Mein Kampf* mosaico se conserva en todas partes y se guarda en el santuario de la Torá hasta en el pueblo más pequeño. Este Credo nacional fue copiado una y otra vez por escribas en papiros, con los ojos cansados e inflamados por el trabajo, a través de cuyas letras la lengua de la tierra perdida fue aprendida por los niños y practicada por los adultos. El Templo fue destruido, pero el modo de vida nacional nunca dejó de existir. Ese nacionalismo religioso que, junto con la Torá en los días de antaño impregnaba la tierra, se extendió a todos los lugares de la tierra donde vivían judíos. Y esta enseñanza nacionalista no sólo prescribía las reglas de vida, la forma de las oraciones, la calidad de la ropa, los métodos de higiene general y las normas dietéticas, sino que también conformaba y desarrollaba la ideología nacionalista. La Torá seguía siendo la misma en Belz, Fráncfort o Nueva York que en cualquier otro lugar. Los judíos, dispersos, se refugiaban del mundo en su propio gueto reservado, fortificando su espíritu con el estudio de la Torá y el Talmud.

Uno de los mayores errores de los "antisemitas" fue considerar al judío como un internacionalista. El judío nunca fue un internacionalista, sino el representante consciente de un nacionalismo tribal que buscaba la dominación sobre todas las demás naciones de la tierra. Vivió en diversas tierras, ocupó posiciones de diferentes niveles sociales, pero fundamentalmente siguió siendo judío.

Durante las sesiones preparatorias del Sanedrín convocadas por Napoleón en 1806, el rabino Salomón Lippman Cerfberr dijo: "Hemos olvidado de quién somos descendientes. No somos judíos 'alemanes' ni 'portugueses'. Por muy dispersos que estemos por todo el planeta, seguimos siendo la misma nación."

El doctor Leopold Kahn resumió estos sentimientos al hablar sobre el sionismo en una escuela judía de Pozsony (Bratislava) en 1901: "Los judíos nunca serán asimilados y nunca adoptarán las costumbres o la moral de los extraños. El judío seguirá siendo judío bajo cualquier circunstancia".

Este venerable rabino tenía razón. Los judíos vivían en distintos países, ocupando diferentes niveles sociales, pero seguían siendo judíos en todas partes. Si un judío se quitaba el caftán y disfrutaba de comidas prohibidas, se vestía con frac o con smoking, seguía siendo, sin embargo, un representante del mismo credo, del mismo parentesco y del mismo nacionalismo. Tal vez no viviera literalmente de acuerdo con las palabras de sus ritos religiosos, pero su conciencia racial y su conciencia de las obligaciones raciales permanecían inalteradas, ya fuera en el Trono Papal, en el Politburó soviético o en el Departamento de Estado en Washington. El escritor judío David Moccata escribe en su libro *Los judíos en España y en Portugal* que durante generaciones los judíos vivieron en España disfrazados, mezclados con todas las clases sociales pero ocupando todos los puestos clave del Estado, especialmente los de la Iglesia.

Los judíos siempre pueden argumentar que existe la asimilación. Señalan a los judíos que asumieron el idioma y las costumbres de sus países de adopción, se casaron con mujeres cristianas y se convirtieron en estadistas de imperios cristianos. Pero no pueden refutar el hecho de que el judío que aparentemente se convierte en un verdadero inglés o en un verdadero alemán o en un excelente patriota polaco sigue siendo conscientemente judío (y el estado del mundo actual es prueba de ello), por lo que su lealtad dura sólo mientras no choca con su origen judío.

Otra arma extremadamente eficaz del judío es su capacidad, como la del camaleón, de asumir los colores de su hábitat. En Francia se funde con el fondo del entorno local, como lo hace en Hungría, en Inglaterra y en todas partes. Pero aunque intente parecer un inglés en Inglaterra y un yanqui en América, se trata sólo de un disfraz calculado tanto para la defensa como para la conquista. En Nueva York y Brooklyn, donde fuera de la propia Rusia viven las mayores multitudes de judíos rusos y judíos polacos, rara vez se ve a un judío con caftán o barba. Los parientes no pierden tiempo en afeitar bien al nuevo inmigrante; saben muy bien que las barbas y los lóbulos de las orejas provocan "antisemitismo". Intuyen que cualquier apariencia abierta de nacionalismo judío suscitaría la oposición de sus anfitriones. Los Protocolos de los Sabios de Sion les advierten de ello. "El secreto es la base de nuestro poder...". Por lo tanto, en la Rusia soviética, el judío es un revolucionario bolchevique en estricta adhesión a la línea del partido, o un oficial de la policía secreta con una metralleta, en América un banquero yanqui, y en Francia un patriota radical. Por supuesto, también debe ser un miembro del partido en la Rusia soviética y probablemente un elector demócrata en Nueva York.

Pero, sean cuales sean las convicciones políticas que profesen, sea cual sea la nacionalidad que hayan asumido, siempre siguen siendo judíos de corazón, siguiendo las ansias de su nacionalismo judío. A veces, oportunamente, ocurre que los objetivos judíos coinciden con las aspiraciones de sus países de adopción. Pero, de hecho, nunca aceptan la autoridad de ningún "extranjero", obedeciendo la Ley mosaica: "... no pondrás sobre ti a un extranjero que no sea tu hermano". (*Deut. xvii.* 15), es decir, que no sea miembro de la raza judía. Con el desarrollo de la civilización, esta adaptación al entorno se hizo más completa. Esto se vio mejor en las profesiones, como el teatro, el cine y el periodismo. La industria cinematográfica de Hollywood llegó a considerarse la industria nacional de Estados Unidos. Los que dirigían esta industria hacían ocasionalmente buenas películas americanas. Pero al amparo de las "barras y estrellas" intentaron inculcar una mentalidad judía y un espíritu de falsos valores a las masas estadounidenses, y como veremos más adelante, fue de este camuflaje de Hollywood de donde surgieron las cien estrellas de cine bolcheviques antiamericanas. El judío bolchevique en su intento de conquistar el poder mundial se deshizo de su máscara.

Era coherente con la naturaleza de un nacionalismo cuatromilenario que los judíos soportaran la persecución, la burla y el desprecio. Pero cuanto más sufrían, más se fortalecía su creencia de que llegaría el momento en que serían los amos de todos los pueblos. Así, los judíos toleraban incluso el antijudaísmo. A menudo ni ellos mismos comprendían por qué eran perseguidos, ridiculizados y a veces incluso asesinados. Porque el judío se sentía criatura de Dios igual que cualquier otro ser humano, aunque los "antisemitas" lo pusieran en duda. Así que a menudo se le insultaba y humillaba, se le tachaba de estafador y se le ridiculizaba y caricaturizaba. Al parecer, la mayoría de la gente ignoraba que sus censurables actividades estaban al servicio de un nacionalismo superior, ese típico nacionalismo del Antiguo Testamento que es irreconciliable con todos los demás pueblos y que pretende la subyugación de todas las naciones. La relación entre el nacionalismo del Antiguo Testamento y el nacionalsocialismo alemán puede compararse a la de la tierra y el cielo.

El nacionalsocialismo alemán estaba dispuesto a cooperar con otros pueblos. Era hostil a una sola raza: la judía. Mientras que el tipo judío de "nazismo" es hostil a todas las razas y a todas las castas sociales y dirigentes no judías.

Las generaciones en el gueto enseñaron a los judíos que aquellas leyes raciales que los mantenían unidos como nación también podían permitirles convertirse en los amos de todas las naciones. A esto, aparte de los avances modernos, se añadía otra característica racial favorable: su indiscutible talento y su elevada inteligencia. Escritores, artistas, hombres de negocios y banqueros judíos -independientemente de los métodos adoptados- cosechaban los más altos galardones de la civilización occidental. Para los pequeños judíos, rezagados en esta carrera, todos los éxitos eran éxitos judíos, todos los logros eran logros judíos. No sólo la prensa, sino el judío más sencillo veneraba a Disraeli, el gran estadista "inglés", junto con Heine, el gran poeta "alemán" y Marx, el revolucionario internacional más caprichoso. ¿Qué es esto sino el esplendor consciente de un nacionalismo sin igual o de un "nazismo" extremo? Un nacionalismo que tolera la apostasía exitosa y no está dispuesto a ejecutar ni siquiera a un criminal si sabe que también es descendiente de la semilla de Abraham, un nacionalismo que anima al apóstata exitoso a volver al redil que había rechazado.

Y así, casi siempre encontramos judíos abriéndose paso por todo el mundo, ya sea como poetas, banqueros, conservadores ingleses o revolucionarios portugueses, todos creyéndose predestinados a reinar sobre los pueblos de la tierra. Hasta ahora lo han conseguido todo. Está claro, por tanto, que los principios establecidos en la Torá, los principios talmúdicos y las instituciones secretas judías creadas durante la Edad Media siguen siendo instrumentos eficaces al servicio de la consecución del poder mundial.

> "Nuestra vocación es gobernar el mundo", proclama esta minoría agresiva. "Como banquero americano o como comisario soviético no formamos más que una nación".

El objetivo principal de este libro es demostrar que el capitalismo y el bolchevismo, los dos grandes sistemas dominantes de nuestra era moderna, no son dos movimientos opuestos, sino que más bien presentan dos formas diferentes de expresión de la misma ambición judía de obtener el poder mundial. Uno de ellos, posiblemente, es más cauteloso que el otro, sin embargo, ambos son lo mismo. El intento de provocar un conflicto entre el Capitalismo y el Bolchevismo es, por lo tanto, un engaño de lo más terrible. La enemistad dirigida hacia cristianos y árabes procede de ambos sistemas. El "hombre de la calle", como símbolo de las masas incultas y desinformadas, puede pensar que el mundo capitalista será capaz de "arreglar" el bolchevismo, pero lo cierto es que este último no es más que una extensión del primero. El bolchevismo es el hijo del capitalismo o, tal vez, el resultado de los errores del capitalismo. El bolchevismo es el hijo adoptivo del sistema capitalista liberal judío. Los que tratan de encontrar alguna diferencia o contradicción entre los dos sistemas no deben olvidar nunca que en el nacionalsocialismo hitleriano, el gran capitalista alemán mantenía las relaciones más amistosas con los obreros socialistas alemanes. ¿Por qué, pues, el judío Bernard Baruch no podría haber estado en los mejores términos posibles con Lazar Kaganovitch o incluso con el pequeño dirigente comunista de Brooklyn?

> "Somos una nación", declaró Theodore Herzl, el fundador del sionismo. "No somos ni judíos estadounidenses ni judíos soviéticos, ¡sólo judíos!".

A finales del siglo pasado, a la vista de los resultados obtenidos, parecía como si la unidad de la semilla sagrada y su vocación de conquistar el poder mundial hubieran empezado a cristalizar en la realidad. Esto se visualizó en la imaginación de los autores judíos, poetas, banqueros, revolucionarios socialistas y apóstoles comunistas. Había llegado un nacionalismo conquistador del mundo. Los propios "antisemitas" no se percataron ni evaluaron este desarrollo, y tuvieron que transcurrir los acontecimientos de 1945 para que se produjera una toma de conciencia sobre la indiscutible unidad mental y racial de la "democracia capitalista", por un lado, y de la "democracia popular" soviética, por otro. Apenas es necesario señalar que esta comprensión fue alcanzada por una minoría extremadamente pequeña. Los antisemitas sólo veían y comprendían la "solidaridad racial" judía, los "métodos comerciales deshonestos" y la "judaización" de sus propios países. Mientras tanto, lo que algunos consideraban un "crimen judío" era una virtud en la estimación del nacionalismo judío. La conciencia racial de la raza superior, es decir, el nacionalismo mosaico, alcanzó su forma actual a finales del siglo 19. Su eslogan forjado tanto para bolcheviques como para banqueros era:

> "¡Marchemos independientemente y salgamos victoriosos juntos!"

Así pues, los conquistadores del mundo iniciaron su marcha y se dispusieron a subyugar el globo y a convertirse en gobernantes de todas las naciones.

CAPÍTULO II

El sentido de la resistencia de Cristo

En la Edad Media los hombres aún reconocían la escisión entre el espíritu del Nuevo Testamento y el "nazismo" judío del Antiguo Testamento contra el que Cristo se rebeló. En la persona de Cristo se realizaba plenamente el ideal de la fraternidad humana. El Antiguo Testamento contenía el pacto materialista de una sola raza con su Jehová. Cristo trajo la liberación a toda la humanidad. En el Nuevo Testamento hizo el pacto para todos nosotros. La idea del amor universal y todo el significado interno del Nuevo Testamento era la antítesis del judaísmo materialista con su obsesión de poder predeterminado. La mayor mentira de la historia es la afirmación de que el cristianismo nació de la religión judía. Por el contrario, el cristianismo surgió como la negación misma del nacionalismo judío y de la predestinación racial. Los propios apóstoles así lo enseñaron:

"Vosotros sabéis", dijo Pedro, "cómo es cosa ilícita que un hombre que es judío se junte o se acerque a uno de otra nación; pero Dios me ha enseñado que no debo llamar a nadie común o inmundo". *(Hechos x. 28.)*

Los judíos se asombraron cuando se les dijo que los gentiles también podían disfrutar y compartir la gracia divina del Espíritu Santo. Se quejaban de que los apóstoles se sentaban a la misma mesa con incircuncisos. Organizaron una manifestación en Atenas contra el apóstol Pablo porque introdujo griegos en la sinagoga y profanó el Lugar Santo.

La declaración de Pedro, ya citada, pronunciada durante su visita al centurión Cornelio, junto con la cita que sigue, suenan como un desafío a la arrogancia tribal judía imperante:

"...en verdad comprendo que Dios no hace acepción de personas, sino que en toda nación el que le teme y obra justicia, es acepto a El". *(Hechos x. 34-35.)*

Pero la enseñanza de Pablo y Bernabé en Antioquía suena aún más desafiante:

"Entonces Pablo y Bernabé se envalentonaron, y dijeron que era necesario que se os hubiese hablado primero la palabra de Dios; pero como la apartáis de vosotros y os juzgáis indignos de la vida eterna, nos volvemos a los gentiles." *(Hechos xiii. 46.)*

Por gentiles entendían los goyim, es decir, los pueblos no judíos. "Y (Dios) ha hecho de una sangre todas las naciones de los hombres..." *(Hechos)* dice Pablo en Atenas. Y lo dice porque de la hermandad de sangre creada por Dios, una nación, una raza -los judíos- se excluyeron a sí mismos por su propio y feroz nacionalismo tribal.

"Y confías", escribe Pablo acerca de los judíos, "en que tú mismo eres guía de ciegos, luz de los que están en tinieblas, instructor de necios, maestro de niños, que tienes la forma del conocimiento y de la verdad en la ley... tú que te jactas de la ley quebrantando la ley ¿deshonras a Dios? Porque el nombre de Dios es blasfemado entre los gentiles por medio de ti, como está escrito". *(Pablo a los Romanos ii. 19-20, 23-24.)*

Los Apóstoles enseñan y predican por doquier las ideas revolucionarias de Cristo que son la negación misma del judaísmo, de ese reservismo tribal y de ese "nazismo" judío.

"Porque el corazón de este pueblo se ha engrosado, y sus oídos se han embotado, y sus ojos se han cerrado; no sea que vean con sus ojos, y oigan con sus oídos, y entiendan con su corazón, y se conviertan, y yo los sane." "Sabed, pues, que la salvación de Dios es enviada a los gentiles, y que ellos la oirán." *(Hechos xxviii. 27-28.)* Pero los judíos crucificaron al apóstol de esta fe y hasta el día de hoy no han abandonado su creencia de que son el pueblo elegido y, por lo tanto, los amos y señores de todos los pueblos de la tierra. La dispersión de los judíos comenzó con la diáspora, después del cautiverio babilónico y se completó con la demolición de Jerusalén. Como resultado de esto la fuerza demoníaca largamente reprimida se extendió al extranjero; el ambicioso objetivo de gobernar sobre todas las naciones acompañado de un racialismo excluyente penetró en la confusión étnica y religiosa de aquellos tiempos antiguos. No es necesario discutir aquí en detalle cómo fue que - aunque la judería no era pura como raza estando compuesta de cruces de varios pueblos y remanentes de diferentes razas - que sin embargo este conglomerado racial fue formado y moldeado por Esdras y Nehemías en la única raza pura homogénea del mundo. Incluso a finales del siglo XIX, varias investigaciones antropológicas americanas llegaron a la conclusión de que "la raza judía conservó en todo momento su pureza étnica". *(Political-Anthropological Revue,* marzo, 1904, página 1003.)

Houston Stewart Chamberlain escribe que desde Teodosio hasta el año 1800 sólo hubo 300 personas de origen no judío realmente adoptadas por la judería en el sentido racial. De este racismo extremo procedía una mentalidad que odiaba y despreciaba a todos los demás pueblos, al tiempo que ambicionaba la conquista. En Europa apareció el espíritu materialista e intransigente del Antiguo Testamento, que nunca abandonó su sueño mesiánico de aquel tiempo venidero en el que se lograría la destrucción de todos los pueblos y el dominio sobre naciones más grandes y poderosas.

Por tanto, es fácil comprender que el mundo antiguo, así como la Edad Media, sacaran la conclusión obvia de esto, y se separaran de los judíos no sólo ideológicamente, sino también físicamente. El relato bíblico del descenso del Espíritu Santo y el sermón de Pedro en aquella primera mañana de Pentecostés seguían ejerciendo una influencia considerable sobre la gente de entonces:

"... sálvense de esta generación perversa". *(Hechos ii.* 40.)

La Edad Media creó el gueto, pero al mismo tiempo preservó la raza judía. En términos generales, la judería pudo mantener su política de pureza racial porque el mundo cristiano la reconoció en forma de gueto. Pero, desgraciadamente, esto no impidió que los judíos se infiltraran en la vida y los sistemas económicos de los Estados cristianos.

Podemos aprender la historia de esta influencia judía del mundo antiguo. Cerca de un millón de judíos se asentaron en Alejandría y sus suburbios tras el cautiverio babilónico, donde desempeñaron el mismo papel y ejercieron casi el mismo poder que los judíos ejercen hoy en Nueva York. En el Imperio Romano, especialmente en Roma, el poder y la influencia de esta minoría tribal nacionalista alcanzaron dimensiones formidables. Cicerón, el gran estadista romano, durante el procedimiento de una acción judicial, se dirigió al tribunal en voz tan baja que sólo pudo ser oído por los jueces.

Explicó la conveniencia de actuar de ese modo afirmando que la solidaridad judía constituía una fuerza lo bastante formidable como para arruinar a cualquiera que testificara contra ellos. A lo largo de la diaspora y desde los primeros tiempos, los judíos poseian organizaciones parecidas a las que hoy conocemos como masonicas. Iniciaron a ciertos gentiles influyentes que estaban dispuestos a declararse medio judíos y a través de los cuales pudieron establecer su influencia en los lugares más altos de la vida pública. Se puede establecer que detrás de la persecución de Nerón contra los cristianos estaban miembros de la diáspora. Poppea Sabina, la esposa del emperador, era judía y miembro de la diáspora y consiguió persuadir al emperador con la ayuda de su cortesano favorito, un actor judío llamado Alityrus, para que exterminara a los cristianos. A lo largo de la historia, los Alityrus y Poppeas de este mundo han estado detrás de sus Nerones y Roosevelts.

La influencia judía desempeñó un papel tan importante en la caída del Imperio Romano como en la ruina del Imperio Español. En el Imperio español los judíos tenían, como escribe Heman, el control de todos los poderes espirituales y materiales, desde la tenencia de la tierra hasta los más altos cargos eclesiásticos, y a través de su usura ejercían mucha influencia sobre los círculos de la corte y sobre toda la nobleza. Al final fueron capaces de obtener para sí mismos privilegios tan fantásticos que en un tribunal de justicia el juramento de un judío era aceptado como de mayor valor que los juramentos de dos gentiles. Repitieron la misma forma de hacerse con el poder más tarde en Alemania y en el Imperio Habsburgo. En el siglo XVI, un judío llamado Imre Fortunatus y sus asociados desempeñaron un papel tremendo en la preparación de la caída del Imperio húngaro al fomentar la corrupción en los asuntos públicos hasta tal punto que el Imperio fue incapaz de resistir los ataques del creciente poder turco en la batalla de Mohacs en 1526.

Los líderes espirituales y los estadistas del mundo antiguo y de la Edad Media eran muy conscientes de esta influencia judía. Desde Tiberio, el emperador romano, hasta Goethe, todos los hombres de visión consideraban a los judíos como un peligro nacional. "Un ministerio del que el judío obtiene todas sus necesidades, un hogar cuyo vestuario y finanzas están bajo el control de un judío o un comisariado que está bajo la dirección de un judío deben estar dotados, en efecto, de las cualidades inagotables de los pantanos pontinos", escribe Goethe.

Posiblemente el gran Napoleón fue el más clarividente de todos cuando exclamó: "¡Estos judíos son como langostas y orugas y devorarán mi Francia!".

Ya en el siglo XVIII se vio claramente que la influencia judía no tenía nada del tan cacareado humanitarismo, ya que se trataba de un movimiento minoritario que se convirtió en un "Estado dentro del Estado". Aunque algunos Estados no reconocían el peligro, la conquista judía solía detenerse en el último momento. Fernando e Isabel, los católicos, los expulsaron de España y en otros lugares se tomaron medidas restrictivas para frenarlos, pero lo más importante fue que en ningún lugar se permitió que la influencia del "nazismo" judío se afianzara en los asuntos públicos. El gueto sirvió al menos como una buena institución para mantener barreras ideológicas e intelectuales contra los judíos, de modo que las religiones y culturas cristianas no estuvieron tan expuestas al peligro mortal y al de ser visiblemente engullidas como lo están hoy. Es importante señalar que hasta la Revolución Francesa los judíos no tenían ninguna influencia directa sobre las masas. A lo sumo sólo pudieron aumentar su influencia sobre algunos círculos de la corte con la ayuda de sus bolsas de dinero, pero nunca tuvieron la oportunidad de establecer ningún control directo sobre el pueblo ni de explotarlo promoviendo los intereses de su propio nacionalismo.

Un solo punto del llamado problema judío pasó desapercibido en la Edad Media. A saber, que la creciente influencia del nacionalismo judío y su invasión no era una actividad instintiva originada por la codicia, el egoísmo o cualquier otra "característica judía", como la denominaban los "antisemitas". El impulso demoníaco ya actuaba conscientemente, y el nacionalismo del Antiguo Testamento, de la Torá y del Talmud impulsaban al judío a emprender una búsqueda no de dinero, ni de vida desenfrenada y riqueza, sino de poder mundial. El dinero sólo servía como medio para alcanzar esta aspiración, mientras que el logro del dominio sobre el mundo entero seguía siendo el objetivo supremo. Para ello, ni siquiera era necesario un gobierno central judío, aunque existiera de vez en cuando. El Talmud y la Torah eran suficientes. Estos libros, que instruían mucho mejor que cualquier gobierno sobre la conducta de los judíos, se encontraban en todas las sinagogas y en todas las casas judías.

Los diversos países e imperios fueron más o menos capaces de mantener bajo control este sueño de conquista del mundo, mientras que su ejecución en diferentes tierras no estaba coordinada. El peligro creció muy considerablemente con la expansión de los límites del mundo conocido y cuando, por medio de la prensa, la radio y otros órganos de propaganda, los diferentes países y pueblos se acercaron unos a otros. Entonces la aspiración de este nacionalismo minoritario judío a dominar pasó a operar eficazmente no sólo contra países individuales, sino contra todas las tierras y pueblos simultáneamente y con toda su fuerza. Al mismo tiempo, con el auge del protestantismo, una cierta mentalidad judía comenzó a obtener un punto de apoyo dentro del propio cristianismo.

Lutero vio claramente que la diferencia entre la humanidad universal y el "nazismo" tribal judío era irreconciliable. Su gran tratado escrito sobre la cuestión judía es la prueba de su clarividencia. Pero, aparte del auge del protestantismo, el Antiguo Testamento obtuvo una mayor influencia a través de la enseñanza de la Biblia en los sermones de las iglesias y de la educación religiosa en las escuelas. Los predicadores protestantes, húngaros, suizos, ingleses, holandeses y alemanes por igual, recurrían cada vez más a los profetas del Antiguo Testamento en busca de parábolas y citas. Durante las guerras religiosas se invocaban todas las maldiciones más fulminantes del Antiguo Testamento sobre las cabezas de los adversarios. La mentalidad del Antiguo Testamento penetró así en la fe cristiana a través de la fraseología vacía de la retórica. El cristianismo comenzó a considerarse a sí mismo como una extensión o subsidiario de la religión judía, en lugar de subrayar su carácter verdaderamente opuesto. Como resultado de este error, se estableció en el mundo cristiano civilizado una mentalidad judía de intolerancia, acompañada de un espíritu de odio, y generación tras generación creció imbuida de las enseñanzas materialistas y carentes de imaginación del Antiguo Testamento.

El protestantismo inglés se vio especialmente sometido a la influencia del Antiguo Testamento. La mentalidad de los príncipes mercaderes ingleses y la actitud espiritual de los puritanos también se identificaron con los principios del Antiguo Testamento judío y encontraron en él la justificación de una determinada conducta empresarial. En el siglo XIX algunos eruditos ingleses ilusos incluso intentaron demostrar que los habitantes de Gran Bretaña eran en realidad descendientes de la décima tribu perdida de Israel. Werner Sombart, la famosa autoridad en capitalismo, demostró de forma concluyente que las raíces del capitalismo son tanto judías como protestantes.

Una cosa, sin embargo, puede afirmarse con certeza. Con el advenimiento del protestantismo se rompió la antigua unidad del mundo cristiano. La Iglesia de Cristo se separó en catolicismo y protestantismo. A través de esta brecha, el nacionalismo mosaico penetró audazmente en el mundo cristiano y en la vida espiritual cristiana. Bajo el pretexto de la ilustración y el progreso, los habitantes de los guetos empezaron a gritar en voz alta por la emancipación, la misma cosa que, incluso Voltaire, el mayor campeón del progreso, había considerado como un peligro mortal. Bajo el disfraz de la filantropía y la ilustración, el propio cristianismo luchó por la emancipación judía. Parecía incapaz de ver que esto podría significar un día la muerte del cristianismo, del catolicismo, del protestantismo, de la ortodoxia y de la heterodoxia por igual.

La despreciada Edad Media era muy consciente de que esta posibilidad estaba siempre presente debido a la fuerza fanática del "nazismo" religioso judío dirigido contra el cristianismo, cuya fuente se encuentra en su mayor parte en el Talmud. En 1888, la editorial Minerva Press publicó un sorprendente relato, que nunca fue refutado, sobre las conclusiones de un comité de investigación convocado en 1240 por San Luis, rey de Francia. El rey quería saber por qué los judíos eran tan odiados en Francia. Convocó un tribunal real presidido por él. El Talmud fue presentado y expuesto a la corte por un judío cristianizado que hablaba bien el hebreo. Para comprobar la autenticidad del texto talmúdico, la corte invitó a Jechiel, el rabino de París, junto con los rabinos Juda Samuel y Jacob, este último un eminente orador muy conocido tanto en Francia como en España. El justo rey hizo todo lo posible para que los rabinos tuvieran todas las oportunidades para defender el Talmud, así como para confirmar la autenticidad del texto talmúdico. A pesar de todo, el tribunal se vio obligado a concluir que las leyes talmúdicas son contrarias e incluso repugnantes para el orden social, no sólo de todas las comunidades cristianas, sino incluso de todas las no judías. Como resultado de las investigaciones, el tribunal descubrió que el Talmud no sólo insulta repetidamente a la Virgen María, sino que pone en duda que Cristo naciera de una Virgen, e incluso afirma que era hijo de un soldado llamado Pandara y de una mujer de la calle. Los cristianos se horrorizaron cuando los rabinos invitados declararon auténticas estas traducciones del Talmud. Como resultado de las conclusiones finales de este tribunal de investigación, San Luis ordenó que el Talmud fuera enviado a las llamas. *(El Imperio Oculto,* 1945, p. 27.)

En épocas posteriores, el mundo cristiano prestó poca atención al libro sagrado de los judíos, aunque para ellos había llegado a ser casi tan importante como la Torá. Del Talmud emanaba el odio hacia los cristianos y de él también se extendía una doble moral. Cabe señalar que incluso en el siglo XX no existe ninguna traducción auténtica del Talmud. Es cierto que ha sido traducido por Graetz, un profesor universitario de ascendencia judeo-alemana, pero se han excluido todas las partes incriminatorias. El autor húngaro Alfonz Luzsenszky también ha traducido algunas partes del Talmud. Una de las principales preocupaciones de la actual dictadura bolchevique fue meter a Alfonz Luzsenszky en la cárcel, donde lo más probable es que haya perecido en una cámara de tortura comunista judía. Pero el Talmud siguió fomentando ese nacionalismo judío que vivía cada vez más vívidamente en los sueños de Maimónides y de los profetas judíos de la Edad Media, así como en el corazón de la judería.

Mucho antes del estallido de la Revolución Francesa, el pueblo judío estaba activo y en marcha hacia la realización del pacto mosaico. La brecha efectuada en la unidad cristiana, junto con la llamada ilustración y el progreso social, eran todos favorables a este propósito - la captura del poder mundial. Y ahora que el plan ha sido esbozado a grandes rasgos, lo examinaremos más detenidamente más adelante bajo la denominación de "guerra de clases biológica" o destrucción física y exterminio de las naciones no judías, es decir, el acontecimiento conocido como "revolución".

Después de la Primera Guerra Mundial, el mundo culto occidental quedó conmocionado por una serie de artículos del London *Morning Post* titulados "Conspiradores clandestinos". H.A. Gwynn, el editor de este periódico, en su libro, *The Cause of World Unrest*, citando libros de referencia contemporáneos autorizados hasta entonces ignorados por los historiadores liberales, señala que la Revolución Francesa estaba lejos de haber sido causada enteramente por una disposición revolucionaria de las clases bajas. En esa época ya operaban poderes judíos y masónicos que, al comprar todas las reservas de grano, crearon una hambruna artificial y, a través de ella, la revolución del 14 de julio. Ya en 1776, el movimiento Espartaco, creado por Adam Weishaupt, se había establecido en Baviera y este movimiento reapareció de repente de nuevo bajo muchas formas diferentes incitando peligrosos estallidos durante las diversas revoluciones posteriores a la Primera Guerra Mundial. El tratado de Gwynn demuestra que todos los movimientos revolucionarios del siglo

XIX estaban infiltrados y en gran medida controlados por la judería. Gwynn estableció el papel de los judíos en la masonería con la ayuda de los datos contenidos en el libro del judío converso Abbott Lemann *(L'Entrée des Israelites dans la Société Française)*, así como con las pruebas recogidas por el autor estadounidense y masón Albert Pike. Demostró que los judíos habían inculcado el odio al cristianismo en las sociedades secretas, de modo que, al amparo del liberalismo, podían permanecer imperturbables mientras trabajaban para socavar el orden social cristiano. Así, el "nazismo" judío del Antiguo Testamento, además de su poder monetario, adquirió una nueva y terrible arma para la destrucción del pueblo cristiano. El nombre de esta nueva arma era Revolución.

La organización socialista internacional comenzó en 1864 con la fundación de la primera Internacional, y tanto sus líderes Marx como Lassale eran judíos. Ambos fueron profetas del odio, buscando venganza por la humillación de su raza. Disraeli en su libro *Coningsby* predice un movimiento obrero alemán bajo dirección y liderazgo judío. Con todo esto apareció un nuevo factor en la historia de la cultura europea: el odio organizado y la envidia como fuerza sistemáticamente diseñada para crear clases y sociedades, así como para destruirlas. La intolerancia que prevalecía en Europa tenía sus raíces en el espíritu del Antiguo Testamento, pero aún más apestoso al Antiguo Testamento y más talmúdico era este odio maquinado, cuyos profetas predicaban exactamente las mismas consignas y promesas que el Antiguo Testamento cuando prometía al pueblo elegido que Jehová derramaría ante ellos todas las riquezas y riquezas del mundo y que sólo tendrían que trabajar dos o tres horas al día para ganarse la vida. El "nazismo" del Antiguo Testamento encontró un aliado formidable en las clases trabajadoras europeas y, más tarde, en el proletariado americano, que tenía todo el derecho a amargarse y volverse hostil al sistema capitalista explotador. Pero el proletariado tardó en darse cuenta de que los creadores, operadores y beneficiarios de este capitalismo eran al mismo tiempo los representantes tanto del nacionalismo judío como de la Internacional.

No cabe duda de que las semillas de los diabólicos planes judíos estaban bien encarnadas en las enseñanzas de Marx. Su objetivo era destruir a la *élite* intelectual, la aristocracia, las clases medias, el clero y los trabajadores de cuello blanco de todas las naciones no judías mediante el uso de la falsa doctrina de la igualdad y despertando la envidia de las masas proletarias. Conspiraron para privar a las naciones de sus líderes y degradar a la humanidad a un rebaño sin líderes y parecido al ganado. Esto ya no era planificación socialista. Era la propia estrategia global de los judíos. Cada hombre sin líder del rebaño se convierte en la herramienta ciega y el esclavo de ese "nazismo" tribal judío empeñado en conquistar el mundo.

Aunque Marx, de hecho, había defendido el internacionalismo, la judería nunca fue internacional. Sólo quería internacionalizar al proletariado. Al proletariado se le asignó el papel de destruir sus respectivos países junto con sus religiones, para que pudiera establecerse el Estado mundial internacional que poseyera una *élite*, una clase dominante: ¡los judíos exclusivamente!

Había judíos en todas las naciones. Hablaban la lengua de su país de adopción y, sin embargo, seguían siendo judíos, representantes orgullosos y conscientes de una concepción racial exclusiva, de un "nazismo" supranacional. Las fuerzas destrozadas de la rebelión de Cristo se refugiaban de los ruidosos eslóganes de la "Ilustración" en las frescas naves de las iglesias. La Fe Cristiana había sido gradualmente despojada de su innata inspiración e influencia espiritual y ahora se transformaba en Cristianismo Judío. Se aferró y se adhirió de forma materialista a su influencia mundana y a su riqueza mundana, en lugar de seguir su vocación y darse cuenta de que había llegado el momento de predicar las enseñanzas de Cristo con un vigor incansable. Al mismo tiempo, el judaísmo, habiendo preservado su unidad religiosa y racial, era ahora capaz de penetrar con gran efecto en las debilitadas comunidades cristianas. Mientras la llama del nacionalismo judío ardía cada vez más, la "rebelión" cristiana perdía su fe y se volvía tímida, escéptica e impotente. El nacionalismo religioso del Antiguo Testamento fue capaz de imbuir de fe y conciencia racial a los habitantes de los guetos rusos. Pero el cristianismo del Nuevo Testamento se volvió tan pusilánime que empezó a avergonzarse del Nuevo Testamento, así como de su propio credo, del que a veces sospechaba que podía estar "desfasado" o ser "anticientífico" si se comparaba con los eslóganes de lo que se conocía como "ilustración".

Frente a los grandes problemas sociales de la época, el cristianismo se mostró inerte e impotente. Pero, al mismo tiempo, el judaísmo fue capaz de dotar de fe a su propia raza. No fe en Dios, ya que muchos judíos aparentemente renunciaban a su credo, sino fe en un nacionalismo político fanático. Por otra parte, la "revolución" cristiana no logró completar su misión en la tierra, es decir, apoyar a los humildes contra sus perseguidores y lograr así la justicia social a través del amor y no del odio.

En el siglo XIX, el cristianismo ya se había convertido más en una formalidad que en un credo vivo. No podía esperar equiparar la concepción moderna de la revolución de Cristo con la idea de la revolución marxista. Las encíclicas papales *Rerum Novarum* y *Quadragesimo Anno* no eran más que interpretaciones teóricas de la actitud adoptada por el socialismo y por el sistema estatal liberal. La Iglesia militante de Cristo no luchó tan ardientemente como debería haberlo hecho. Se resignó convenientemente a recurrir a la conocida máxima de Cristo: "Mi reino no es de este mundo", mientras que el marxismo insistió en la concepción de una salvación física en esta tierra. Esta última idea, por supuesto, era enteramente de origen judío. El propio Jehová, así como Esdras y Nehemías, aquellos ensalzadores de la pureza racial, seguramente habían prometido esto mismo, es decir, la redención en esta tierra, la riqueza del mundo a través de las puertas de Jerusalén, la semana laboral de dieciocho horas y el estado del bienestar. La promesa marxista era también la redención en la tierra, pero detrás de la pantalla de promesas se escondía el nacionalismo judío, porque los líderes marxistas sabían que el logro de lo que ellos llamaban redención significaba también el establecimiento del reino-mundo judío.

La cristiandad fue incapaz de unirse y de seguir así la concepción social de la revolución de Cristo. Por otra parte, el judaísmo permaneció indiviso en la unidad racial y espiritual de su "nazismo" cuatromilenario.

Después de la Revolución Francesa, las sociedades secretas, así como algunos gobiernos dominados por la influencia judía, expulsaron gradualmente al cristianismo de la vida pública hasta que su función se limitó a fomentar la asistencia a las iglesias. Con un cristianismo tan débil y dividido, ¿qué poder podría haberse opuesto con éxito a estas presiones? ¿La Iglesia Ortodoxa Griega con su formalismo vacío, o el Catolicismo Romano con sus obispos sentados complacientemente en la posesión de varios cientos de miles de acres de tierras eclesiásticas (latifundios) y predicando pobreza y justicia a las masas, o el Protestantismo que se fue saturando cada vez más del espíritu del Antiguo Testamento? Dadas las circunstancias, ¿podía existir algún poder capaz de influir en las masas y llevarlas al bando de la revolución cristiana? El cristianismo comenzó a mantener una vida aparte, absteniéndose de criticar los acontecimientos públicos, de influir en la opinión pública o de poner en práctica conceptos socialistas. La prensa, en manos del nacionalismo judío, de los miembros de las logias masónicas o del agitador marxista, asumió estos papeles. Frente a este "paraíso terrenal" marxista, el cristianismo fue incapaz de reivindicar el sentido social de la enseñanza de Cristo. Además, abandonó su liderazgo y no dio la cara por las masas. Con la retirada del cristianismo de la vida pública, surgió en su lugar una determinación fanática de destruir todas las instituciones de los gentiles, tanto humanas como divinas. Su objetivo era privarles de sus líderes y establecer así el gobierno mundial definitivo de los judíos.

Ya a principios del siglo XIX, el gran pensador Houston Stewart Chamberlain advirtió al mundo cristiano lo siguiente: "El problema de los judíos que viven entre nosotros pertenece a las cuestiones más difíciles y más fatídicas de la época actual". (H.S. Chamberlain, 1, p. 163.)

A principios del siglo XX todas las dudas sobre el éxito del gran plan pudieron ser despejadas. Los líderes del judaísmo mundial tenían solamente una cosa más que decidir, es decir, los medios reales que se emplearían para asegurar el poder mundial.

¿Debía lograrse a través del oro o a través de la metralleta? ¿A través de la plutocracia o a través del terror comunista dirigido por los jefes judíos de la policía secreta? ¿La nueva sinagoga debía ser la sede de los cambistas y escribas o de los saduceos terroristas?

¿O tal vez debería estar abierta a que ambas facciones trabajen codo con codo?

A este gran dilema da una clara respuesta un documento que los judíos consideran falso.

CAPÍTULO III

La dominación del mundo en tres etapas

El JUDISMO hizo todo lo posible para refutar la autenticidad de los Protocolos de los *Sabios de Sion*. Hoy en día, cualquier persona que se atreva a hacer la más mínima referencia a los *Protocolos* es tachado de bárbaro incivilizado por los judíos.

El 26 de junio de 1933, la Federación de Comunidades Judías de Suiza y la Comunidad Judía de Berna interpusieron una demanda contra cinco miembros del Frente Nacional Suizo, solicitando una sentencia que declarase que los *Protocolos* eran una falsificación y la prohibición de su publicación. El procedimiento del Tribunal fue asombroso, ya que se dejaron deliberadamente de lado las disposiciones del Código Civil suizo. Se oyó a dieciséis testigos convocados por los demandantes, pero sólo se permitió oír a uno de los cuarenta testigos convocados por los demandados. El juez permitió a los demandantes nombrar a dos taquígrafos privados para llevar el registro de las actuaciones durante la audiencia de sus testigos, en lugar de confiar la tarea a un funcionario del Tribunal.

En vista de estas y otras irregularidades similares, no es de extrañar que, después de que el caso hubiera durado apenas dos años, el Tribunal declarara que los *Protocolos eran* una falsificación y literatura desmoralizadora. La decisión fue dada el 14 de mayo, 1935, ¡pero fue anunciada en la Prensa Judía antes de ser dictada por el Tribunal!

El 1 de noviembre de 1937, el Tribunal de Apelación Penal suizo anuló esta sentencia en su totalidad. Sin embargo, los propagandistas judíos siguen declarando que se ha "demostrado" que los *Protocolos* son una falsificación.

Es claro, sin embargo, que el texto original de los *Protocolos de Sion* estaba en las manos de los Judíos de Odessa ya en 1890. Los *Protocolos* fueron publicados en 1905 por el Nilus ruso. Según ciertas versiones, su autor fue el oriental Asher Ginsberg bajo el seudónimo de Achad Haam, que significa "del mismo pueblo", y su propósito era intentar despertar la conciencia nacional judía. Un ejemplar de este libro publicado por Nilus fue adquirido por el Museo Británico en 1906, donde se encuentra catalogado en la actualidad.

Aunque continuó la controversia mundial sobre la autenticidad de los *Protocolos*, su autenticidad fue establecida por una autoridad superior a cualquier tribunal: la propia historia mundial. El programa judío esbozado en 1906 se ha llevado a cabo desde entonces de forma literal y realista. Podemos, por lo tanto, considerar los *Protocolos* desde varios ángulos; ya sea como el plan mundial elaborado por los Sabios de Sion del grado 33 de la masonería, como las actas secretas del Congreso Sionista de Basilea, o simplemente como un panfleto escrito por un nacionalista judío extremista - todo esto es irrelevante. El único hecho relevante e indiscutible es que el programa casi se ha cumplido en su totalidad. Incluso se ha realizado más de lo previsto por los Ancianos de Sión. Los conquistadores del mundo han sometido al mundo. En lugar de proseguir en detalle las controversias sin propósito que disputan la autenticidad de los *Protocolos*, queremos probar una sola cosa, es decir, que los Sabios de Sión han materializado su programa. Ahora solo queda un paso para que los judíos den antes de anunciar abiertamente que el poder mundial esta a su alcance. Por el momento la judería parece estar un poco oscurecida detrás de los poderes políticos, económicos y espirituales que gobiernan la humanidad, pero está lista para entrar en acción en cualquier momento. Se está preparando para completar ese único paso, después del cual se añadirá la sexta punta a la estrella de cinco puntas, así como al pentáculo blanco americano, que se convertirá así en el símbolo abierto del reino mundial consumado, es decir, la estrella de David de seis puntas.

Queda otra pregunta en relacion con los *Protocolos* y es: ¿Existió alguna vez alguna organización judía abierta o secreta para establecer planes para un programa mundial? ¿Existió un "Gobierno" judío secreto para dirigir el judaísmo mundial según las enseñanzas de la Torah y del Talmud o, quizás, de los *Protocolos?*

No cabe duda de que dentro de la comunidad judía, ya antes del nacimiento de Cristo, existía una organización conocida como Kahal o Cahilla, que actuaba como órgano ejecutivo político del estado judío teocrático. Por lo tanto, podemos suponer que la nación judía en su exilio conservó algo de esta organización. Hemos señalado antes que ya antes de la dispersión tanto la diáspora alejandrina como la romana habían adquirido verdaderos poderes gubernamentales y políticos. Después de la dispersión, cada comunidad judía poseía su propia Cahilla en miniatura, cuyo propósito era arbitrar en disputas legales entre judíos, especialmente en casos en los que no era deseable someter el asunto a los tribunales cristianos y exponerlo así a la publicidad. En los países densamente poblados por judíos, la existencia de estas Cahillas era bien conocida por todos. Pero, sin duda, debió de existir también un órgano administrativo judío superior, lo que quizá podríamos llamar hoy en día un "Comité de Emigración", que mantenía unidos a los judíos y coordinaba sus ambiciones políticas. Hay pruebas documentales de que este supremo Cahal judío siguió apareciendo constantemente bajo diferentes nombres a lo largo de la historia. Una vez se encontraba en Constantinopla bajo el nombre de Sanedrín, y el "Gran Sátrapa" era el jefe de los judíos. Más tarde se vio en diversos movimientos, en la masonería francesa, así como entre los mandos supremos de las grandes potencias en la Primera Guerra Mundial. En todas partes se encuentran huellas de las actividades de este gobierno mundial secreto. En 1920, de regreso de la infructuosa conferencia de paz de Versalles, el presidente Wilson de los Estados Unidos anunció abiertamente:

> "Había una fuerza secreta trabajando en Europa que no pudimos rastrear".

Disraeli, en 1844, en su libro *Coningsby, afirma* francamente que:

> "El mundo está gobernado por personajes muy distintos de lo que imaginan quienes no están entre bastidores".

En el *Wiener Freie Presse* del 24 de diciembre 1921 el judío Walter Rathenau escribió precisamente lo mismo cuando dijo:

> "Trescientos hombres, cada uno de los cuales conoce a todos los demás, rigen el destino del continente europeo, y eligen a sus sucesores de entre su séquito".

Las funciones de la Cahilla (Kahal) son bien conocidas en Nueva York, porque los judíos dan a menudo fiestas de Cahilla. Exposiciones muy interesantes sobre todo esto están contenidas en el libro, *El Imperio Oculto* (1946) en el cual, en la página 35, encontramos:

> "Los judíos del mundo dividen la tierra en dos hemisferios, el oriental y el occidental. Como los Estados Unidos se encuentran en el hemisferio occidental, nos limitaremos sólo a él.
>
> "Se entiende que el Cahal está construido en el Símbolo de Siete. El Patrocinador para el Hemisferio Oriental no es por consecuencia aquí; sin embargo, ambos Patrocinadores para ambos hemisferios son supuestamente responsables sólo a AKA'DHA M el Desconocido y Sin Coronar Rey de la Judería a través de la Tierra cuya identidad se mantiene guardada en secreto."

Es indiscutible, por lo tanto, que algún tipo de organización o gobierno central judío existió todo el tiempo que llevó a cabo metódicamente el programa mundial de los Sabios de Sión. Pero si tal gobierno existió o no, el hecho debe ser acentuado que el programa sí mismo fue realizado y esto en sí mismo presenta suficiente prueba de su organización. Debe subrayarse el hecho de que el judaísmo mundial ya ha completado la segunda etapa planeada por los Sabios de Sión y todo está totalmente preparado para completar pronto el resto, y alcanzar así la tercera y última etapa.

Hace cincuenta años, o durante los procedimientos legales en Berna, la autenticidad de los *Protocolos* podría haber sido discutida. Pero la ejecución del programa de los *Protocolos*, con su ardiente nacionalismo del Antiguo Testamento, quedó siempre en evidencia. La existencia de los *Protocolos* tal vez fuera discutible, pero no la de su nacionalismo.

En los *Protocolos*, que muy probablemente son solo extractos del programa real, aparecen los metodos por los cuales la juderia va a lograr la dominacion mundial. Del texto algo misterioso el lector superficial deducirá que los *Protocolos* a veces hablan de dictadura, a veces de liberalismo y que planean alcanzar el poder mundial a veces mediante el capitalismo y el poder de la Prensa y a veces mediante la práctica de lo que son inequívocamente métodos bolcheviques. Cuando los Protocolos *de Sion estaban en* manos de los judíos de Odessa, las enseñanzas de Lenin eran desconocidas. Sin embargo, en los *Protocolos se* encuentra la ideología completa de Lenin, junto con las tácticas de lucha empleadas por la minoría gobernante. El lector puede sorprenderse al saber que, después de todo, el Capitalismo es el método político preferido por los judíos para obtener la dominación final sobre el mundo.

Tras un estudio crítico de los *Protocolos* nos damos cuenta con sorpresa de que la diferencia entre bolchevismo y capitalismo es ilusoria. Los Sabios de Sion eran claramente conscientes de que el bolchevismo no es otra cosa que el producto final del capitalismo liberal, es decir, que ambos son dos formas diferentes del mismo gobierno totalitario, y que la ideología de ambos consiste esencialmente en los elementos contenidos en el materialismo, el gobierno de las minorías, el uso pródigo del talonario de cheques y el terrorismo de la pistola.

Una reevaluación de los acontecimientos históricos nos proporcionará la solución a las partes oscuras de los *Protocolos*. Los Ancianos de Sion planearon tres etapas en el establecimiento del trono del Rey Salomón. La primera etapa era asegurar para la juderia el control sobre el dinero y el capitalismo, establecer el control exclusivo de la juderia sobre la prensa y aumentar su influencia, mientras que al mismo tiempo destruir y comprometer la *elite* de la sociedad no judia. Simultáneamente utilizar el ideal del liberalismo como ariete para la destrucción de las naciones gentiles, provocar la perversión del derecho romano así como de todos los demás sistemas legales, despertar la envidia y el descontento entre las clases trabajadoras y perpetuar el odio entre sociedades y estados.

La primera etapa incluyó también la propagación de disensiones entre los Estados cristianos, el desencadenamiento de guerras y el inicio de revoluciones, pero todas estas actividades debían proseguirse en el marco del liberalismo.

> "Debemos estar en condiciones de responder a todo acto de oposición mediante la guerra con los vecinos de aquel país que se atreva a oponerse a nosotros: pero si estos vecinos también se aventuran a enfrentarse colectivamente contra nosotros, entonces debemos ofrecer resistencia mediante una guerra universal."

Para los combatientes de la primera etapa, los *Protocolos* prescriben la intrusión en la familia cristiana, una lucha incesante contra la religión, la monopolización de la prensa, la provocación de los trabajadores a la revolución y la lenta destrucción de las sociedades cristianas. En primer lugar hay que suprimir todos los reinos, después destruir la aristocracia, empobrecer a las clases terratenientes y despertar en las masas el espíritu revolucionario.

> "Sobre las ruinas de la aristocracia natural y genealógica de los Goyim hemos establecido la aristocracia de nuestra clase educada encabezada por la aristocracia del dinero. Las cualificaciones para esta aristocracia las hemos establecido en la riqueza, que depende de nosotros, y en el conocimiento, para el que nuestros ancianos eruditos proporcionan la fuerza motriz." (*Protocolo I*.)

La última frase del *Protocolo* nos hace pensar en el papel que ahora desempeñan los judíos en la Comisión de la Energía Atómica.

Los autores de los *Protocolos* ven claramente que en la era del capitalismo liberal la libre competencia es el camino más seguro hacia la segunda etapa. "Apareceremos como supuestos salvadores del trabajador de la opresión", continúan los *Protocolos* - "como cuando le invitamos a entrar en las filas de nuestras fuerzas combatientes - socialistas, anarquistas, comunistas - a las que siempre damos apoyo de acuerdo con una supuesta regla fraternal de nuestra masonería social." *(Protocolo III.)*

No debemos olvidar que estos *Protocolos* salieron a la luz por primera vez ya en 1906, ¿y no se ha llevado a cabo este programa en su totalidad desde entonces?

Durante la primera etapa tanto las tácticas como las armas empleadas son diferentes. "Nuestra contraseña es - Fuerza y Fingir", predican estos "Fariseos" en los *Protocolos,* añadiendo al mismo tiempo: "Sólo la fuerza conquista en los asuntos políticos, especialmente si se oculta en los talentos esenciales para los estadistas". *(Protocolo I.)*

Los autores de los Protocolos no tenían inhibiciones ideológicas. Previeron claramente todo lo que se ha cumplido desde entonces, a saber, que la explotación del capitalismo financiero prepararía el camino para el bolchevismo.

> "... el pueblo, creyendo ciegamente lo que dice la prensa, abriga -gracias a las incitaciones destinadas a engañar y a su ignorancia- un odio ciego hacia todas las condiciones que considera por encima de sí mismo, pues no comprende el significado de clase y de condición. "Este odio se magnificará aún más por los efectos de una crisis económica, que detendrá las transacciones en las bolsas y paralizará la industria. Crearemos por todos los métodos secretos subterráneos a nuestro alcance y con la ayuda del oro, que está todo en nuestras manos, una crisis económica universal por la que lanzaremos a las calles turbas enteras de trabajadores simultáneamente en todos los países de Europa. Estas turbas correrán encantadas a derramar la sangre de aquellos a quienes, en la simplicidad de su ignorancia, han envidiado desde la cuna, y cuyas propiedades podrán entonces saquear. Los nuestros no los tocarán porque conoceremos el momento del ataque y tomaremos medidas para proteger a los nuestros." *(Protocolo III.)*

Basta recordar los últimos treinta o cuarenta años de la historia europea y mundial para concluir que se trata efectivamente del comienzo de la segunda etapa.

Pues éste es el propio bolchevismo. El único rebelde, las masas proletarias llenas de odio y envidia, dirigidas por los mismos comisarios y agitadores que en la actualidad controlan los sistemas bancarios, los parlamentos y la prensa de los estados capitalistas. Todos ellos son, por supuesto, hijos de la misma alianza tribal. Todos son representantes del mismo nacionalismo de doble cara.

La verdadera cara oculta del Talmud se muestra aquí, los rasgos distorsionados del saduceo sediento de sangre, maquinando la destrucción de todas las demás naciones, incluso mediante la masacre si fuera necesario, aquel que dirigió los grandes pogromos cristianos de 1945 con tanto celo como los valientes de Bar-cochba en el año 131 d.C. durante la gran revuelta judía en el Mediterráneo.

El Protocolo III continúa:

> "La aristocracia que disfrutaba por ley del trabajo de los obreros, estaba interesada en que éstos estuvieran bien alimentados, sanos y fuertes. A nosotros nos interesa justo lo contrario: la disminución, la exterminación de los goyim. Nuestro poder está en la escasez crónica de alimentos y en la debilidad física del trabajador, porque por todo lo que esto implica se le hace esclavo de nuestra voluntad y no encontrará en sus propias autoridades ni fuerza ni energía para oponerse a nuestra voluntad."

¿Qué es esto sino una visión de pesadilla del bolchevismo? ¡Tres décadas antes de su estallido! Qué otra cosa sino el programa de los antiguos Illuminati con sus características judías: "¡Hambre y persuasión!" Se trata nada menos que de una vívida descripción de la propia Rusia de Stalin-Kaganovich en la que -según los Protocolos- se encuentra la policía secreta y una institución llamada Tribunal Popular que impone la supresión absoluta y la completa explotación de los trabajadores.

¡Ya estamos en la segunda etapa! En Rusia, el esclavo del koljós tiene que arrodillarse ante el comisario. En el Soviet, el capataz judío o el director de fábrica tiene autoridad para retirar las cartillas de racionamiento a aquellos trabajadores que no puedan cumplir la norma prescrita, es decir, la cantidad ordenada de trabajo forzado. Los seis millones de personas que murieron de hambre en la hambruna ucraniana, los sacrificados prisioneros de guerra húngaros, alemanes, rumanos e italianos que murieron de hambre, causada por la retirada de sus cartillas de racionamiento, prueban que esta parte del programa se cumple allí donde "Israel es Rey."

Pero los redactores de los *Protocolos* vieron claramente que esto no era suficiente.

Que el bolchevismo es sólo el medio de quebrar, degenerar y bestializar a las masas y reducirlas así a un rebaño humano. Que el capitalismo y el bolchevismo, junto con la lucha de clases, son sólo instrumentos. Todo esto aún no es suficiente para lograr la seguridad absoluta y una posición inexpugnable para la judería.

> "Recordá la Revolución Francesa, a la que fuimos nosotros quienes dimos el nombre de 'Grande'; los secretos de su preparación nos son bien conocidos, pues fue enteramente obra de nuestras manos. Desde entonces hemos estado llevando a los pueblos de un desencanto a otro, para que al final se aparten también de nosotros en favor de ese Rey-Despojo de la sangre de Sión, a quien estamos preparando para el mundo." *(Protocolo III.)*

Esta es la tercera etapa. La última y la más importante. Los autores de los *Protocolos* nos dicen que cuando esto se alcance, en el último minuto la judería anulará de un plumazo todos los principios que había profesado a los goyim. El liberalismo y el socialismo serán sucedidos por un despotismo completo y absoluto. Por un reino-mundo judío exteriormente patriarcal pero esencialmente cruel y terrorista, gobernado exclusivamente por judíos.

El Protocolo III explica que es absolutamente necesario que el pueblo vea la encarnación del poder y la autoridad en la persona de su gobernante. Él es el monarca elegido por Dios cuya misión es aplastar esas fuerzas destructivas cuyo origen no está ni en el intelecto ni en el espíritu humano, sino en los instintos animales de la humanidad. Hoy en día estas fuerzas están en la cúspide y asumirán diversas formas de violencia y robo perpetradas en nombre de la ley y el orden. Desbaratarán el sistema social actual para establecer el trono del rey de Israel. Pero tan pronto como se alcance su poder el papel de estas fuerzas habrá terminado. "Entonces será necesario barrerlas de su camino, en el que no debe quedar ningún nudo, ninguna astilla."

Más adelante veremos cómo profecías que en 1890 o 1906 parecían estar lejos de cumplirse se hicieron realidad; se cumplieron con asombrosa exactitud.

En Occidente, a principios de siglo, las "tropas de asalto" de los conquistadores del mundo, formadas por las capas sociales judías burguesas, capitalistas y de clase media, estaban listas para la acción, dirigidas por la *élite* progresista intelectual judía "asimilada", *es decir*, por escritores y periodistas, etc. Pues el judío occidental también era alumno del Talmud. Mientras tanto, en el Este, más de cinco millones de judíos dispersos por la zona entre el Volga y el Danubio, las masas de judíos rusos y polacos del Este, seguían soñando con el reino-mundo judío, inclinados sobre sus Talmuds y Torahs en las sinagogas de Belz, Brest-Litovsk y Maramarossziget.

Lajos Fehér, el erudito judío nacido en Budapest, no dijo más que la verdad cuando señaló en su gran obra titulada *La judería* que el Talmud había reducido, de hecho, a la judería a una esclavitud ritual. Las estrictas y detalladas normas rituales prescriben algún tipo de deber religioso a todas horas del día. Rubens, en su obra *Der alte und der neue Glaube (La antigua y la nueva fe), llega a la* conclusión de que un judío tiene que pasar la mitad de cada día cumpliendo con el ritual. Sólo para conmemorar la muerte de Moisés, el Talmud prescribe unas 3.000 ceremonias religiosas. Todo esto hacía imposible que un judío ortodoxo emprendiera cualquier ocupación productiva. En tales circunstancias era incapaz de realizar las catorce horas diarias de trabajo de un campesino polaco, ruso o húngaro. Pero no estar relacionado con el campesinado tenía sus ventajas. A los judíos les resultó fácil, en un tiempo relativamente corto, transformarse en una clase media y ocupar su lugar en el estrato social intelectual. Al no estar atada a la tierra, era libre de dedicarse por completo a actividades intelectuales como la lectura de los libros sagrados. Si examinamos su importancia durante los últimos

2.000 años, comprenderemos mejor por qué esta raza ha producido tantos intelectuales, escritores, poetas, periodistas, políticos y científicos atómicos.

De este modo, los judíos crecieron rápidamente. Le bastaba con aprender el idioma de un país para formar parte de la clase media, la burguesía o la aristocracia adinerada de ese país. Podía ocupar más puestos clave que cualquier otra nación, lo que naturalmente incluía también a las clases trabajadoras y al campesinado. De ahí a desarrollar una concepción mesiánica más grandiosa sólo había un paso.

¿Por qué no habría de formar esta raza de quince millones de personas las clases dirigentes de todas las naciones de la tierra, asumiendo un barniz externo inglés, una manera rusa, un bullicio americano o una cortesía francesa, permaneciendo todo el tiempo imbuidos de la misma conciencia uniforme de nacionalismo judío?

Purim es el único día de júbilo nacional en el que los judíos pueden emborracharse para conmemorar el asesinato del primer "antisemita", Amán, junto con sus diez hijos, y de 75.000 gentiles en la ciudad de Susa y las provincias. Jan y Jherome Tharaud, en su libro pro-judío *A la sombra del crucifijo, se* esfuerzan en señalar que la nación judía nunca conoció el significado de la palabra "amor". Aunque el dicho "Ama a tu prójimo como a ti mismo" era un mandamiento mosaico, sin embargo, esto se limitaba a los miembros de las tribus judías, y aún más a "los parientes más cercanos". Mientras tanto, los judíos orientales se convirtieron en una comunidad que formaba una especie de reserva de odio y animadversión que se dirigía hacia todos los que les rodeaban.

Los judíos occidentales, marxistas acérrimos, esperaban al principio que la revolución proletaria, profetizada por Marx, se materializaría en algún lugar de Occidente.

Y mientras tanto, en Occidente, más exactamente en Bruselas, hace medio siglo, casi en circunstancias románticas, se fundó el partido bolchevique ruso. Entre los fundadores figuran un antiguo miembro de la nobleza menor "rusa", un seminarista expulsado de Georgia, la hija de un capitán de industria ruso y un periodista progresista. A excepción de uno o dos, todos eran judíos.

Década y media más tarde, la Santa Rusia fue reducida a polvo por el nacionalismo judío, que aquí comenzó directamente desde la segunda etapa a llevar a cabo los planes de los Sabios de Sión para el establecimiento del reino-mundo judío.

CAPÍTULO IV

Los banqueros millonarios apoyan a los bolcheviques

ANTES de la Primera Guerra Mundial, en las tiendas judías de Rusia, Lituania y Polonia se vendía libremente una postal. En ella aparecía un rabino con la Torá en una mano y, en la otra, Nicolás II, zar de Rusia, representado como una pollita blanca con la corona de Romanoff en la cabeza.

Bajo la imagen aparecía el siguiente texto en hebreo:

"Sä chaliphati s ä temurati, s ä kaporati."

Es decir:

"Este animal de sacrificio será mi absolución, será mi ofrenda sustitutiva y expiatoria".

En realidad, el texto hebreo forma parte de la oración llamada "Kaporah". Los rituales relativos a este sacrificio figuran en *el Levítico* (cap. xvi. 15).

"Luego degollará el macho cabrío del sacrificio por el pecado, que es por el pueblo, y llevará su sangre al interior del velo, y hará con esa sangre lo mismo que hizo con la sangre del novillo, y la rociará sobre el propiciatorio y delante del propiciatorio."

Algunos rabinos se opusieron a esta doctrina. Pero allí donde vivían cabalistas entre los judíos orientales, el día de la expiación solían sacrificarse un gallo blanco y una pollita blanca en lugar del macho cabrío.

Esta postal era, pues, una invitación abierta de los judíos a asesinar al zar. El odio contra el zarismo ya estaba latente como consecuencia de los pogromos, pero el mandamiento mosaico lo mantenía en ebullición:

> "... no podrás poner sobre ti (como rey) a un extraño que no sea tu hermano".

Cuando estalló el bolchevismo, el zar y su familia fueron asesinados en Ekaterimburgo. Los asesinos del zar fueron Jacob Swerdlow, que más tarde sería presidente de la Unión Soviética, Jacob Jurovszkij, Chajim Golocsikin y Peter Jernakow, todos judíos.

Pero todos los que tramaron durante cincuenta años la desintegración y subyugación de Rusia también eran judíos. El cincuenta por ciento de los miembros del primer Partido Socialdemócrata de Rusia, del que más tarde se formó el Partido Bolchevique, eran judíos. El Partido Socialdemócrata Polaco se organizó al principio como Partido Democrático Judío, y la situación era similar en Lituania. El propio Kerenski, que llegó a ser Primer Ministro de la Primera República, era judío de nacimiento.

El más grande novelista ruso, Dostoievski, cuyo tratado sobre los judíos es, incluso hoy, mantenido cuidadosamente oculto por las llamadas editoriales "libres" occidentales, vio ya en 1887 que el azote de Judá se cernía sobre la cabeza del pueblo ruso y que la sombra roja del bolchevismo descendería sobre la Santa Rusia.

> "Su reino y su tiranía están llegando", escribió. "El despotismo ilimitado de su ideología no ha hecho más que empezar. Bajo esta tiranía se desvanecerán la bondad humana y la vecindad, así como el anhelo de justicia; todos los ideales cristianos y patrióticos perecerán para siempre."

El bolchevismo ganó. Y en el momento de su victoria, los intelectuales judíos, los jóvenes revolucionarios, así como los judíos sumidos en la pobreza que se encontraban en lo más bajo de la escala capitalista, volvieron sus rostros hacia Rusia. Bolcheviques o no, eran, sin embargo, como judíos, conscientes de que los sucesores del régimen zarista eran casi todos judíos también.

Un miembro de la clase media judía húngara, Lászl ó Lakatos-Kellner, había saludado a Lenin en un poema escribiendo:

El nuevo Cristo ha llegado, ¡Lenin! ¡Lenin!

La gaceta oficial de los judíos húngaros, *The Egyenlöség* (Igualdad), leída sobre todo por ciudadanos acomodados, publicó lo siguiente en un artículo en el que elogiaba a Trotsky-Bronstein:

"El intelecto y el conocimiento judíos, el valor judío y el amor a la paz salvaron a Rusia y quizá al mundo entero. Nunca ha brillado tanto la misión histórica mundial de los judíos como en Rusia. Las palabras de Trotsky demuestran que el espíritu bíblico y profético judío de Isaías y Miqueas, los grandes pacificadores, con el de los Ancianos Talmúdicos, inspira hoy a los dirigentes de Rusia."

El banquero estadounidense Jacob Schiff, la casa bancaria Kuhn Loeb y los financieros estadounidenses apoyaron a los bolcheviques desde el principio con enormes préstamos e innumerables donaciones. Estos banqueros conocían a los dirigentes de Rusia tan bien como conocían la profecía de Amschel Mayer, el fundador de la casa Rothschild. Sobre la casa de los Rothschild en Francfort se desplegaba una bandera roja sobre un escudo. Jean Drault, el escritor francés, recordaba al viejo Amschel Mayer diciendo a los clientes de su tienda:

"¡Un día esta bandera dominará el mundo!"

Karl Marx, nieto del rabino de Tréveris, también debía conocer muy bien esta bandera. Él, como cualquiera, sabía perfectamente que el capitalismo judío y el marxismo judío no son sino dos formas diferentes del mismo judaísmo, de ese mismo nacionalismo conquistador del mundo. La bandera roja de Rothschild es tan alegre y estimulante para Morgenthau como para Kaganovich.

Si bien es interesante saber que el bolchevismo adoptó su bandera roja de un banquero judío, también es digno de mención que el saludo revolucionario bolchevique, es decir, el puño cerrado levantado, también es un símbolo de origen judío. El artículo titulado *La clave del misterio*, en la página 21 del número del 7 de agosto de 1939, describe cómo, en la fiesta de Purim, celebrada en conmemoración de la matanza de 75.000 gentiles, los judíos todavía se saludan con el puño cerrado levantado.

Pero el mundo cristiano sigue preguntándose cómo es posible la connivencia entre dos enemigos "mortales" como el capitalismo y el bolchevismo.

Esta pregunta fue contestada definitivamente en 1918 por el informe del Servicio Secreto Unido (2nd Army Bureau) nombrando a las personas que financiaron la revolución bolchevique en 1916. Bajo la presión judía este informe fue destruido por el Departamento de Estado, pero entonces ya era demasiado tarde. El reverendo Denis Fahey, profesor de teología, en su libro *The Mystical Body of Christ in the Modern World*, y monseñor Jouin, en su obra *Le Péril Judéo Maçonnique*, citan el informe completo. Aquí nos referimos brevemente a él, pero el texto completo está disponible. Según el servicio americano de contrainteligencia y noticias, los siguientes grandes banqueros americanos dieron dinero a Lenin y sus camaradas para la revolución bolchevique: Jacob Schiff, Guggenheim, Max Breitung, la casa bancaria Kuhn, Loeb and Co, cuyos directores eran en aquel momento Jacob Schiff, Felix Warburg, Otto Kahn, Mortimer Schiff y S.H. Hanauer. Como señala el informe: "Todos judíos".

El informe cita artículos del *Daily Forward*, el periódico judío bolchevique de Nueva York, que describen detalladamente cómo se transfirieron a los bolcheviques grandes sumas de dinero en dólares de los activos del Westphalian-Rhineland Syndicate, una gran empresa judía. Cómo la casa bancaria judía parisina Lazare Brothers, el Gunsbourg Bank de San Petersburgo con filiales en Tokio y París, la casa bancaria londinense Speyer & Co. y el Nya Banken de Estocolmo enviaron dinero a los bolcheviques.

La declaración del servicio de contraespionaje e inteligencia militar estadounidense estableció el hecho de que Jacob Schiff dio doce millones de dólares para la financiación de la revolución bolchevique. En cuanto a la casa bancaria parisina de Lazare, no sólo desempeñó un papel considerable en el desencadenamiento de la Segunda Guerra Mundial, sino que su antiguo director, el

Sr. Altschul, forma parte hoy del Consejo de Ejecutivos de Free Europe Inc. y se ocupa actualmente de la reorganización de Europa.

Esta peculiar confabulación, esta conspiración de bolcheviques y banqueros sólo puede explicarse plausiblemente por el nacionalismo judío. Aunque la postración de Rusia, la tierra de los pogromos, así como el exterminio de la familia del Zar, fueron todos criminales perpetraciones bolcheviques, sin embargo a los ojos del nacionalismo judío estos parecían ser los actos de los judíos, el triunfo de la judería, la gloriosa lucha de liberación del irredentismo religioso. El poder político absoluto en Rusia había caído abiertamente en manos de los judíos.

Al principio, tal vez, las enseñanzas de Lenin no fueron plenamente comprendidas por las masas judías. Sin embargo, vieron que casi todos los líderes y gobernantes del nuevo sistema de estados rusos eran descendientes de Abraham. El propio Lenin era Ulyanov solo formalmente. Su padre era miembro de la nobleza menor rusa. Pero su madre era hija de un médico judío-alemán llamado Berg. Lenin heredo de su madre su mania de destruccion y su desesperado deseo de poder; ambas caracteristicas igualmente judaicas. Victor Marsden, el periodista inglés que fue corresponsal durante la Primera Guerra Mundial en Rusia, describe a Lenin de la siguiente manera:

> "Lenin, judío calmyc, casado con una judía, cuyos hijos hablaban yiddish".

Herbert Fitsch, un detective de Scotland Yard que, disfrazado de ayuda de cámara, se infiltró en el entorno de Lenin y lo denunció por ser un "típico judío".

El *Morning Post* publicó al mismo tiempo una lista de los nombres, seudónimos y origen racial de los fundadores del Gobierno Secreto, junto con sus cincuenta funcionarios clave más importantes. Eran judíos en un noventa y ocho por ciento.

El London *Jewish Chronicle* del 4 de abril 1919, afirma audazmente:

"Las concepciones del bolchevismo están en armonía en la mayoría de los puntos con las ideas del judaísmo".

Victor Marsden, el reportero *del Morning Post* en Rusia, afirma que entre los 545 principales funcionarios bolcheviques había 477 judíos en el momento del nacimiento del bolchevismo.

Pero el punto de vista del nacionalismo judío era sensiblemente diferente. Los judíos prestaron escasa atención a los obispos exterminados, a los sacerdotes asesinados y a las masas rusas hambrientas o masacradas por centenares de miles. Sólo apreciaban el *éxito judío*.

Los espantosos sucesos de Rusia superan toda imaginación. Las estadísticas recopiladas desde los primeros días del bolchevismo y citadas también en las actas del Congreso americano confirman que durante los primeros años 28 obispos y arzobispos 150.000 policías 6.776 sacerdotes 48.000 gendarmes, 6.765 profesores 355.000 intelectuales, 8.500 médicos 198.000 obreros, 54.000 oficiales del ejército 915.000 campesinos, 260.000 soldados fueron asesinados junto con el emperador y su familia.

Después de considerar estas espantosas estadísticas uno podría esperar que la judería, que ha sido anunciada en la prensa dominada por los judíos en todo el mundo como un pueblo humanitario, expulsara a estos judíos bolcheviques de sus filas con repugnancia y desprecio. Pero el judaísmo mundial y sus grandes organizaciones, en el mejor de los casos, permanecen en silencio. Y mientras tanto probablemente no haya un solo país en todo el mundo donde el Partido Comunista no esté bajo la dirección exclusiva de judíos.

En Argentina, ya en 1918, Salomón Haselman y su esposa Julia Fitz comenzaron a organizar el comunismo. La revolución argentina estalló en enero de 1919, y entre sus víctimas sólo en Buenos Aires hubo 800 muertos y 4.000 heridos. El líder de la revuelta fue Pedro Wald, alias Naleskovskij, y su ministro de Guerra fue Macaro Ziazin, ambos judíos orientales. Tras la supresión de la revuelta, otros movimientos fueron organizados por judíos. Había muchos judíos y comunistas entre los maestros y profesores universitarios. Siskin Aisenberg inició la educación bolchevique de la juventud argentina. Entre los periódicos en yiddish, Roiter Stern, Roiter Hilfe, Der Poer y Chivolt se dedicaban a difundir peligrosa propaganda bolchevique.

El levantamiento bolchevique chileno de 1931 y la rebelión bolchevique uruguaya de 1932 fueron ideados y dirigidos por los descendientes de la semilla de Abraham casi exclusivamente.

Cuando la efímera revolución brasileña fue suprimida en 1935, salió a la luz que los líderes reales eran todos judíos con la excepción de un líder nominal llamado Louis Carlos Perestes. El Braccor, una asociación de judíos orientales, organizó a los trabajadores portuarios, y el líder de esta revuelta conocida como Ewert se llamaba, de hecho, Harry Bergner. Este levantamiento fue dirigido desde la embajada soviética de Montevideo por un comerciante de cuero judío llamado Minikin. Entre los líderes de este levantamiento brasileño había muchos miembros de la Organizacao Revolutionaria Israelita Brazor, y entre otros mencionamos los siguientes nombres: Baruch Zell, Zatis Janovisai, Rubens Goldberg, Moysés Kava, Waldemar Roterburg, Abrahâo Rosemberg, Nicolâo Martinoff, Yayme Gandelsman, Moisi Lipes, Carlos Garfunkel, Waldemar Gutinik, Henrique Jvilaski, Jos é Weiss, Armando Gusiman, Joseph Friedman, etc.

De las revoluciones sudamericanas, la mexicana es especialmente interesante, ya que, una vez más, un millonario judío dirige a los bolcheviques. El dictador de la revolución bolchevique mexicana, Plutarco Elías Calles, es hijo de un judío sirio y de una india. Calles es masón del grado 33 y su fortuna personal asciende a ochenta millones de pesos. Su amigo, Aron Saez, que jugó un papel importante como su lugarteniente, y que tenía una fortuna de cuarenta millones de pesos, también es judío. Su persecución de la Iglesia se saldó con 20.000 mártires católicos. Entre ellos había 300 sacerdotes católicos y 200 jóvenes católicos devotos.

Pero el movimiento bolchevique estadounidense fue el más típico y característico de todos. El 1 de septiembre de 1919 se creó en Estados Unidos el Partido Comunista, cuyo primer secretario general fue William Z. Foster. El *Daily Worker*, el diario comunista de Nueva York, comenzó a publicarse por primera vez por esas mismas fechas. El grueso de los seguidores del Partido Comunista Americano estaba formado casi en su totalidad por judíos que habían emigrado a Estados Unidos desde Rusia, Polonia y los países que hoy se encuentran tras el Telón de Acero. Los EE.UU. les dieron todo lo que una gran democracia libre puede dar: seguridad frente a los pogromos, prosperidad, a menudo riqueza y nuevos hogares, así como salarios decentes. Sin embargo, a la menor oportunidad comenzaron a conspirar para el derrocamiento de la libertad estadounidense y para la subyugación total de la casa de Washington.

El movimiento comunista se originó en el sindicato formado por los empleados de la industria de la confección. Aún hoy este sindicato está casi totalmente en manos judías y su primera pregunta a un posible nuevo miembro es: "¿Habla usted yiddish?". Es interesante observar que, al igual que en Rusia y Polonia, donde los partidos marxistas estaban organizados por judíos, también en América las organizaciones judías se convirtieron en las defensoras de los principios comunistas. El Club de Trabajadores Judíos, la Unión de Trabajadores Judíos, la ICOR (una compañía para colonos), el ARTE V (Arbeiter Theater Verband) y el Club John Reed para escritores judíos, eran organizaciones judías y comunistas. El número de periódicos radicales y comunistas judíos, así como de publicaciones periódicas judías editadas en EE.UU., llegó a 600 en 1936, y ya en 1933 Earl Browder estimó que el número total de miembros del Partido Comunista era de unos 1.200.000. En el trabajo preparatorio de la organización del bolchevismo americano, la Unión Nacional de Trabajadores Textiles y la Internacional Obrera de Socorro desempeñaron papeles importantes. Los dirigentes de estas dos grandes asociaciones eran judíos: Charles Steinmetz, Upton Sinclair, Helen Keller, Albert Einstein, el obispo William M. Brown. La Defensa Internacional del Trabajo era una organización muy poderosa dirigida por millonarios o por abogados muy ricos, a pesar de que era típicamente comunista.

Todos estos grupos, sindicatos y asociaciones esperaban capturar América para el bolchevismo durante la gran crisis económica. Cuando, en 1930, los comunistas de Nueva York intentaron asediar el Ayuntamiento, los periódicos comunistas informaron con abierto entusiasmo:

"Las mujeres judías luchaban como tigresas". *(Weltbolshevism. página 265.)*

Todas las asociaciones mencionadas pertenecían a las formaciones bolchevistas no secretas o exotéricas de América. Ninguno de estos tipos abiertos de asociaciones bolchevistas presentaba un peligro real. Seguramente el obrero estadounidense -ya fuera descendiente de uno de los primeros colonos del *Mayflower* o de un refugiado oriental- nunca se convertiría en comunista. En consecuencia, poco después de la creación de su partido, los bolcheviques estadounidenses intentaron persuadir a la juventud americana para que se uniera a ellos y sirviera como núcleo duro de las tropas de asalto de los conquistadores del mundo. Sabían muy bien que sería extremadamente difícil repetir en América los trucos empleados en Rusia. Eran muy conscientes de que el obrero estadounidense no es ni bolchevista ni marxista. Por lo tanto, su objetivo se concentraba en la juventud estadounidense; se esforzaban por conseguir el apoyo de una segunda generación engañada. Por ello, mucho antes de que Roosevelt llegara al poder, organizaron la Liga de Jóvenes Comunistas, la Liga Nacional de Estudiantes (formada a partir de las universidades) y los Jóvenes Pioneros para niños de entre ocho y nueve años. El debilitamiento de Estados Unidos, por supuesto, no sólo fue obra de los comunistas.

También existían asociaciones encubiertas más pacíficas y sindicatos de trabajadores que, bajo el pretexto del marxismo o el socialismo, servían realmente a los objetivos supranacionales del nacionalismo tribal judío. Pero los puestos clave, incluso en aquellas organizaciones que no eran directamente judías, estaban ocupados por judíos. La C.I.O., la mayor organización obrera, estaba bajo la dirección de Sidney Hillman, mientras que la Federación Americana del Trabajo fue fundada por Samuel Gompers, un judío inmigrante de Inglaterra.

Después de todos estos hechos el lector no se sorprenderá de que cuando Eugen Dennis fue arrestado el 16 de mayo 1950, el famoso escritor judío Albert Kahan comentara lo siguiente en *Jewish Life*, el suplemento mensual del periódico sionista *Freiheit* de Nueva York:

> "Cuando, el 15 de mayo, Eugen Dennis, el líder del Partido Comunista, fue enviado a prisión, una sombra cayó sobre la vida de cada hombre y mujer judío estadounidense".

Echemos ahora un vistazo a Europa (omitiendo Rusia), el viejo continente donde se compusieron y escribieron corales y salmos, y donde durante la Edad Media cristiana la judería estuvo confinada en el gueto.

En Inglaterra, el Partido Comunista, aunque de fuerza insignificante, está dirigido por judíos, al igual que esas organizaciones llamadas Ligas antifascistas o Movimientos antiguerra, donde podemos encontrar nombres como: Lord Marley, Ivor Montagu, Hannen Swaffer, Gerald Barry, Bernhard Baron, Nathan Birch, Morris Isaacs y Harold Laski. Todos los nobles Lores, Baronets y Caballeros de ascendencia judía han tomado repentinamente partido por el bolchevismo, que en Rusia, supuestamente, pretende destruir el capitalismo.

En Francia el control del marxismo está y estaba casi totalmente en manos judías. Zay, Leon Blum, Denains, Zyrowszky, Mandel-Bloch y los demás, dirigen el mismo nacionalismo revolucionario que arruinó la Santa Rusia.

En Inglaterra, el Partido Comunista estuvo representado en el Parlamento en una época por un judío llamado Piratin.

Los principales responsables de la organización del Partido Comunista Francés fueron Henri Barbusse, André Gide, Romain Roland y André Malraux. En Francia, los judíos disfrutaban de los beneficios de la pequeña burguesía francesa, se vieron deslumbrados por la poderosa posición de los judíos en la Rusia soviética y se apresuraron a unirse a las organizaciones comunistas francesas. Éstas llevaron a cabo sus actividades bajo diversos nombres encubiertos, como "Liga Internacional contra el Antisemitismo" o "Asociación Cultural de Proletarios Judíos", etc. La organización judeo-comunista conocida como *Gezerd* también puede mencionarse en este contexto. El Congreso de la Internacional de Escritores celebrado en París en 1935 fue totalmente comunista. Aquí quedó claro desde el primer momento que los autores que eran los máximos exponentes del espíritu "humanitario" judío también apoyaban fervientemente a los maestros del bolchevismo ruso. El cartel de este Congreso exhibía la palabra "Internacional", pero en realidad era una gran reunión tribal de nacionalistas deslumbrados por los éxitos en Rusia, cuyos participantes procedían de diversas tierras y hablaban lenguas diferentes, pero pertenecían a la misma raza.

En Bélgica, un judío llamado Charles Balthasar es el organizador del Partido Bolchevique, cuyo pilar es la asociación llamada *Gezerd*.

En Suecia fuerzas similares están trabajando para el bolchevismo. El Partido Comunista Sueco fue apoyado por uno de los mayores capitalistas: Ivar Krueger, el rey de las cerillas, informa el periódico *Der Weltbolshevism,* a partir de información recibida de fuentes suecas. Las diversas editoriales y bibliotecas de préstamo en manos de judíos también han contribuido en gran medida a promover el bolchevismo.

Tampoco es muy diferente la situación en Noruega, donde el comandante Quisling, a la luz de la experiencia adquirida en la Rusia soviética, empezó a organizar un partido nacional antibolchevique, pues se dio cuenta de que los mismos que destruyeron Rusia se disponían a aniquilar Noruega.

En Dinamarca, en esta época, los estudiantes judíos, así como los profesores judíos Georg Brandes y Davidsohn de la Universidad de Copenhague, dirigían las actividades comunistas. Su principal organización es la asociación cultural judía, la I.K.O.R. Axel Larsen, el líder administrativo judío, anunció con confianza en una reunión de masas que: "El Partido Comunista Danés no descansará hasta haber conseguido ahorcar a todos los curas y gendarmes".

En 1932, los bolcheviques de Suiza se autodenominaron socialistas de izquierdas. Leon Nicole era su líder y su ayudante, un judío ruso llamado Dicker, instigó el levantamiento del 9 de noviembre de 1932, que se saldó con trece muertos y cien heridos.

En Austria actúa el austromarxismo y sería difícil distinguir entre sus matices democráticos y comunistas, aunque ambos se inspiran en los judíos. Friedrich Adler fue, desde el principio, el principal organizador. Fue el primer secretario de la Segunda Internacional y también el asesino de Stürgh, el ex primer ministro austriaco.

En Rumania, Anna Pauker-Rabinovich y otros judíos fueron los campeones del bolchevismo. Fueron ellos quienes obligaron a los obreros a una sangrienta huelga ferroviaria. Su influencia era aterradora en un gobierno corrupto y liberal como el de Rumanía. El periódico *Weltbolshevism* concluye un artículo de la siguiente manera:

> "Es notable la fuerte participación de los judíos en el movimiento comunista. Las actividades más peligrosas se observan en las zonas donde viven las grandes masas de judíos." (Página 435.)

Checoslovaquia, el portaaviones de la Unión Soviética, fue completamente socavada por las organizaciones comunistas desde el mismo comienzo de su independencia nacional. Uno de los líderes comunistas era Slansky-Salzman. La literatura comunista y el control de todas las actividades organizativas están en manos de judíos.

En Bulgaria, los movimientos comunistas también estaban dirigidos por judíos. Cuando doscientos oficiales y civiles cayeron víctimas del complot contra Sveta Nedelja, salió a la luz que el complot, organizado por Dimitrov, había sido llevado a cabo por los judíos Jack y Prima Friedman.

En Grecia, los periódicos *Avanti* y *El Tsoweno* son los órganos oficiales del Partido Comunista, siendo este último también el órgano de la asociación comunista-judía de Salónica.

Y si uno mira al Lejano Oriente, está claro que aquí también las mismas manos están encendiendo los fuegos del bolchevismo.

Los líderes del Partido Comunista Chino, Borodin y Crusenberg, eran también de la semilla de Abraham.

Hemos dejado deliberadamente España para el final, ya que las organizaciones judías pueden reconocerse claramente en la Guerra Civil española. Cuando estalló la contienda, los líderes Zamorra, Azara, Rosenberg y la tristemente célebre La Pasionaria, cuyo verdadero nombre era Dolores Ibauri, también eran judíos. Y los que inundaron España desde todas partes para hacer más insoportable la sangrienta situación del pueblo español, eran todos emisarios del mismo nacionalismo racial ya victorioso sobre Rusia. Ilja Ehrenburg, Bela Kun, Ger ö Ernö, Zalka Máté, los líderes y miembros de la tristemente célebre brigada Rákosi-Roth, todos pertenecían, casi sin excepción, a los emisarios de este desquiciado "nazismo" racial.

Cuando llega la hora, ¡cae la máscara! Iglesias cristianas y tesoros artísticos centenarios arden en llamas, terroristas borrachos disparan contra la cruz de Cristo y los mismos "expertos" vuelven a crucificar sacerdotes con pericia, como ya habían hecho antes en Rusia. Hunden barcos-prisión con antirrevolucionarios encerrados en la bodega, fusilan a decenas de miles de rehenes cristianos capturados en la plaza de toros. Los cadáveres de un millón y medio de víctimas y mártires cubren los campos de batalla de una España asolada. Detrás de toda la miseria masiva y detrás de los mineros de Asturias se cierne el mismo poder místico que indujo a los marineros rusos a rebelarse en Kronstadt. Mientras los intelectuales "rosas" empiezan a considerar este baño de sangre como un espectáculo de la Pasión, los banqueros progresistas le proporcionan oro y armas. El viejo "nazismo" testamentario pagó así a la católica España de Fernando por la expulsión de los judíos, y dos décadas más tarde el Congreso Judío Americano tuvo la desfachatez de declarar que: **"Hasta el día de hoy la judería no ha perdonado a la nación española por su expulsión".**

Fue una suerte que en aquel momento crítico hubiera heroicos españoles sobre el terreno y también potencias europeas dispuestas a enviar ayuda eficaz. Con la ayuda de la Legión Cóndor alemana y la División Flecha Azul italiana, el pueblo español derrotó a estos fanáticos, demostrando así rotundamente que la revolución soviética también podría haber sido controlada si Rusia no hubiera sido abandonada en su hora de necesidad por las potencias europeas.

Las masacres perpetradas en Rusia por los comunistas tuvieron un efecto horroroso en el mundo cristiano. Pero estos crímenes aparecieron como hazañas heroicas y atractivas a los ojos de los judíos. A sus ojos sólo importaba una cosa, es decir, que sobre un vasto imperio, sobre prácticamente una quinta parte del globo, el poder fuera tomado por sus nacionales.

Durante la guerra de intervención, una mano "oculta" puso en acción a los sindicatos ingleses para obstaculizar la campaña contra el bolchevismo. Cuando Polonia fue invadida por el bolchevismo, la masonería del Gran Oriente, con la ayuda de los masones checoslovacos, impidió el suministro de municiones a los polacos. Finalmente, las últimas reservas de municiones de Hungría fueron enviadas al frente del Vístula y con esta ayuda el mariscal Pilsudski ganó la batalla de Varsovia.

¿Qué interés tenía la judería capitalista occidental en la supervivencia y propagación del bolchevismo? Después de todo, el judío occidental es un capitalista, y el bolchevismo proclama la abolición del capitalismo. El judío occidental propagó sistemáticamente todos los diversos eslóganes humanitarios en las logias, ignorando aparentemente que todo el sistema del bolchevismo era un ultraje contra la humanidad. El judío occidental parecía permanecer fiel a su propia religión mientras el bolchevismo proclamaba el ateísmo. ¿Qué tenían entonces en común el bolchevismo y el capitalismo occidental? ¿Cómo era posible que las organizaciones sionistas de Nueva York aclamaran al bolchevismo y que Jacob H. Schiff le diera dinero? Schiff le diera dinero?

Desde entonces, la historia nos ha dado la respuesta.

Lo que el bolchevismo y el capitalismo tienen en común es el espantoso hecho de que **ambos son igualmente judíos.**

El judío capitalista occidental no veía enemigos del capitalismo en los líderes soviéticos; sólo veía judíos. Pudo excusar las barbaridades de los bolcheviques porque fueron cometidas en su mayoría por judíos. Según las creencias más extrañas del nacionalismo judío, ¡el judío es un superhombre! La judería es una supernación. El judío es libre de actuar como le plazca contra otras razas. Esta es la enseñanza de la Torá y el Talmud. La posición del judío está "más allá del bien y del mal". Al principio algunos judíos condenaron el bolchevismo por razones convencionales, pero más tarde se dieron cuenta de que lo único que podían hacer era guardar silencio al respecto, ya que el bolchevismo también estaba dirigido por judíos.

Las altas finanzas occidentales estaban de acuerdo en mantener el liderazgo judío en la Unión Soviética, costara lo que costara. En esa época se publicó el libro de Henry Ford *The International Jew (El judío internacional)*, que revelaba con estremecedoras revelaciones hasta qué punto había progresado la judaización de la vida estadounidense. Aunque el boicot judío obligó a Henry Ford a disculparse por su libro, nunca negó la verdad de su contenido. Después de la Primera Guerra Mundial, la cuestión judía en Estados Unidos se hizo cada vez más aguda. A través de la monopolización del comercio y la banca, el control del volumen de negocios de los productos públicos, su dominio despótico sobre la prensa y el envenenamiento de la educación pública, el poder judío invasor comenzó a amenazar el modo de vida estadounidense.

El peligro fue previsto antes por grandes norteamericanos como Benjamin Franklin que, en una ocasión, dijo:

> "Hay un gran peligro para los Estados Unidos de América, este gran peligro es el judío.
>
> "Si no son excluidos de los Estados Unidos por la Constitución, en menos de 100 años afluirán a este país en tal número que nos gobernarán y destruirán y cambiarán nuestra forma de Gobierno por la que los americanos derramamos nuestra sangre y sacrificamos vidas, propiedades y libertad personal. Si no se excluye a los judíos, dentro de 200 años nuestros hijos estarán trabajando en los campos para alimentar a

los judíos mientras ellos permanecen en la casa de contabilidad frotándose alegremente las manos."

Sería un interesante best-seller describir cómo ciertas manos misteriosas se llevaron su diario. Se puede afirmar con certeza que en el momento en que estalló la revolución bolchevique en Rusia, el judaísmo americano ya se encontraba en la primera etapa del gran plan. Durante el ataque operativo para asegurar la primera etapa, se logró el control sobre las finanzas y la prensa y se estableció firmemente la influencia sobre la vida pública. El nacionalismo judío en el mundo occidental se dio cuenta claramente de que, a pesar de su ideología ostensiblemente hostil, el bolchevismo debía mantenerse vivo, porque el camino hacia la segunda etapa en América pasaba por el bolchevismo -el gran aliado oriental- que ayudaría a conquistar América y a establecer el poder mundial judío. Es comprensible, por tanto, que tras la revolución rusa los dirigentes de las 217 organizaciones sionistas americanas decidieran prestar toda la ayuda financiera posible al bolchevismo.

"¡El bolchevismo será devorado por las alimañas!" exclama angustiado Trotsky-Bronstein. Pero el capitalismo judío estadounidense se encargó de sostener, criar e industrializar esta amenaza mundial. Así que el bolchevismo "anticapitalista" pronto fue apoyado por préstamos de Loeb, así como por otros créditos a largo plazo, por científicos, por contribuciones y por entregas de armas. Los que daban el dinero no eran bolcheviques, ¡sino *judíos! Eran los representantes de* una solidaridad racial supranacional. Dieron una ayuda sustancial al bolchevismo porque tuvieron la previsión de darse cuenta de que si por casualidad el bolchevismo se hundía, esto desacreditaría la fiabilidad de la planificación y el liderazgo judíos. Además, este percance sacaría a la luz las masacres perpetradas por la judería en nombre del bolchevismo. Así que para evitar perder los territorios sometidos de Rusia, considerados por ahora como una parte realmente establecida del planeado futuro imperio mundial judío, la judería dio al bolchevismo toda la ayuda posible. Para las naciones cristianas el bolchevismo representaba una ideología. Pero para los judíos era un problema nacional judío de importancia superlativa.

Pero el firme establecimiento del bolchevismo en Rusia no era en sí mismo suficiente. Para asegurar su supervivencia y desarrollo como potencia era necesario debilitar a los pueblos cristianos europeos para que no pudieran sofocar más tarde a la hidra bolchevique. Para el nacionalismo tribal judío, el período de las conferencias de paz que siguieron a la Primera Guerra Mundial significó un triunfo más para los sueños de dominación mundial judía.

El propio Wilson declaró a su regreso de la Conferencia de Paz de Versalles:

> "Había una fuerza secreta trabajando en Europa que era imposible de rastrear".

En la Conferencia de Paz de Versalles, la delegación alemana contaba con dos judíos. Entre sus asesores figuraban Max Warburg, el Dr. von Strauss, Oscar Oppenheimer, el Dr. Jaffe, Deutsch, Brentano, Struck, Wassermann y Mendelsohn Bartholdi.

Durante este periodo, el mundo cristiano no se dio cuenta de que las grietas artificialmente profundizadas que dividían a las naciones, junto con las injusticias promovidas por los tratados de paz, sólo servían para fomentar las aspiraciones judías al poder mundial. En la famélica Alemania, los grupos rebeldes de Espartaco, junto con los revolucionarios socialistas y bolcheviques, dividían a la sociedad. Al otro lado del Rin, surgen nuevos nacionalismos que se enfrentan entre sí. En el lugar de la monarquía de los Habsburgo y del antiguo Imperio austrohúngaro, muchos pequeños nacionalismos opuestos se preparan para saldar viejas cuentas. Mientras el fuego de la revolución bolchevique sigue ardiendo en Italia, las nuevas llamas de la revolución fascista comienzan a avivarse.

Mientras tanto, más al Este, debido al apoyo de las finanzas judías, el bolchevismo se hace cada vez más fuerte, de modo que los judíos del Kremlin, así como los de la dirección de Loeb, bien pueden corear el credo de su nacionalismo sobre la Europa distraída.

"Nuestros hombres progresan rápidamente en París, Nueva York y Moscú. Avanzamos hacia la segunda etapa de la batalla. Hemos dividido a la Europa cristiana y de la tierra de la injusticia sembrada por nosotros brotarán las semillas de una nueva guerra. Veréis que las semillas darán fruto en los próximos veinte años". Como dijo el gran Lenin: "¡La Primera Guerra Mundial nos dio a Rusia, mientras que la Segunda nos entregará a Europa!".

Oh, Europa, corazón de la civilización, ¿no lo entiendes todavía? ¿No puedes percibir a dónde conduce la unidad nacional judía unida a tus propios conflictos internos? ¿No ves el abismo hacia el que te conducen fuerzas imbuidas de la crueldad y la determinación de un pueblo supranacional? ¡Ay! Hay tan pocos que lo ven incluso ahora.

Un fraile desconocido, Sziliczei-Várady Gyula, escribió una vez profecías que pronto se olvidaron en un libro titulado *Del gueto al trono,* y aquí está Némesis:

"¡El judío occidental equipará un ejército de veinte millones de hombres en Oriente para destruir el cristianismo y la cultura humana e instaurar el reino mundial judío!".

CAPÍTULO V

Un movimiento difamado

Como resultado de la supresión de la libertad espiritual en todo el mundo, vivimos en una especie de cocina de ladrones, urdiendo una serie hipócrita de eslóganes en el lugar de la libertad de expresión. Hay ciertos problemas tabú a los que uno no debe referirse. Hay ciertas personas que uno no debe nombrar. También hay ciertos asuntos que no se deben mencionar en el lenguaje del hombre civilizado occidental. Decir la verdad significa enfrentarse a la horca de Nuremberg o a la pérdida del pan de cada día.

No obstante, debemos decir unas palabras sobre el nacionalsocialismo. La resistencia cristiana debería haber seguido en el momento en que el bolchevismo estalló en Rusia y cuando la obra de la judería se hizo visible a través del Tratado de Versalles. El mensaje [a] la Cristiandad debería haber sido la restauración de la unidad en la Europa desorganizada, la instrucción de las naciones y la elevación de la concepción cristiana de la jerarquía, protegiendo así al individuo de ser reducido al nivel del rebaño. Tanto el bolchevismo como el desalmado capitalismo liberal deberían haber sido dominados eficazmente por su único adversario real: la resistencia cristiana, señalando siempre el camino hacia el Cielo. Tal vez Cristo mismo podría haber venido con su azote para expulsar a los cambistas de la Casa de Dios, restaurando así la justicia, la buena voluntad y la paz social, y una vez más podría haberse dirigido a su pueblo cristiano con las francas palabras de Pedro: "... ¡Salvaos de esta generación perversa!".

Pero el cristianismo fue reacio a adoptar métodos revolucionarios para arrancar el poder mundial de las manos de aquellos a quienes Cristo, el fundador del cristianismo, atacó el Jueves Santo. El espíritu del cristianismo debería haberse imprimido en la vida pública, en los gobiernos y en la prensa y los sindicatos, pero fracasó estrepitosamente en el cumplimiento de su misión. Alemania se convirtió en un escenario para los "compañeros de viaje" desarraigados de la democracia de Weimar. Los líderes del catolicismo húngaro y polaco intentaron predicar el cristianismo a las masas sumidas en la pobreza desde el refugio de sus latifundios. El clero italiano y español siguió disfrutando de su riqueza mundana. El protestantismo, como vio Axel Munthe, fue incapaz de dar fe ni de seguir los pasos de Lutero, quien, tomando partido por el pueblo, exclamó: "¡Aquí estoy y no puedo hacer otra cosa!".

Pero la historia no tolerará deberes incumplidos ni problemas sin resolver. En Oriente se estableció el bolchevismo, mientras que en Occidente reinaba el poder especulativo ateo del oro. El socialismo de Cristo no pudo encontrar sus alas. Por eso tuvo que llegar el nacionalsocialismo.

Las opiniones pueden diferir en cuanto a si el nacionalsocialismo fue un movimiento *"neopagano"* desde el principio o si ciertos errores se introdujeron más tarde. Pero es indiscutible que el nacionalsocialismo, tras llegar al poder, se propuso cumplir, bajo diversos lemas, las tareas que debería haber desempeñado el cristianismo. Sin duda habría sido mucho mejor que las Iglesias cristianas, en las horas turbulentas de la agitación de 1919, hubieran declarado la guerra al ateísmo bolchevista, a la inmoralidad que infestaba las sociedades europeas y a la corrupción, al derrotismo, a las explotaciones capitalistas y a la liberación de clase marxista. Pero las Iglesias cristianas habían desarrollado un cristianismo de cristal. A diferencia de Cristo, que, aunque desarmado y "sentado sobre un asno y un pollino hijo de asna", hizo sentir inmediatamente su presencia, tanto de palabra como de obra, cuando cabalgó hacia Jerusalén, un cristianismo anémico e incapacitado, limitado a oraciones vacías, demostró ser sólo un testigo pasivo de los acontecimientos históricos. El error fatal de las Iglesias fue no apoyar las aspiraciones sociales de las masas, sino respaldar en cada ocasión al verdadero detentador del poder del Estado. Durante el periodo entre las dos guerras mundiales se rezaba desde los púlpitos católicos y protestantes no tanto por los miembros vivos de la comunidad eclesiástica, es decir, por las masas, como por el bienestar del poder gobernante. Así, en Inglaterra se rezaba por el Rey, en Francia por la República, en Hungría por el Regente, en Italia por Mussolini, más tarde, en Austria por Hitler, del mismo modo que los "sacerdotes pacifistas" están dispuestos a rezar hoy incluso por Kruschev.

En cualquier caso, hay que eliminar una acusación de los cargos que, con razón o sin ella, se imputan al nacionalsocialismo. A pesar de lo que ocurrió más tarde, en sus inicios no fue un movimiento de "masas". Movió a las masas, pero no con la intención de satisfacer sus necesidades. La *élite* de los intelectuales alemanes, que no eran necesariamente idénticos a los líderes reales del nacionalsocialismo, llegó a reconocer que el punto más peligroso en el plan de bolcheviques y judíos para obtener el poder consistía en su intención de reducir a los hombres libres e inteligentes al nivel del rebaño, para transformarlos en una masa maleable e informe, que podría ser fácilmente controlada por la ametralladora. Frente a esto, los primeros años del nacionalsocialismo vieron el desarrollo de elevadas aspiraciones, así como el crecimiento del concepto de *élite*. No abogaba por la lucha de clases, sino por una moral nacional más elevada, por la libertad, por el orden social y la justicia y por una cultura nacional que no fuera ofensiva para los demás. El nacionalsocialismo nunca podría haber surgido si no hubiera sido, por ejemplo, porque profesores judíos eruditos crearon en Alemania burdeles experimentales para niños con chicos y chicas de doce a trece años. ¿Podría haberse perpetrado alguna vez semejante desgracia nacional si no se hubiera preparado el camino mediante una serie de estafas financieras con fondos públicos y mediante complots comunistas?

Hans Grimm, el mayor defensor del espíritu alemán en Europa, el gran escritor alemán que más tarde se enemistó con Hitler, incluso después de 1945 describió así las condiciones que dieron lugar a la revolución nacionalsocialista:

> "Una predilección inquebrantable por una comunidad étnica y una lucha por la integridad nacional, unidas a un apasionado afán de cooperación anglo-alemana. Existía una ansiedad general por la reforma en un mundo cambiante; este movimiento de masas reconocía nuevos valores, tanto espirituales como físicos, como demostró el hecho de basar la moneda en la producción en lugar de en el oro. Además, también se defendía la necesidad de proteger la calidad frente a la cantidad, y todo este gran experimento se proponía demostrar que el espíritu de Versalles debía ser abolido en beneficio de todos".

El nacionalsocialismo alemán no sólo proclamó ciertos principios, sino que, al menos en su fase inicial, se esforzó por ponerlos en práctica. La promoción de la *élite* intelectual, *la* supresión de la lucha de clases, el establecimiento de la paz entre el capital y el trabajo, la construcción de viviendas, la elevación del nivel de vida de las clases trabajadoras, el cultivo de los lazos familiares, el asentamiento bien planificado de las masas proletarias y la garantía de una vejez tranquila mediante la creación de seguros sociales, fueron fuerzas constructivas de indiscutible valor. No cabe duda de que siguen desempeñando un papel fundamental en la vida alemana actual y hacen posible la reconstrucción de la Alemania Occidental "democrática", aunque dado que el sistema económico y monetario alemán está ahora estrechamente vinculado a la red del Banco de la Reserva Federal de Estados Unidos, y por tanto al poder del oro y la usura, estas fuerzas constructivas están siendo en cierta medida deformadas por un marco inadecuado. Porque fue un logro tremendo por parte del nacionalsocialismo haber establecido un sistema monetario cubierto por el valor del trabajo de la nación y por el volumen de la producción nacional, que al mismo tiempo supuso el derrocamiento de la omnipotencia del dinero como mercancía y también el del dominio del oro.

Aunque sus dirigentes no eran necesariamente fieles asiduos a la iglesia, el Estado nacionalsocialista aceptaba y llevaba a la práctica los principios cristianos estableciendo el orden y la justicia social. Es evidente que para lograrlo había que eliminar las fuerzas sociales destructivas. Era inevitable, por tanto, que el nacionalsocialismo tuviera que levantarse contra la reliquia del "derrotismo de 1918", así como contra las actividades subversivas del espíritu judío. Tenía que hacer frente al bolchevique judío y al capitalista judío, consciente de que la autocracia irrestricta del Becerro de Oro sólo engendra descontento, envidia y lucha de clases.

Poco importa que el nacionalsocialismo haya "sobredimensionado" o no la cuestión judía. Tampoco tiene importancia que el nacionalsocialismo adoptara realmente la teoría racial del Antiguo Testamento como uno de sus dispositivos instrumentales; porque incluso si hubiera renunciado a ellos, habría chocado inevitablemente con el judaísmo mundial, que no podía tolerar la existencia de ningún otro nacionalismo en la tierra. Los nacionalsocialistas podrían haber tratado a los judíos tan humanamente como fuera posible, pero esto no habría alterado el hecho de que el poder secreto ejercido por los judíos sobre el Reich alemán les estaba siendo arrebatado de las manos, lo que era absolutamente intolerable para ellos. Además, no podían permitirse contemplar semejante energía creadora, semejante lucha por la unidad nacional, semejante influencia ejercida por una *élite*, cosas todas ellas que entrañaban una hostilidad irreconciliable hacia las aspiraciones de poder del judaísmo mundial. No podían soportar el hecho de que con la eliminación del poder del oro, no sólo se les arrancaba de las manos el poder estatal y los medios de influir en los asuntos públicos, sino también el poder secreto. En cualquier caso, desde el momento en que la judería mundial se dio cuenta de que Alemania estaba siendo gobernada por una *élite* consciente, se habría vuelto prontamente contra el nacionalsocialismo con tanto odio como lo hizo en realidad cuando el "antisemitismo" dio una excusa para ello.

Al perder Alemania, los judíos perdieron un territorio desde el que habían ejercido su poder. Por lo tanto, estaba decidida a reconquistarlo.

Durante un siglo, la judería mundial, el marxismo y el capitalismo liberal habían estado adoptando métodos de producción en masa para transformar al pueblo en masas irreflexivas, al individuo libre en proletario. Se habían dado cuenta, por supuesto, de que sólo los rebaños irreflexivos podían aceptar y soportar el yugo de Judá.

En Alemania, el nacionalsocialismo al menos detuvo este proceso. A pesar de su liberalismo, el autor español Ortega y Gasset, en su obra *El levantamiento de las masas*, llamó hace tiempo la atención sobre el peligro inherente a la reducción de los pueblos a masas rebañosas. Lothrop Stoddard, profesor de la Universidad de Harvard, también insistió en que había que evitar el levantamiento de las masas. Por sus logros, el nacionalsocialismo alemán chocó más violentamente con los planes de los judíos, ya que el papel de la masa está claramente establecido en los *Protocolos* que hablan de: "... ese mismo esclavo ciego nuestro: la mayoría de la plebe". *(Protocolo X.)* Y de nuevo: "De todo esto veréis que al asegurar la opinión del populacho sólo estamos facilitando el funcionamiento de nuestra maquinaria..." (Protocolo *XIII*.)

Para alcanzar el poder mundial se necesitan tropas auxiliares. Y éstas consisten ante todo en las propias masas. Para asegurar la independencia de una nación, se necesitan hombres de calidad excepcional. Mientras que la destrucción es la base de la dominación mundial de los judíos, el trabajo constructivo es el fundamento de la verdadera libertad.

Por lo tanto, preguntarse si el régimen hitleriano estaba o no realmente empeñado en la guerra no viene al caso. No tiene sentido suponer que Hitler y los dirigentes alemanes estaban locos. Podríamos, con más justicia, admitir que el nacionalsocialismo tenía la guerra declarada desde el mismo momento de su nacimiento. Estaba condenado a la guerra porque era un sistema que inevitablemente se enemistaba con el bolchevismo y el capitalismo mundial, es decir, ¡con esas fuerzas que siempre aparecían en segundo plano! Sin hacer una sola manifestación "antisemita" ni el más mínimo pronunciamiento hostil, el nacionalsocialismo se habría enemistado con los judíos a causa de la culminación con éxito del proceso de "nivelación".

A este respecto, citaremos una vez más a Hans Grimm, quien afirma de forma justa y concisa en su libro *La respuesta de un alemán:* "Entre 1933 y 1939 se hizo más por la salud pública, por la madre y el niño, así como por el fomento del bienestar social que antes y, tal vez podamos admitirlo, ¡que nunca!".

En aquella época, incluso Winston Churchill tenía una opinión del nacionalsocialismo diferente de la que profesó más tarde. Churchill escribió sobre Hitler en *Paso a paso:*

"Si nuestro país fuera derrotado, espero que encontremos un campeón tan indomable que nos devuelva el valor y nos conduzca de nuevo a nuestro lugar entre las naciones".

Pero el nacionalsocialismo estaba condenado a la guerra por esta misma razón. En el momento en que Hitler tomó el poder con la determinación de abolir el sistema de Versalles y de levantar a su propio pueblo, en algún lugar del secreto velado de las logias y en los místicos santuarios interiores del nacionalismo judío se decidió inmediatamente una declaración de guerra. Sólo quedaba un problema: ¿quién tendría los nervios más templados? ¿Quién sería capaz de adoptar mejor una apariencia de intenciones pacíficas y quién sería ahorcado más tarde como criminal de guerra?

"¿Podemos estar seguros de que Estados Unidos también se vendrá abajo?" era la pregunta que los judíos debían de estar haciéndose en ese momento. "Podemos estar seguros de que la Unión Soviética estará de nuestro lado cuando llegue la gran guerra. También podemos confiar en la Francia de Leon Blum, de Reynaud-Mandel, del Banco de Lázaro del Gran Oriente y de los Rothschild. Podemos estar seguros de que cuando llegue el momento la Inglaterra de los Sassoon, de Rufus Isaacs, de Hore-Belisha, de los Gallacher, Stracheys y Laskis luchará por nuestros fines. Pero supongamos que el pueblo de la democracia estadounidense recurre a los resultados de las experiencias adquiridas en la Primera Guerra Mundial, ¿qué ocurrirá entonces? ¿Qué ocurrirá si, en un momento crítico, el aislacionismo, representado por los yanquis del Mayflower, se impone, diciendo que los Estados Unidos no tienen nada que ver con una guerra entre los nacionalismos alemán y judío?

"Quizás los americanos no tengan interés en luchar por Danzig. Pero nosotros, los judíos, sí. Porque Hitler está en el balcón de *su Cancillería apoyado por ochenta millones de personas cantando la* canción de *Horst Wessel.*

"Die Fahne hoch!" (¡Icemos bien alto la bandera!)

El pueblo marcha por el Arco de Brandemburgo en densas columnas de a ocho tras liberarse de nuestra dominación. El puño del obrero alemán, antes cerrado por el odio y la envidia, se abre ahora en el saludo amistoso de la palma abierta. Uno de estos dos nacionalismos debe perecer.

> "... ¡responderemos con las armas de América, China o Japón!" está escrito en *el Protocolo VII.* "Por lo tanto, primero debemos conquistar América para asegurar la conquista del mundo. Debemos bolchevisar o socializar América desde arriba sin que se note".

Porque la forma constitucional de Estados Unidos es la democracia. Es el mejor sistema constitucional cuando prevalece la verdadera voluntad del pueblo, y el peor cuando manos secretas falsifican la voluntad nacional. En América el pueblo está orgulloso de su libertad y de su educación democrática. El trabajador americano está tan orgulloso de la revolución industrial como el propio capitalista. En América todos son iguales ante la ley. Tanto los descendientes de los primeros pioneros cuyos padres vinieron en el *Mayflower como* los del pequeño judío de Galicia, pueden declarar con igual orgullo: "¡Civis Americanus sum!" La democracia es el modo de vida más ideal, siempre que no haya un grupo individual, un partido, una raza o una secta que satisfaga con éxito en secreto aspiraciones perjudiciales para el resto de la nación. En cuanto una fuerza parasitaria de este tipo se desarrolla dentro de la democracia, la propia democracia queda reducida a la nada. Se transforma en un rebaño gobernado por minorías. El derecho de voto se convierte en un mito, ya que la opinión pública está siendo moldeada por la prensa de este nacionalismo ajeno. El sistema parlamentario se degrada al de un acto teatral, pues los senadores se verán influidos por una opinión pública creada artificialmente y, por tanto, falsa. El gobierno ya no se dirigirá según las líneas originalmente contempladas, según lo establecido por la legislatura, porque el propio gobierno estará tripulado por los miembros de esta fuerza secreta, imponiendo una voluntad minoritaria, dictando por su "poder del monedero" y dirigido por el consejo de su grupo de cerebros.

"Nosotros los judíos", como diría el portavoz de este nacionalismo de clan, "sabemos muy bien que en América, Inglaterra, Francia y la Unión Soviética, así como en cualquier otra parte del mundo, la regla es: ¡Judá debe ser lo primero! Mientras los intereses de América sean idénticos a los intereses del 'nazismo' del Antiguo Testamento, seremos buenos americanos, pero tan pronto como nuestros intereses empiecen a entrar en conflicto con los intereses de América, la traicionaremos también. En general, la democracia nos conviene siempre y cuando esté dirigida por el mayor número posible de judíos. La llamada libertad de prensa es buena para nosotros siempre y cuando puedan hacer uso de ella sobre todo los descendientes de la semilla de Abraham. Sí, esta libertad es algo valioso, pero sólo si los judíos somos libres de hacer lo que queramos.

> "¡Oh, pusilánimes, que escucháis aterrorizados la marcha de las tropas de las S.A. y las S.S.; no temáis! A estas alturas somos expertos en socavar y capturar democracias. Conocemos los métodos para imponer nuestros intereses particulares a las masas. América, el estado más rico de los Goyim está siendo sacudido por una crisis económica mortal. Ha llegado el momento de iniciar nuestra ofensiva total, que también pondrá el poder político en nuestras manos. Y la nuestra será una toma del poder de carácter más permanente que la de Hitler. No vamos a conquistar América ni por las armas ni por las teorías. Poseemos una receta más fiable para hacer caer a Némesis sobre América. El destino de América fue prescrito por nuestro propio Führer - ¡Moisés! La Torá es nuestro Mein Kampf".

Según el Levítico, capítulo 25 (el *Tercer Libro de Moisés)*, todas las fincas y propiedades de Israel debían redistribuirse cada cincuenta años. Todas las tierras hipotecadas y todos los esclavos debían ser redimidos. Cada medio siglo debía producirse una gran reforma social en Israel. Las viejas deudas debían ser canceladas y los pobres debían recibir una parte de los bienes de los ricos, o, como diríamos hoy, la "prosperidad" debía ser restaurada, es decir, el dinero, la propiedad y la tierra debían ser distribuidos de nuevo en partes iguales. Esto se anunciaría con trompetas cada cincuenta años.

"Esta reforma social", podría continuar el portavoz de los judíos, "¡se llamó la nueva distribución! ¡En América se llamará el New Deal! Estas palabras traducidas literalmente al español significan nuestra gran reforma social, la nueva distribución. Pero esta vez no distribuiremos los bienes de los israelitas sino de los americanos y, por supuesto, de tal manera que los americanos se queden con lo menos posible, y nuestra propia gente con lo más posible.

"Este será el año de hacer sonar las trompetas en América, donde en tiempos de Washington el número total de judíos era de apenas cuatro mil. Pero ahora nuestros banqueros, nuestros socialistas y nuestros periodistas harán sonar las trompetas, y nuestros cerebros ejecutarán el New Deal a expensas de la población pionera americana. A partir de entonces, la única pregunta que quedará será: ¿A quién pondremos en el sillón presidencial en Washington?

"Aquellos de ustedes que viven desesperados en sus residencias palaciegas de Wall Street o en el 13 de Street, así como en los guetos de Brooklyn y el Bronx, no deben dudar de que encontraremos a nuestro hombre, el verdadero rival de Hitler que, al mismo tiempo, pondrá en nuestras manos el poder político sobre América. Basta con leer nuestras indicaciones en los *Protocolos* "falsificados":

> "'El liberalismo produjo el estado constitucional, que tomó el lugar de lo que era la única salvaguardia de los Goyim, a saber, el despotismo (autocracia - editor)... entonces fue que reemplazamos al gobernante por una caricatura de gobierno - por un presidente, tomado de la turba, de entre nuestros títeres de obertura, nuestros esclavos. En un futuro próximo estableceremos la responsabilidad de los presidentes!" (*Protocolo X*.) "... organizaremos elecciones", continúa este *Protocolo*, "a favor de aquellos presidentes que tengan en su pasado alguna oscura mancha no descubierta, algún "Panamá" u

otro - entonces serán agentes dignos de confianza para la realización de nuestros planes sin temor a revelaciones..."

"¿Quién será, pues, el nuevo Presidente, que pondrá a América en nuestras manos y que ejecutará nuestras órdenes?".

"¡Se llama Franklin Delano Roosevelt! Pero, ¿quién es ese Franklin D. Roosevelt?".

Robert Edward Edmondson, bajo el título Famous Sons of Famous Fathers - The Roosevelts, responde a esta pregunta en su libro *I Testify*.

El 7 de marzo 1934, el Instituto Carnegie recopiló el árbol genealógico de los Roosevelt, del que se desprende que el Presidente de los Estados Unidos es de ascendencia judía Sus antepasados llegaron a América hacia 1682: eran Claes Martenszen *Van Rosenvelt*, y por el lado de la rueca Janette Samuel. Eran originariamente judíos de ascendencia sefardí españoles que habían escapado de la persecución del católico Fernando en 1492 y que habían ido a Inglaterra. Desde su llegada a América, el árbol genealógico de los Roosevelt está tachonado de Jacobs, Isaacs y Samuels.

El *New York Times* del 14 de marzo 1935, cita al Presidente diciendo: "En un pasado lejano mis antepasados pueden haber sido judíos. Todo lo que sé sobre el origen de la familia Roosevelt es que aparentemente son descendientes de Claes Martenszen van Roosevelt, que vino de Holanda."

Pero según el Instituto Carnegie, el Sr. Claes Martenszen Rosenvelt era judío. Además, la conocida esposa de Roosevelt es judía.

Europa, o para ser más precisos, Alemania, se encuentra entre las dos fauces de las tenazas. Aquí, desde el punto de vista judío, se estaban produciendo acontecimientos espantosos. La colaboración de capitalistas y obreros alemanes, así como la solidaridad de las clases medias y los *campesinos, demostraban que la lucha de clases distaba mucho de* ser inevitable. La teoría de la destrucción de Marx estaba siendo refutada, mientras que el becerro de oro casi había perdido su prestigio cuando se vio que la producción y no el oro iba a ser la verdadera base del nuevo mundo. Todo lo que se ha enseñado y elogiado durante más de un siglo como progreso mundial ha sido ahora destruido, oh, por supuesto, no por un cabo alemán, *sino por el espíritu de la era moderna*. Contra la marea de dominación mundial que surgía del hemisferio oriental se alzaba la bandera simbólica de la esvástica. Esto no podía ser tolerado por el judaísmo mundial.

"Sin embargo, ¡no teman!", declara el portavoz. "Alrededor de la marioneta, Roosevelt, nuestros asesores se están reuniendo ahora en conferencia - Felix Frankfurter de Viena, Morgenthau de Mannheim, Bernard Baruch de Königsberg, y Albert Einstein de Berlín. Samuel Roseman, que escribe los discursos presidenciales de Roosevelt, está allí. También están nuestros líderes obreros; entre ellos nuestro compatriota Sidney Hillman que controla el trabajo americano en la administración de nuestra marioneta, F.D.R. Está el Sr. David Dubinsky, también un compañero-inmigrante de Rusia, que transformará a los trabajadores cristianos americanos en contribuyentes para el Sionismo. El séquito de *nuestro* presidente consistirá exclusivamente en hombres de confianza, como La Guardia, alcalde de Nueva York, un judío de Fiume, y Alger Hiss, el protegido de Frankfurter y del senador Lehman, etc. Bernard Baruch controlará las 351 ramas más importantes de la industria americana y equipará a los muchachos americanos que van a luchar contra Hitler. En nombre de América, Alger Hiss dirigirá las conversaciones con Stalin. Einstein, Oppenheimer y David Lilienthal fabricarán la bomba atómica. Como gerentes de la UNRRA, La Guardia y Herbert H. Lehman ayudarán a las futuras víctimas judías de la guerra que se avecina. Henry Morgenthau, jr, secretario del Tesoro, preparará un espléndido plan de exterminio del pueblo alemán. Nuestro Mortiz Gomberg se encargará de que dieciocho millones de personas de los países de nuestros enemigos se conviertan en apátridas en Europa. Nuestros hombres distribuirán cheques por valor de once millones de dólares para suministrar armas a los soviéticos.

"Qué sueño tan magnífico. Los americanos navegarán a través del océano para castigar a *nuestros enemigos*. En las logias de B'nai B'rith el eje Moscú-Nueva York está listo para funcionar.

"¡No se preocupen! ¡Roosevelt proveerá el armamento para Rusia!"

Bueno, ¿no escribió un profeta poco escuchado hace veinte años:

> "¡El judío occidental equipará un ejército de veinte millones en Oriente para destruir el cristianismo y la cultura humana y establecer el reino mundial judío!"

CAPÍTULO VI

Los verdaderos criminales de guerra

El HITLERISMO no era lo único que odiaba la judería mundial. Temían aún más a aquellos movimientos que preparaban el camino para un nuevo entendimiento entre las naciones de Europa. El principal objetivo de los judíos era desacreditar estas nuevas tendencias y hacer que no gustaran al resto del mundo. Mientras por un lado hacían campaña a favor de la plena cooperación, por el otro intentaban estrangular a todos aquellos que colaboraban con sus enemigos: los alemanes.

"¡Se opusieron sin vacilar a la más mínima idea de firmar la paz!", escribe Maurice Bardèche.

Pero hoy tenemos pruebas definitivas de que los alemanes intentaron con todas sus fuerzas establecer una cooperación y una asociación entre las *élites europeas.* No buscaban "quislings", sino a aquellos que eran considerados buenos patriotas en su propio país, personas dedicadas a la causa de su propia tierra natal. La *élite* de la revolución nacionalsocialista estaba impregnada de un idealismo casi exagerado. En su propio país afirmaban lo que creían que era la verdad. Reconocieron que el individuo tiene derechos sociales. Demostraron que ésta es la única solución satisfactoria a escala nacional, si se quiere evitar el bolchevismo.

Creían con fervor revolucionario que si lograban liberar a las masas europeas de la explotación capitalista, la paz podría estar asegurada durante mucho tiempo. Habían visto cómo el "nazismo" judío se interponía para romper la unidad del pueblo alemán mediante *su poder monetario y su control de la prensa para* asegurarse el dominio exclusivo sobre toda la nación.

Habiendo conseguido acabar con todo esto mediante su revolución nacionalsocialista, tenían grandes esperanzas de asegurar la paz y también la cooperación de los pueblos vecinos, una vez eliminada la influencia de ese "nazismo" supranacional del Antiguo Testamento también en estos países.

Era la "Nueva Europa" en ciernes. Y esto era precisamente lo que el judaísmo mundial tenía que impedir a toda costa, aunque ello supusiera reducir a polvo la cultura cristiana de Europa. Porque, si este plan tenía éxito, más y más estados serían liberados de las garras de la dominación judía.

Por lo tanto, había que desacreditar el mero pensamiento de unidad europea o de cualquier posible cooperación. Y como más del sesenta por ciento de la prensa del mundo occidental está en manos judías y, según las estadísticas americanas, el ochenta y cinco por ciento de la prensa americana y el cien por cien de las películas americanas, esta campaña se llevó a cabo a mayor escala que cualquier otra operación de propaganda en la historia del mundo.

Al malinterpretar el concepto racial, los judíos pretendieron que los alemanes reivindicaban la supremacía exclusiva de la nación alemana sobre todas las demás naciones. Así consiguieron alejar a las demás naciones de Alemania. Distorsionaron la teoría racial insinuando que Alemania quería conquistar el mundo y, basándose en esta teoría, reclamaba la supremacía mundial. La revista *Nineteenth Century* en su número de septiembre de 1943, en plena guerra, admitió por el contrario que:

> "La creencia generalizada de que Alemania inició esta guerra para alcanzar el poder mundial es, en nuestra opinión, un error. Alemania quería convertirse en una potencia de primer orden, pero ser una potencia de primer orden y lograr el dominio mundial son dos cosas distintas. Gran Bretaña también es una potencia mundial, pero no domina el mundo".

Los judíos también interpretaron falsamente la teoría de "Blut und Boden" (sangre y tierra), es decir, la teoría de que un hombre pertenece a su tierra natal; el concepto de unidad entre un país y sus habitantes se tergiversó hasta el punto de sugerir que los alemanes reclamaban todos aquellos territorios en los que vivían habitantes de origen alemán. De este modo, despertaron los celos de todas las naciones europeas independientes en las que había minorías alemanas. Polonia, Lituania, Hungría, Eslovaquia, Yugoslavia, Bohemia, Rumania y otros estados vecinos empezaron a mirar con desconfianza al Reich alemán.

Intentaron explicar el creciente comercio de exportación alemán como una preparación para la guerra y trataron de hacer olvidar al mundo que el eslogan de Goering de "armas o mantequilla" tenía un precedente en el boicot de los judíos estadounidenses. Ridiculizaron las partes sinceramente pro-británicas de *Mein Kampf, al mismo tiempo que* trabajaban sobre los temores tanto del Este como del Oeste citando ciertos pasajes de este libro fuera de su contexto.

Este envenenamiento de la mente se estimuló así a escala gigantesca en todo el mundo. Cuando la administración alemana trató de poner fin a este alboroto en su país, fue acusada rápidamente de tiranía dictatorial. Como telón de fondo de todas estas formas de propaganda antialemana estaba, por supuesto, el hecho innegable de que la abolición del reino del oro junto con el establecimiento de una cooperación pacífica entre el capital y el trabajo fue un verdadero shock para los judíos. Se indujo a la opinión pública mundial a creer que el nivel de vida del trabajador alemán aumentaba sólo gracias al rearme. Pero, de hecho, sabían muy bien que en todas partes se estaban construyendo grandes asentamientos obreros, y que la existencia de las familias obreras y satisfechas era una refutación viva de las cosas enseñadas por la judería durante más de un siglo.

"¿Qué puede haber pasado?", se preguntaban unos a otros atemorizados. "¿Realmente estos odiados nazis han echado por tierra la espléndida teoría de la lucha de clases marxista que tan bien servía a nuestros fines?". En palabras de Bettelheim, ¿pueden grandes ciudades como Berlín, Viena y Budapest vivir sin judíos? ¿Puede una nación vivir realmente sin explotación, sin una prensa nacionalista judía, sin el cine, el teatro y el "espíritu mercenario" judío? Después de todo, hemos mantenido al mundo entero bajo nuestra influencia durante siglos sugiriendo que sin nuestras

actividades culturales, nuestro sentido de los negocios y nuestro intelecto arrogante todas las naciones perecerían y cesaría todo "progreso". Y ahora Alemania prospera sin nosotros, con una prosperidad que es la viva negación de nuestro arrogante nacionalismo. Cualquiera que observe estas ciudades-jardín en constante crecimiento, a la gente satisfecha y feliz y a las prósperas actividades intelectuales y económicas, puede ver que nuestro gran escritor nacionalista, Bettelheim, estaba equivocado cuando predijo que la civilización mundial perecería sin los judíos. Hasta ahora, estos cristianos están cada vez más satisfechos, mientras que los judíos perdemos cada vez más terreno. Si el resto del mundo se entera de esto a nivel internacional, y si los turistas extranjeros y el proletariado mundial ven que todo esto es posible sin nosotros, es más, incluso contra nosotros, se darán cuenta de que les hemos mentido. Nuestros políticos, periodistas, dirigentes sindicales, capitalistas y dirigentes obreros se convertirán en mentirosos. Por lo tanto, ¡debemos destruir las pruebas!

Por lo tanto, estas bonitas casas con sus jardines, junto con las nuevas fábricas, guarderías, campamentos juveniles y hospitales deben ser borrados de la faz de la tierra. Porque tenemos a nuestra disposición nuestra arma nacionalista secreta, la misma que se utilizó con tanto efecto en el sitio de Jericó. Hagamos, pues, sonar las trompetas de nuestra propaganda mundial.

La judería mundial debe ser considerada como el **único criminal de guerra** de la Segunda Guerra Mundial porque, en primer lugar, impidió la reconciliación entre las naciones y la posibilidad de cooperación, destruyendo incluso los prerrequisitos para estos objetivos. Con la ayuda de la propaganda falsa y la falsedad, y mediante el uso de la radio y la prensa, proyectó ante los ojos de la humanidad una imagen del mundo totalmente falsa. Creó una atmósfera mundial general en la que la mera expresión de la verdad en relación con *la cuestión alemana podía entrañar peligro* de muerte o pérdida de medios de subsistencia, o la sospecha de alta traición. Todas las ofertas de paz hechas por los estadistas alemanes fueron tachadas de puras mentiras. Se ridiculizaban todos los planes sobrios y honestos.

Hizo aparecer todos los logros sociales de Alemania como burocracia reaccionaria, todo el progreso como un obstáculo antiprogresista, toda manifestación del concepto de *élite* como barbarie y todas las formas de antibolchevismo como antidemocráticas. El coronel Charles Lindberg, héroe nacional de América, llegó a ser sospechoso de alta traición cuando se atrevió a exponer su sincera opinión sobre el nacionalsocialismo, basada en su propia experiencia personal.

Mientras tanto, en 1938, Roosevelt, que sólo puede ser considerado como una marioneta de los cerebros judíos, envió el siguiente cable alegremente redactado a Churchill para la promoción de los preparativos de guerra:

"¡Tú y yo podemos gobernar el mundo!"

La judería mundial declaró la guerra a Europa y al cristianismo en el mismo momento en que Hitler subió al poder, o quizás incluso antes. El movimiento de boicot contra Alemania estalló en Estados Unidos ya en 1932. Organizaciones judías publicaron anuncios a toda página en el *New York Times* que decían: "Boicoteemos la Alemania antisemita". Viendo que esto no daba mucho resultado, empezaron a preparar el eje Nueva York-Moscú.

Forest Davis en su libro *What Really Happened in Teheran,* cuyo contenido fue reseñado y publicado en el *Saturday Evening Post* del 13 de mayo de y del 20 de mayo de 1944, revela que ya en 1933 Morgenthau estaba preparando la reanudación de las relaciones diplomáticas americano-soviéticas. Y el primer embajador soviético en la tierra de Washington no fue otro que el sanguinario comisario soviético Litvinov Finkelstein.

Antes de que el presidente Roosevelt, descendiente directo de la familia Rosenvelt, llegara al poder, todo esto habría sido impensable. El denominador común que realmente unió a la democracia estadounidense y a la tiranía soviética fue: la judería.

James Whiteside en un artículo, *Mr. Roosevelt and Communism,* describe con espantosa viveza en las columnas del *St. Louis Despatch* cómo tan pronto como Litvinov apareció en la escena americana, una temible procesión de comunistas (es decir, de judíos) inició su marcha hacia la Casa Blanca. Roosevelt dio permiso especial para la instalación de una potentísima emisora soviética en el Pentágono (la Oficina de Guerra americana) infectando así al alto mando de las fuerzas americanas con la propaganda más perniciosa.

Ya en 1933, el director del *New York Morning Freiheit*, un periódico yiddish con una tirada de varios cientos de miles de ejemplares, hizo un llamamiento a los judíos estadounidenses y de todo el mundo para que unieran a todos los judíos en la guerra contra el nazismo. El Congreso Judío Estadounidense, dirigido por el rabino Stephen Wise, se unió al movimiento con avidez.

En 1933, también, el rabino S. Wise, a la llegada de Hitler al poder, anunció una "Guerra Santa" por parte de la judería de la siguiente manera:

"¡Estoy a favor de la guerra!" Este memorable anuncio se hizo el 8 de mayo 1933 (Edmonson, *I Testify*, p. 195).

Es evidente que en ese momento ni siquiera estaban elaborados los esbozos de los planes del Estado Mayor alemán para 1940, por los que el rabino Wise y compañía ahorcaron a los jefes militares alemanes.

Morgenthau había pronunciado previamente un discurso el 11 de febrero 1933, declarando la guerra a Hitler:

> "¡Los EE.UU. han entrado en la fase de una segunda guerra!" anunció este prominente líder del nazismo judío. *(Portland Journal*, 12 de febrero 1933.)

Mientras tanto, varias organizaciones de boicot judías y comunistas surgían como setas en Estados Unidos, maquinando arruinar la economía de Hitler. Un Comité Conjunto de Boicot Antinazi ya estaba plenamente activo en 1936, mientras que Hitler, ni en sus sueños más locos, podía adivinar el momento exacto en que el reloj daría la hora y tendría que intentar liberarse del abrazo mortal de la Hidra cuyos ovillos entrelazaban el mundo.

Ahora se puede demostrar históricamente que el nacionalsocialismo juvenil tenía razón al temer que el nacionalismo judío formara un anillo fatal alrededor del Tercer Reich del que sería imposible salir, incluso con la ayuda de las armas. Pero, ¿estaba realmente justificado este temor? ¿Quién tenía el poder en Estados Unidos, Gran Bretaña, Francia y la Rusia soviética?

En cuanto a la cuestión de la culpabilidad en la guerra y el belicismo, nos queda por considerar el mismo motivo que constituyó el principal problema del derecho romano, así como de cualquier sistema jurídico a lo largo de *los tiempos: ¿cui prodest?* ¿Quién se beneficiará *de la guerra?* ¿Qué intereses promueve? El único interés del nacionalsocialismo alemán era *el mantenimiento de la paz.*

El último intento de evitar el estallido de la Segunda Guerra Mundial se produjo cuando Ribbentrop visitó Moscú para concluir el pacto de no agresión con Stalin. El 23 de agosto de 1939, Hitler convocó en Godesberg a 2.000 oficiales del Estado Mayor. Esta consulta "secreta" era un farol destinado a Gran Bretaña. También lo era la impresionante marcha de interminables columnas por las carreteras, y los interminables vuelos de las formaciones de la Fuerza Aérea cerca del atrio del Führer. Hasta el más estúpido agente de la Inteligencia vio claramente que se trataba de un farol.

En cuanto a Gran Bretaña, era evidente que, aunque la guerra estaba decidida, aún era posible hacer la paz. Hitler en un discurso de cuatro horas declaró:

"¡No crean, señores, que soy idiota y que me dejaré forzar a la guerra por la cuestión del Corredor Polaco!". Pero en ese momento una mano invisible se extendió para tomar parte activa en la dirección del flujo de los acontecimientos - la misma mano intrigante que constantemente enredaba los asuntos en el trasfondo. Tras la reunión de Godesberg del Estado Mayor, la Rusia soviética firmó el pacto de no agresión con Alemania. A continuación se produjo la masacre de Bromberg, planeada por otra mano invisible.

Este verdadero crimen de guerra, registrado en detalle, junto con las pruebas pertinentes, en el Libro Blanco alemán publicado en otoño de 1939, fue posteriormente silenciado en Nuremberg. Aunque se proyectaron en los cines las escenas de horror artificialmente construidas del "Todesmuhle" (Molino de la Muerte), para cuyo rodaje se utilizaron figuras de cera en las distintas escenas, la película de estos horrores que realmente habían sucedido, tal como se publicó en el Libro Blanco, nunca se proyectó en ningún cine. Mujeres con los pechos truncados, cadáveres masculinos destrozados con los órganos sexuales cortados, cuerpos de bebés alemanes y niños de cuatro a cinco años empalados en pinchos de carnicero. Miles y miles de inocentes masacrados sobre los que el mundo "humanitario" guarda silencio. Estas fueron las víctimas alemanas en Polonia, cuya población estaba saturada con tres millones de judíos, y donde la prensa dominada por los judíos había azuzado para entonces el odio y el deseo de guerra. Para entonces, las divisiones alemana y polaca estaban frente a frente en las fronteras. Ya no era cuestión del Corredor, sino que se había arrojado una tea encendida directamente al barril de pólvora. ¿De quién era la mano y el dinero en esta masacre? ¿Fue provocada por el patriotismo extremo del pueblo polaco o se trató de una planificación fríamente calculada y satánica? ¿Fue una mano soviética o inglesa? Tal cosa es difícil de concebir. Sin embargo, esta es la cuestión decisiva para determinar la culpabilidad de guerra.

Asegurar hecatombes de víctimas masacradas mucho antes incluso de que la guerra hubiera comenzado era algo que la Alemania nacionalsocialista no podía tolerar. Esta situación le fue impuesta para que Gran Bretaña y Francia pudieran iniciar una guerra preventiva contra Alemania.

Y así, el 1 de septiembre, al día siguiente, las divisiones alemanas marchaban de verdad. "¡Desde el amanecer de hoy estamos disparando!" dijo Hitler en el Reichstag.[1]

---

[1] A altas horas de la noche del jueves 31 de agosto de 1939, el redactor estaba escuchando Gleiwitz, una emisora de radio situada en la frontera germano-polaca, pero justo dentro de Alemania. De repente, pasada la medianoche, el programa musical se detuvo y voces alemanas excitadas anunciaron que la ciudad de Gleiwitz había sido invadida por formaciones irregulares polacas que marchaban hacia la emisora. A

"Mañana por la mañana nos dirán que Hitler ha atacado Polonia", escribe Maurice Bardeche, profesor francés. Algunas personas han estado esperando y anhelando este momento. Esperaban este ataque, lo anhelaban y rezaban por ello. Estos hombres se llaman Mandel, Churchill, Hore-Belisha y Paul Reynaud. La gran liga de la reacción judía estaba decidida a tener su propia guerra. Era su guerra santa. Sabían muy bien que sólo un ataque de este tipo podría darles la oportunidad de captar a la opinión pública. No será muy difícil encontrar en los archivos alemanes las pruebas necesarias de que ciertos señores prepararon a sangre fría las condiciones que hicieron inevitable este atentado. Ay de ellos si alguna vez se escribiera la verdadera historia de la guerra".

Aunque la primera parte del gran plan mundial tuvo éxito, y el 3 de septiembre de 1939, Gran Bretaña y Francia declararon la guerra a Hitler, aún faltaban los dos socios más importantes, Estados Unidos y la Unión Soviética.

El mayor secreto de la Segunda Guerra Mundial aún no ha salido a la luz y conmocionará al mundo. Tal vez sólo se sepa después de la caída del bolchevismo, cuando estén disponibles los archivos del Kremlin. ¿Qué promesas hicieron los conquistadores occidentales del mundo a los orientales? La Unión Soviética mostró otra cara hacia el Imperio Alemán. Esta cara era fría, sedada y a veces un poco místicamente asiática o patriótica, pero no tenía rasgos judíos. El error mas horrible cometido por los lideres del nacionalsocialismo fue cuando creyeron que este cambio era genuino. Ribbentrop durante su conversación con Sven Hedin dijo que el bolchevismo había cambiado a mejor y

---

continuación, la emisora "se apagó". Cuando se volvió a recibir sobre las 2 de la madrugada (viernes) se hablaba polaco. La radio de Colonia informó de que la policía alemana estaba repeliendo a los atacantes de Gleiwitz. A las 6 de la mañana (viernes 1 de septiembre) el ejército alemán invadió Polonia.

Pocos días después del estallido de la guerra, el Redactor vio un pequeño párrafo en la prensa inglesa en el que se decía que los alemanes afirmaban, entre otras cosas, que los polacos habían empezado la guerra invadiendo Gleiwitz el viernes por la mañana temprano.

que Stalin era un gran hombre. (Sven Hedin, *Sin Comisión en Berlín*).

Stalin, el astuto georgiano, sin embargo, no creía lo mismo del nacionalsocialismo. Antes de firmar el pacto con Ribbentrop, exigió de repente otro puerto en el Báltico. Hitler accedió, enviando su aprobación por telegrama. Al conocer esta noticia Stalin comentó astutamente a Molotov:

> "¡Alemania acaba de declararnos la guerra! Mi única razón para pedir este puerto era poner a prueba a los alemanes. Sabía desde el principio que si nos dejaban este puerto tenían la intención de recuperarlo más tarde". (Plevier, Moscú.)

A pesar de ello, ambas partes respetaban escrupulosamente el texto íntegro del pacto, incluida la división de Polonia y la cuestión de los suministros de petróleo. Hitler, Ribbentrop, Göering e incluso Göebbels se cuidaban meticulosamente de no herir al sensible Oso ruso. Stalin se despide de Krebbs, el agregado militar alemán, con un beso. Todo parece indicar que esta alianza de fuego y agua es auténtica.

Un día aparece en Berlín Molotov, comisario soviético, marido de la bella judía bolchevique Karpovszkaja y cuñado del Sr. Carp (Karp), uno de los mayores industriales de guerra de América. La fecha que indica el calendario es el 10 de noviembre 1940. Francia yace postrada, mientras sobre las Islas Británicas se libra la gran batalla aérea. El ejército alemán descansa. Entonces Molotov pone sobre la mesa las demandas soviéticas. Contienen reivindicaciones sobre los Dardanelos, la ocupación de Finlandia y la conquista del Extremo Oriente. Todo lo que contienen es inaceptable para Alemania. Estas exigencias no pueden tener otro origen que el de los adversarios angloamericanos de Alemania.

Los líderes de Berlín se enfrentaban ahora a las consecuencias de su mayor error.

El bolchevismo, después de todo, no había cambiado; sólo llevaba una máscara diferente. El poder en el Kremlin seguía siendo judío, sólo que su verdadero carácter permaneció invisible hasta que consiguió implicar a Alemania en la Segunda Guerra Mundial. Para entonces, el Kremlin ya debía tener garantías de que el "arsenal de la democracia" ayudaría a los soviéticos con dinero y armas contra Alemania.

Como todos sabemos, Felix Frankfurter, uno de los hombres más influyentes de Estados Unidos, había preparado ya la Ley de Préstamo y Arriendo, que fue aprobada también por el Congreso. Pero, ¿resultará esta guerra beneficiosa para los intereses de Estados Unidos? No, no lo será. La guerra no será en interés del pueblo americano, sino en interés exclusivo de los judíos americanos, es decir, en interés de personas como Manuilsky, Beria, Morgenthau y Bernard Baruch, así como de los emigrantes de Alemania y de los refugiados de Francia. Como demuestran las estadísticas de la encuesta Gallup (también en manos judías) **del 3 de junio de 1941, el 83% de la población estadounidense estaba en contra de entrar en la guerra.** ¿Qué interés real tenía Estados Unidos en volver a cruzar el océano una vez más? Los almirantes alemanes, Raeder y Dönitz, habían declarado claramente que la invasión de Estados Unidos era tan imposible como una invasión de la Luna. El senador Barkley señaló el 31 de marzo de 1941, que si Alemania hubiera querido atacar América las entregas de armas a Gran Bretaña ya habrían proporcionado una buena razón para ello.

Los estadounidenses sobrios no veían razón alguna para involucrarse en la guerra. Charles Lindberg dijo: "La entrada de Estados Unidos en la guerra conduciría al caos durante varias generaciones". El Sr. Ickes, Secretario del Interior de Estados Unidos, él mismo de ascendencia judía, replicó a esto acusando a Charles Lindberg de ser el Quisling de América. El ochenta y tres por ciento del pueblo estadounidense, incluidos los republicanos y los aislacionistas, también son Quisling, ¡sólo porque no quisieron marchar detrás de Morgenthau!

El propio Roosevelt, impulsado como estaba por los cerebros hacia la guerra, se vio obligado a admitir que los estadounidenses no querían intervenir. Ni siquiera se puede sospechar que Estados Unidos tuviera algún interés comercial en la guerra a través del tráfico de armas, ya que se trataba de una guerra ideológica. Por lo tanto, el judaísmo mundial empezó a gritar la orden de los

Protocolos mientras los ejércitos cristianos se acercaban a Moscú:

"Les responderemos con armas americanas y chinas".

Si la humanidad fuera capaz de pensar seriamente, se habría preguntado:

"¿Qué sentido tenía que Estados Unidos entrara en la guerra, y especialmente en el bando soviético?".

Los dirigentes alemanes responsables emitieron la siguiente declaración: "Es bastante seguro que la paz que seguirá a las victorias alemanas no será del tipo de Versalles, sino que será una paz en beneficio de todas las naciones. Los pueblos de los países hoy ocupados recobrarán su libertad, pero en interés común de todas las naciones tendrán que transigir con ciertas legalidades y condiciones."

Al mismo tiempo, Roosevelt envió el siguiente mensaje al Congreso:

"Un tratado de paz en este momento que diera el control sobre los países ocupados a Hitler, equivaldría al reconocimiento del nazismo y a la probabilidad de una nueva guerra. Queremos asegurar la libertad, incluida la libertad religiosa, para todas las naciones y para cada individuo."

"¡Libertad religiosa!" dice este bonito eslogan. ¿Pero libertad de qué religión? Para entonces, los ejércitos cristianos que invadían Rusia podían ver por sí mismos las iglesias cerradas junto a las ruinas de la cristiandad que habían sido destruidas por los judíos bolcheviques, así como, tal vez, la estatua de Judas erigida por el bolchevismo en conmemoración del traidor de Cristo. Pero del cataclismo de la guerra, de la oleada de sangre y fuego, de las ruinas humeantes de las ciudades destruidas, del estruendo de las bombas lanzadas sobre niños inocentes, emerge ahora Roosevelt, ¡la figura más fatídica del siglo 20!

"¡Esta guerra será la guerra de Roosevelt!", decían los republicanos de derechas. Pero gente como Morgenthau, Baruch, Frankfurter, Einstein y Oppenheimer, lo sabían mejor:

"¡Esta guerra será nuestra guerra! ¡La guerra de los judíos del mundo!"

Para Roosevelt, este descendiente tardío de los sefardíes españoles, era el prototipo del político del siglo XX. En él se encontraba la personificación de los *Protocolos,* aunque era al mismo tiempo libertador del mundo y marioneta. Detras de el estaban los verdaderos amos de America. La masonería y los Sabios de Sion, los dirigentes y banqueros sionistas y los bolcheviques sindicalistas de origen gallego.

"¡Él es *nuestro* Presidente!" dijeron, "¡y su guerra será nuestra guerra!" Hemos sustituido el "gobierno real" por una caricatura, dicen los *Protocolos,* con el Presidente elegido por nuestras criaturas y esclavos - la turba.

Es obvio que a estas alturas casi todo el poder legislativo y ejecutivo norteamericano estaba en manos de la judería. Los "antisemitas" sólo veían a los pequeños judíos hacinados en guetos gallegos o en el pequeño colmado de Brooklyn. También había judíos detrás de la silla de Roosevelt, ¡al lado del sucesor de Washington!

En esta época en la que Roosevelt intentaba involucrar a Estados Unidos en la guerra contra el deseo expreso del 83% de la población estadounidense, el poder judío en el Gobierno de Estados Unidos quedaba patente con los siguientes nombramientos:

- *Bernard M. Baruch, Presidente oficioso de los EE.UU.*
- *El juez Samuel Roseman, fundador y director del grupo de expertos,*
- Consejero oficioso de Roosevelt.
- Profesor Raymond Moley, "Asesor personal favorito".
- Profesor Felix Frankfurter, "Asesor Jurídico Principal" (Autor de la Ley de Valores).
- Henry Morgenthau Senior, Consejero no oficial (Abogado-Autor del Estado Judío).
- Juez Benj. N. Cardozo, asesor oficioso.
- Gerald Shwope, Consejero no oficial.
- E. A. Filene, asesor oficioso.

- Charles W. Taussig, asesor de Brains Trust.
- Nathan Margold, Procurador del Departamento del Interior.
- Charles E. Wyzanski Jr., abogado del Departamento de Trabajo.
- Profesor Leo Wolman, Comité de Huelga Laboral.
- Rose Schneiderman, Consejo Asesor Laboral (Radical Labour Unionist)".
- Isador Lubin Jr., experto estadístico de la Oficina de Trabajo.
- Sol. A. Rosenblatt, Administradora de Atracciones.
- E. A Goldenweiser, Director Federal de Investigación.
- Jerome Frank, Consejero General.
- Mordechai Ezekile, Asesor Económico del Departamento de Agricultura (coautor de las leyes de la A.A.A.).
- Herbert Feis, "Los cerebros del Departamento de Estado".
- Henry Morgenthau Jr., Secretario del Tesoro.
- David E. Lilienthal, Director de TVA.
- Sidney Hillman, Consejo Asesor Laboral.
- L. N. Landau, Procurador General PW A.
- Steinhard, Ministro en Suecia.
- Profesor Albert E. Taussig, NRA Asesor.
- Alexander Sachs, Autoridad del Código de la ANR.
- Maurice Karp, NRA, Director de Personal.
- Robert Freshner, Jefe del Ejército Forestal CC C.
- Robert Strauss, Administrador Adjunto de la NRA.
- Donald Richberg, asesor de la NRA.
- H. I. Strauss, Embajador en Francia.
- Ferdinand Pecora, Investigador Especial.
- Samuel Untermayer, Asesor de Proyectos de Ley de Bolsa.
- Profesor James M. Landis, Comisionado Federal de Comercio.

(El imperio oculto, p. 12.)

Un poder oculto, capaz de mantener bajo su control a un país de 150 millones de personas, gobernando desde posiciones clave a través de sus cerebros y desde detrás del sillón presidencial, es algo terrible de contemplar. Pero Roosevelt necesitó la ayuda de este poder omnipotente y de largo alcance para implicar a Estados Unidos en la Segunda Guerra Mundial.

De fuentes estadounidenses no se había ocultado el hecho de que, tras intentar en vano arrastrar a Estados Unidos a la guerra en contra de la voluntad expresa de la opinión pública, Roosevelt siguió provocando a los japoneses con diversas intrigas y conspiraciones hasta que no les quedó más remedio que atacar Pearl Harbour. Durante el asalto alemán contra la mitad oriental del reino mundial, Japón, el otro enemigo potencial del bolchevismo tenía que ser neutralizado, aunque ello significara la entrada de los propios Estados Unidos en la guerra.

Pero en ningún caso quiso Roosevelt entrar en la guerra antes de asegurarse su reelección como Presidente para un tercer mandato. Esta es la razón por la que dijo en 1940 en Filadelfia en su discurso previo a la elección:

> "Os repito padres y madres... una y otra vez, vuestros hijos no serán enviados a morir en suelo extranjero a menos que sean atacados".

El contralmirante Robert A. Theobald, ex comandante de la flotilla torpedera estadounidense estacionada en Pearl Harbour, en su libro publicado bajo el título *El verdadero secreto de Pearl Harbour*, expone cómo Roosevelt preparó y provocó este ataque contra EE.UU. Con una serie de pruebas irrefutables el contralmirante Theobald establece que el propio Roosevelt provocó la catástrofe de Pearl Harbour. El 26 de noviembre de 1941, envió una nota tan insultante a Japón que no le quedó más remedio que atacar.

> "Con la ayuda de la nota del 26 de noviembre," afirma el almirante Theobald, "el presidente Roosevelt desencadenó a propósito e irrevocablemente la guerra para Estados Unidos. El intento de Japón de evitar el estrangulamiento no tuvo éxito. Tenía que rendirse o luchar, y no había duda sobre su elección".

A pesar de que la Inteligencia americana había adquirido el código secreto de la flota japonesa varios meses antes, de modo que el Alto Mando americano conocía de antemano cada movimiento de esta flota, el Comandante de Pearl Harbour no recibió ningún mensaje informándole de que, debido al resultado de las negociaciones diplomáticas, un ataque japonés era inminente. Hasta cuatro semanas antes, los jefes de Estado Mayor sabían muy bien que los japoneses tenían la intención de invadir Pearl Harbour. Incluso sabían la hora exacta en que los buques de guerra y portaaviones japoneses salían de sus puertos de origen para atacar Pearl Harbour. Lograron incluso interceptar el telegrama secreto japonés que contenía el texto de la declaración de guerra y ordenar al mismo tiempo que esta declaración fuera entregada a la Casa Blanca a la hora exacta en que caían las primeras bombas sobre Pearl Harbour.

Esta catástrofe podría haberse evitado fácilmente, pero el presidente Roosevelt esperó con impaciencia el ataque. Prohibió expresamente a la flota americana abandonar Pearl Harbour. Cuatro mil quinientos setenta y cinco soldados estadounidenses desprotegidos murieron, dieciocho barcos, entre ellos cuatro grandes buques de guerra estadounidenses, fueron destruidos. Pero Roosevelt y los que estaban detrás de él lograron su objetivo.

"¡Os repito a vosotros, padres y madres... una y otra vez, que vuestros hijos no serán enviados a morir en suelo extranjero a menos que sean atacados!", retumba la promesa de "nuestro Presidente" en medio del estruendo de las bombas cayendo sobre Pearl Harbour. Y ahora está de pie en la cubierta del *Potomac* con la misma cara hipócrita, rodeado de otros fariseos cantando de todo corazón "Onward, Christian Soldiers", el conocido himno anglicano. Todo el tiempo sabe muy bien que va a desechar la recién firmada Carta del Atlántico de la misma manera que rompió su promesa a los padres y madres estadounidenses. Roosevelt escribe al Papa que la dictadura rusa no es tan peligrosa para el cristianismo como el despotismo alemán.

Roosevelt, que era un político bien informado, sabía muy bien que eso no era cierto. También lo sabían los asesores que estaban detrás de él. Sin embargo, se lo declararon al Papa y a las naciones del mundo. Los que le aconsejaban y le obligaban a hacer promesas hipócritas eran muy conscientes de que, explotando su vanidad, podían llevar a este dictador "democrático" a cualquier aventura.

"¡F.D.R. es nuestro Presidente!" Sí, el Presidente de hombres como Litvinov, Frankfurter, Kaganovich y Baruch. Tal vez sea el Mesías en persona, cuya sombra se cierne sobre las ruinas bombardeadas de las iglesias cristianas, sobre los escombros humeantes de Budapest, Berlín, Viena, Sofía y Belgrado. Hoy es un hecho reconocido que, antes de su muerte, Roosevelt se imaginaba a sí mismo como el primer Presidente proclamado de la república mundial a través de la ONU revivida y ya había planes definitivos al respecto.

"... y poseeréis naciones más grandes y poderosas que vosotros" suena la eterna promesa. El hecho de que Roosevelt "progresara" de la paz a la guerra, del New Deal a la firma de Dupont Nemours, de la Carta del Atlántico al Acuerdo de Yalta, de la promesa dada al Papa de establecer y mantener una paz justa al principio de rendición incondicional, del humanismo masónico al Plan Morgenthau y de la democracia a la amistad con el bolchevismo es la tragedia de la humanidad. Todo esto es un ejemplo espantoso de un estadista corrompido por los judíos. Es el "filántropo" que provoca el bombardeo de mujeres y niños, el "paladín de la paz" que prepara la guerra, el "gran demócrata" que es un dictador mucho mayor que el propio Hitler, y el líder "americano" que por sus acciones resulta ser -un judío.

La figura más calamitosa del siglo XX no es ni Hitler ni Stalin: es Roosevelt.

Y en aquellos días en que los ejércitos cristianos estaban tan cerca de la capital soviética que podían ver las agujas y torretas de Moscú, y cuando los japoneses atacaron Pearl Harbour, era de justicia que Churchill se pusiera al teléfono y le dijera a Roosevelt: "¡Ahora estamos todos en el mismo barco!"

¡Stalin, Roosevelt y Churchill! Detrás de ellos los judíos orientales y occidentales: ¡Kaganovich y Baruch!

"El emblema de nuestra nación, la serpiente simbólica, ha cerrado su anillo" dicen los *Protocolos*.

No mucho después de estos acontecimientos, apareció una fotografía en *Life*. Harry Hopkins, uno de los asesores más cercanos de Roosevelt y administrador de Lend-Lease, está de pie en medio de un grupo. A su derecha, Litvinov Finkelstein sonríe a La Guardia, que entrega a la Unión Soviética el primer cheque estadounidense en virtud de la Ley de Préstamo y Arriendo.

Se trata de una suma de once mil millones de dólares, aportados por el duro trabajo de padres y madres norteamericanos para ayudar a la barbarie soviética y al dictador bolchevique.

Bien, ¿no había escrito un visionario en su ignorada profecía?: "¡El judío occidental equipará un ejército de veinte millones de hombres en Oriente para destruir el cristianismo y la civilización e instaurar el reino mundial judío!".

La profecía de Casandra se ha hecho realidad y también se han establecido las pruebas que demuestran la identidad de los verdaderos criminales de guerra. Forrestal, que llegó a ser Secretario de Guerra americano durante la presidencia de Truman, y que probablemente fue asesinado por el siniestro poder que domina el mundo, registra su conversación con Joseph P. Kennedy en su conocido diario bajo la fecha del 7 de diciembre 1945. Kennedy había sido embajador de Roosevelt en Gran Bretaña al comienzo de la última guerra. La entrada en cuestión dice:

> "Hoy he jugado al golf con Joe Kennedy. Le pregunté sobre las consultas que tuvo en 1938 con Roosevelt y con Neville Chamberlain. Cree que Chamberlain estaba convencido de que Gran Bretaña no tenía medios para poder luchar contra Hitler. Por lo tanto Chamberlain no estaba considerando la idea de ir a la guerra contra el régimen de Hitler. El propio punto de vista de Kennedy en ese momento era que la Alemania de Hitler lucharía contra Rusia sin verse más tarde involucrada en una guerra con Gran Bretaña. William C. Bullitt (también de ascendencia judía), embajador de Roosevelt en Francia en 1939, presionaba insistentemente a Roosevelt para que adoptara la postura más firme posible contra los alemanes en la cuestión polaca. Si no

hubiera sido por los incesantes estímulos dados desde Washington, los ingleses y los franceses nunca habrían hecho de la cuestión polaca un *casus belli*. Bullit mantuvo enfáticamente, dijo Kennedy, que los alemanes no pelearían. Contrario a este punto de vista Kennedy era de la opinión que los alemanes irán a la guerra rápidamente y que incluso podrían invadir Europa. Chamberlain llegó a la conclusión - dijo Kennedy - ¡que América y **la judería mundial habían llevado a Gran Bretaña a la guerra!**"

Admitamos, por tanto, que los verdaderos criminales de guerra nunca fueron juzgados en Nuremberg.

CAPÍTULO VII

Por qué Hitler tenía que irse

¿No podría ser todo esto una mera pesadilla de los "antisemitas"? ¿Es posible, después de todo, que una minoría racial del cinco o seis por ciento lleve a la guerra a un inmenso país como Estados Unidos? ¿Es posible que los soviéticos luchen codo con codo con los odiados capitalistas? Repasemos la fuerza de esta minoría racial en los dos gigantescos países. Empecemos por la Unión Soviética, pues ya sabemos que sus fundadores y dirigentes procedían en su mayoría de las filas de los conquistadores del mundo.

Durante las grandes purgas, los conquistadores del mundo sacrificaron a algunos individuos de sus filas. Pero los puestos así vacantes fueron ocupados por otros aún más leales a la dictadura de Stalin. La esposa de Stalin, Rosa Kaganovich, es hija de Lázaro Kaganovich, ex comisario de la industria pesada soviética. Al estallar la guerra, el poder en la Unión Soviética estaba en manos de los seis miembros de la familia Kaganovich y en las del jefe de la policía secreta; Beria también era de ascendencia judía Según informes norteamericanos, la conversación general en casa de Stalin se desarrollaba en yiddish, incluso hasta tiempos bastante recientes.

Muchos de los comisarios tienen ideas judías. La esposa de Molotov es judía, mientras que Litvinov Finkelstein, ex comisario adjunto de Asuntos Exteriores, de apariencia tan capitalista, era el vínculo visible entre las mitades oriental y occidental de este nacionalismo tribal.

En 1935 Yeats Brown sacó su libro *European Jungle*, y en la página 181 leemos que "en el Comité Central del Partido

Comunista, compuesto por cincuenta y nueve miembros, el noventa y cinco por ciento eran judíos, es decir, 56 miembros, mientras que los otros tres miembros estaban casados con judías; Stalin, Labov y Ossinsky."

A veces los judíos se arriesgan a presumir del poder que ejercen, por ejemplo, en el American *Jewish Chronicle* del 6 de enero de 1933 (página 19), encontramos lo siguiente:

> "¡En la Rusia soviética uno de cada tres judíos trabaja en la administración!"

En realidad, esto significa que de los tres millones y medio de judíos de la Rusia soviética, más de un millón ocupan cargos administrativos en diversos puestos clave de la dictadura bolchevique. Son los partidarios más leales, inteligentes y fanáticos del sistema bolchevique. Llegan a ser comisarios, dirigentes del partido, soviets leales, gobernadores provinciales y oficiales superiores, así como comisarios del ejército y del N.V.D.

Tras la gran purga ordenada por Stalin a finales de 1936, los funcionarios de más alto rango de las cuarenta repúblicas soviéticas, es decir, los secretarios del partido que ostentaban el poder ejecutivo real, eran cuatro rusos, dos armenios, un georgiano, un buriato y cuarenta y un judíos. (*Servicio Mundial*, 1936, I 1.)

Cuando en 1941 los ejércitos europeos cruzaron las fronteras soviéticas, se encontraron con la sorpresa de que el gobierno soviético tenía un carácter más judío de lo que había proclamado incluso la propaganda de Streicher. Comenzando en la frontera polaca, en todas las provincias hasta Stalingrado, los judíos eran exclusivamente los líderes de las ciudades, los comisarios a cargo de las granjas colectivas y los jefes de policía. Todos los comisarios soviéticos, todos los oficiales de la policía secreta y los altos funcionarios capturados por los alemanes pertenecían, sin excepción, a la misma raza conquistadora del mundo.

En el Alto Mando del Ejército soviético había también muchos judíos, y a este respecto encontramos la siguiente cita en un libro titulado *The Hebrew Impact on Western Civilisation,* publicado en Nueva York en 1951 por Dagobert Davis Runes:

"En la guerra contra Hitler había 313 judíos entre los generales soviéticos".

J. Zaltzman estaba a cargo de la producción de tanques, y Abraham Wikbosky controlaba los arsenales y las fundiciones de armas de la Unión Soviética. Mikoyan dirigía toda la producción bélica y los contratos de guerra.

Es muy comprensible, por tanto, que estos correligionarios intentaran escapar de las tropas europeas cuando tuvieron la oportunidad de hacerlo. Pero las poblaciones rusa y ucraniana pudieron relatar muchos crímenes atroces cometidos por esta gente. Las pruebas no están lejos de buscarse. Cualquier soldado que sirviera en el frente ruso puede corroborar estos hechos por su propia experiencia.

El temible poder ejercido por más de medio millón de judíos mantuvo así en pie el llamado sistema soviético. La afirmación de ciertos propagandistas de que el sistema bolchevique no conviene a los judíos porque se aferran a la empresa privada es sencillamente ridícula. Dondequiera que se estableció el bolchevismo, los judíos cambiaron rápidamente sus puestos clave comerciales e industriales por los de cargos públicos. Así, el tendero se convirtió en policía y el tendero en funcionario del Estado. El partisano de la primera etapa (de los *Protocolos*) *se* transformó así en el soldado profesional de la segunda etapa.

Todo esto lo sabían unos cuantos estadounidenses. Hamilton Fish, un congresista de Nueva York, ya en 1933 se refirió al carácter judío del Soviet, y ciertos datos y cifras fueron publicados en los Registros del Congreso del 29 de febrero 1933. Según estos, el gobierno soviético, incluidos los gobiernos de las provincias, constaba de 503 miembros, de los cuales 406 eran judíos. De los veintitrés miembros del Soviet local de Moscú, diecinueve pertenecían a la raza de los conquistadores del mundo. Entre los cuarenta y dos redactores y editores de la prensa oficial había cuarenta y un judíos, encabezados por David Zaslavsky, editor, e Ilja Ehrenburg, editor de *Pravda.*

Douglas Reed, el eminente periodista inglés, informó en 1938 que la censura de prensa en Rusia estaba firmemente en manos judías, y que un tal Epstein controlaba la producción cinematográfica.

Cada vez que se expone cualquier conexión entre judíos y bolcheviques, la propaganda occidental no duda en señalar que de vez en cuando se observan tendencias antisemitas en Rusia. Pero la verdad es que hasta el final de la Segunda Guerra Mundial, la Rusia soviética era el único Estado del mundo en el que el "antisemitismo" estaba declarado delito por la ley y en el que el "criminal" sufría a menudo la pena de muerte. Todo esto se desprende lógicamente de la enseñanza de Lenin de que: "'Antisemitismo' es el medio de la contrarrevolución". Este principio, en sentido inverso, es una admisión abierta de que el bolchevismo es, de hecho, una forma de dominación judía.

Louis Levine, Presidente del Consejo Judío de Ayuda a Rusia, visitó la Unión Soviética *después de* la Segunda Guerra Mundial y escribió una serie de artículos bajo el título La *Rusia soviética hoy, en los que da testimonio de* la grandeza e inalterabilidad de esta dominación. Escribe, entre otras cosas

> "Una especial preocupación por el pueblo judío ha caracterizado a la Unión Soviética desde su nacimiento en 1917. Una semana después del derrocamiento del zarismo, el incipiente Gobierno socialista, encabezado por Lenin, abolió la opresión nacional, convirtiéndose en el primer país del mundo en declarar delito el 'antisemitismo'."

También menciona con orgullo que muchos cirujanos famosos, generales y altos funcionarios del Soviet son judíos.

Este mismo Levine en el transcurso de un discurso en Chicago el 30 de octubre 1946, mientras daba cuenta de su visita a la Rusia soviética, dijo:

> "Muchos de los altos funcionarios del Gobierno ruso son judíos. Muchos otros funcionarios judíos no parecían judíos pero hablaban conmigo en privado en hebreo o yiddish.
>
> "El pueblo judío es unánime en su amor por Stalin. Lo consideran el mejor amigo del pueblo judío. Atribuyen a su comprensión de las minorías nacionales y a su liderazgo el nuevo estatus exaltado de los judíos soviéticos."

El dominio judío es el legado sagrado del bolchevismo. Refiriéndose a los judíos que ocupaban puestos clave en el sistema bolchevique, el propio Lenin dijo:

> "El papel de los judíos será muy importante a la hora de sentar las bases del nuevo orden mundial. La judería posee características adaptables junto con una inteligencia sobresaliente y una crueldad extrema. Un ruso nunca podría tratar a los contrarrevolucionarios rusos tan cruelmente como puede hacerlo un judío". *(Lenin, El Dios de los sin Dios,* por F. Ossendowski.)

En la dictadura moderna, todo está bajo el control de un poder oculto. Más precisamente, bajo el control de la persona o el grupo que empuña la metralleta. La declaración anterior y el franco testimonio de una destacada personalidad judía muestran claramente que en la Unión Soviética este poder absoluto, que se basa en las actividades de un millón de judíos en puestos clave, es en realidad el poder ejercido por la judería sobre la Rusia soviética.

Un judío es judío más que cualquier otra cosa, incluso cuando se dedica activamente a promover la causa del bolchevismo. Primero y ante todo es judío y sólo después es bolchevique, del mismo modo que es judío antes que defensor de la democracia. Considera el establecimiento del poder y la seguridad judíos como un asunto de suprema importancia; sólo después de su logro impartirá un carácter judío al bolchevismo o a la democracia, según sea el caso. Por lo tanto, se puede afirmar con verdad que, de hecho, la Rusia soviética no está bajo la dictadura bolchevique, sino bajo la dictadura judía.

El bolchevismo, como la democracia liberal, sirve sólo como excusa y capa. Desde el punto de vista judío, el bolchevismo representa una fase superior del desarrollo del poder judío que la democracia. En un gobierno democrático siempre existe el peligro de que en algún momento estadistas clarividentes o hábiles demagogos logren exponer el poder ilegal oculto y desenmascarar a sus detentadores. Aunque los judíos puedan controlarlo casi todo en democracia, queda, quizás, un dos por ciento de posibilidades de perderlo todo. Pero en la Unión

Soviética no hay ni siquiera un medio por ciento de posibilidades. Porque aquí el poder en manos de los judíos es absoluto. El pueblo ruso está reducido a la condición de siervos, carne de cañón y trabajadores esclavos del poder judío.

Pero veamos más de cerca esa democracia liberal que, al entrar en la guerra, se convirtió en aliada de Rusia, gracias a los esfuerzos de Roosevelt y sus cerebros. ¿Sigue siendo Estados Unidos la América de Washington, Lincoln y Jefferson? Mientras que la toma del poder en Rusia se logró con la ayuda de la ametralladora, la misma hazaña puede repetirse también en el caso de la democracia liberal, sólo que por medios diferentes. Aquí el liderazgo judío se puede materializar a través del monopolio de la prensa, del oro y del control de la moneda, e influyendo secretamente en la vida pública.

Como hemos mencionado antes, cuando Estados Unidos entró en la Segunda Guerra Mundial, de los setenta y dos asesores de Roosevelt, cincuenta y dos eran judíos. Según *El Imperio Oculto, el* ochenta por ciento de la renta nacional de los Estados Unidos está controlada por judíos. Detrás de Roosevelt estaban todos los grandes banqueros mundiales con una red financiera que cubría todo el globo. Cuando Roosevelt llego al poder el Departamento de Estado y las posiciones claves del Gobierno inmediatamente empezaron a ser penetradas. Paralelamente a esta penetración comenzó una gran purga en las filas de los oficiales de las fuerzas armadas, como resultado de la cual fueron despedidos oficiales con tendencias "nazis", aquellos que probablemente no estarían demasiado entusiasmados en luchar en la guerra de Roosevelt.

Robert Edward Edmondson, en su libro *I Testify* (página 46), pinta una imagen original de la administración Roosevelt, representándola en forma de Magen-David (estrella de seis puntas). En el centro de la estrella se puede ver a Roosevelt con su administración rodeada por cuatro lados por L. D. Brandeis, Felix Frankfurter, Bernard M. Baruch y Henry Morgenthau Jr. En las seis puntas de la estrella se encuentran los siguientes nombres, que muestran a aquellos que tienen el poder real, aquellos que, de hecho, dirigen el Gobierno de los Estados Unidos:

1. Rabino Wise, Sidney Hillman, Samuel Dickstein, Herbert H. Lehman, James P. Warburg, Samuel I. Roseman.

2. Dave Stern, Henry Horner, Louis Kirstein, David J. Saposs, E. A. Goldenweiser, Rabino Samuel Margohes.

3. A. Cohen, Gerald Swope, Adolf J. Sabbath, Isidor Lubin Jr., Mordehai Ezekiel, Moissaye J. Olgin.

4. Samuel Untermayer, Benjamin J. Cardoso, F. H. La Guardia, Dave Dubinsky, Jerome Frank. Robert Moses.

5. A. Goldman, W. C. Bullitt, A. J. Altenmeyer, L. A. Steinhardt, Albert Einstein, Rose Scheiderman.

6. H. Feis Ben Cohen, Nathan Margold, Walter Lippman, David E. Lilienthal, William M. Leiserson.

Este es un poder terrible, cuando recordamos que fue apoyado por toda la Prensa, todos cuyos editores eran judíos, dirigida por Arthur Hays Sulzberger y por toda la red de radio bajo David Sharnoff y también por la industria de propaganda cinematográfica de Hollywood con su noventa y cinco por ciento de mayoría judía, dirigida por Adolf Zukor. Tampoco debemos omitir las diversas facciones políticas laborales y los sindicatos dirigidos por Sidney Hillman, Dubinsky y gente similar, ni los diversos tribunales de justicia en los que por esta época los judíos juzgan a los descendientes de los primeros pioneros. Estrechamente asociado a este poder encontramos a La Guardia, el alcalde de la mayor ciudad de EE.UU., y a su alrededor legiones de comunistas judíos, así como a Herbert H. Lehman, el gobernador judío del Estado de Nueva York. Luego están Einstein, Oppenheimer, Leo Szilard y Lilienthal, los sumos sacerdotes de la nueva Secta Atómica reforzados por masas vengativas de refugiados de Alemania, Italia, España, Hungría, Rumania, Checoslovaquia y Polonia que venían a ocupar puestos clave en la producción bélica estadounidense. Contribuyeron con propaganda para la Oficina de Guerra, el noventa y cinco por ciento de la cual estaba imbuida de un odio semejante al que se encuentra en los textos del Antiguo Testamento.

Desde estas posiciones prepararon una guerra de venganza de la que quedaron excluidas la piedad y la decencia, por no hablar de la caballerosidad de épocas pasadas. Así degradaron la guerra al nivel de una serie de masacres bestiales. Por medio de la O.N.U. se prepararon para intercambiar puestos clave estadounidenses por rango ministerial en el gabinete del futuro gobierno mundial. Ben Gurion y Chaim Weizman estaban preparados para revivir y restablecer uno de los principales pilares del dominio mundial: el Estado de Israel. Dieron sus órdenes a los soldados de Washington y sustituyeron la insignia de la Cruz Blanca en los cascos de acero de la 6 Division estadounidense por la Magen-David (estrella de seis puntas). Ordenaron el bombardeo no sólo de Alemania, sino de todos los monumentos de la cultura europea. Entregaron armas a la Unión Soviética y le dieron once mil billones de dólares del bolsillo del contribuyente estadounidense.

Este nacionalismo judío no guarda rencor a la Unión Soviética. Pero si Hitler ganara, o si las naciones cristianas hicieran la paz entre ellas, eso significaría el fin de la dominación mundial. Pero si los guerreros de las dos fases diferentes siguen los planes de los Sabios de Sion y unen sus fuerzas, seguramente establecerán su dominio. Entonces los líderes capitalistas y bolcheviques del mismo nacionalismo dominarán el mundo. Se trata de una gigantesca coalición de la población norteamericana mal informada y de la masa de 200 millones de los pueblos esclavizados de la Rusia soviética.

El pacto Stalin-Ribbentrop era en sí mismo una trampa para atrapar a Alemania. Había que disipar los escrúpulos y recelos del Estado Mayor alemán, formado en las doctrinas de Clausewitz contra una guerra en dos frentes. Así fue más fácil llevar a los alemanes a la Segunda Guerra Mundial, que de hecho les fue declarada por el Congreso Judío ya en 1933. Cuando más tarde Hitler se encontró en la guerra hasta el cuello, de repente Molotov, el marido de la bella Karpovskaja, aparece en Berlín y pone sobre la mesa las exigencias soviéticas. Los judíos que se habían esfumado temporalmente por la trampilla del Kremlin en agosto de 1939 vuelven a aparecer en escena. Hitler tenía ahora entre manos una terrible guerra en muchos frentes.

Mientras tanto, los nuevos inmigrantes afluían a Estados Unidos exigiendo venganza. Para entonces, la inmigración se había convertido en un derecho y un privilegio exclusivo de los judíos. En 1930, la Sinagoga Judía contaba con 4.081.242 miembros activos. Pero, según el Almanaque Mundial de 1949, esta cifra debió de aumentar rápidamente, ya que en 1947 los miembros ascendían a 4.770.647 personas. Los judíos representan ahora un porcentaje considerable de las cifras anuales de inmigración. En 1936 este porcentaje era del 17,21%, en 1937 del 22,59%, en 1938 del 29,07%, en 1939 del 52,35%, en 1940 del 52,21%, en 1941 del 45,83%, en 1942 del 36,86% y en 1943 del 13,83%. Estos recién llegados judíos, inmigrantes de países de Europa del Este, no se instalaron en lo más bajo de la sociedad estadounidense, no vivieron la miserable vida de los refugiados. Al contrario, encajaron en puestos de trabajo en la prensa estadounidense, en oficinas, en la política y en el mundo del cine.

Ya no eran comerciantes y hombres de negocios. Eran los portadores del odio, la venganza y el bolchevismo que destruyeron la Santa Rusia.

Toda esa podredumbre que en un principio había dado vida al nacionalsocialismo y provocado la caída de la República de Weimar se asentaba ahora firmemente de nuevo en América, donde, según el libro *El telón de acero sobre América,* el término "Cuarto Reich" se convirtió en el apodo de aquellos distritos invadidos y ocupados por inmigrantes que habían huido de Hitler. Sus voces se oían en las emisiones de las cadenas de radio estadounidenses; hablaban en diez o quince idiomas. Sus artículos eran leídos por millones de personas en los periódicos nacionales. Los métodos humanitarios de la democracia estadounidense no eran satisfactorios para estas personas. Así que elogiaron a los soviéticos en América y se esforzaron al máximo para amenazar con la destrucción de la democracia estadounidense en caso de que ésta se mostrara reacia a ayudar lo suficiente a la Unión

Soviética. Para ellos, el verdadero amigo y libertador no era Estados Unidos, sino la Unión Soviética.

En la edición del *New York Herald Tribune* del 22 de diciembre[nd], 1938, apareció una carta de la Sra. Sarah Finkelstein protestando contra un artículo anterior, en el que se afirmaba que de los 400.000 judíos de Chicago muy pocos se hicieron miembros del Partido Comunista. Sarah Finkelstein dice en su carta que había vivido en Chicago durante trece años y que, por tanto, sabía por experiencia que el 98% de los 400.000 judíos de Chicago eran comunistas convencidos.

Y ahora, simultáneamente, Némesis sobre la humanidad procedía tanto de Nueva York como del Kremlin. Era la guerra de los judíos y la paz también sería suya.

"Gane quien gane esta guerra, nosotros seremos los verdaderos vencedores".

CAPÍTULO VIII

Los verdaderos vencedores de la Segunda Guerra Mundial

CUANDO Estados Unidos entró en la Segunda Guerra Mundial mucha gente creía que la mayor democracia del mundo iba a luchar por los principios de la Carta del Atlántico.[2] La propaganda mentirosa engañó a la mayoría del ochenta y tres por ciento de estadounidenses contrarios a la guerra haciéndoles creer que el bolchevismo era lo mismo que la democracia, que el terrorismo soviético era la libertad y, por tanto, que era absolutamente necesario cruzar el océano y salvar a la "humanidad".

Una parte de la Europa beligerante también se dejó engañar por esta propaganda. Los que organizaban los movimientos de resistencia y los reacios a entrar en la guerra del lado de las potencias del eje esperaban que Roosevelt no soltara la plaga del bolchevismo en Europa. Todos los signos superficiales parecían indicar que, después de todo, el capitalismo americano y el bolchevismo soviético nunca podrían unirse en una alianza duradera. Parecía inconcebible que la democracia americana

---

[2] Documento de ocho puntos redactado por Winston Churchill y el Presidente Roosevelt en un buque de guerra en el Atlántico en agosto de 1941. Aunque se trataba de un documento muy importante, ya que en él se declaraban las intenciones de Gran Bretaña y de los Estados Unidos, era informal y, de hecho, no se firmó (para evitar la necesidad de aprobación por parte del Senado de los Estados Unidos). Los ocho puntos eran brevemente los siguientes 1, Ningún engrandecimiento. 2, Ningún cambio territorial sin el deseo de los habitantes. 3, Restablecimiento del autogobierno a los privados de él. 4. 4. Acceso de todos los pueblos al comercio y a las materias primas. 5. Mejora de las normas laborales y de la seguridad social. 6, Libertad frente al miedo y la miseria. 7. Derecho a navegar por alta mar sin obstáculos. 8, Desarme de las naciones agresoras en espera de un sistema permanente de seguridad general.

estuviera librando una guerra ideológica contra la "forma alemana" de dictadura, en alianza con la dictadura más cruel de todas.

Pero esta apariencia era engañosa. Porque el "nazismo" judío supranacional era la verdadera fuerza cohesiva de la alianza, esa fuerza que, como ya sabemos, desempeñó un papel tan importante en la administración Roosevelt, así como en el sistema soviético de Stalin y Kaganovich. Para los que estaban entre bastidores sólo había un objetivo de guerra: el establecimiento de su dominio mundial absoluto. Si esto no puede lograrse, entonces de acuerdo con los antiguos principios de "Divide et Impera!" el globo debe ser dividido; el hemisferio oriental debe ser gobernado por la metralleta y el hemisferio occidental por el oro, pero la metralleta y el oro deben estar en las mismas manos. *¡Un mundo!*

¿No está escrito en el libro sagrado del "Führer" judío: "Y consumirás a todos los pueblos que el Señor tu Dios les entregue..." *(Deut. vii. 16.)*

No olvidemos que la guerra total no fue inventada por los estrategas modernos y que *la Torá,* el *Mein Kampf* de los judíos, señala el camino de los que luchan por el principio de "Un Mundo".

> "Pero así los trataréis: destruiréis sus altares, quebraréis sus imágenes, talaréis sus bosques y quemaréis al fuego sus esculturas". *(Deut. vii. 5.)*

"... ¡destruiréis sus altares!" La Carta del Atlántico se percibe aquí con su propaganda de escaparate, cuyo texto fue escrito por Samuel Roseman según la revista *Time,* 18 de agosto 1941. Que los muchachos americanos crean que luchan por ideales superiores. Pero, dicen los *Protocolos, ¡los* verdaderos planes serán conocidos por nosotros con exclusión de todos los demás! *"Violencia e Hipocresía".* Aunque la Carta del Atlántico es lo que prometimos, no es libertad lo que estamos preparando para el mundo, sino servidumbre absoluta y total. Diremos a los alemanes que sólo queremos eliminar a los "nazis", pero nuestros planes están listos y vamos a ponerlos en práctica.

Y así, en 1941, incluso *antes de que* Estados Unidos entrara en guerra, se publicaron ciertos planes de Maurice Gomberg relativos a "Un nuevo orden moral mundial para la paz y la libertad permanentes" (Maurice Gomberg, Filadelfia, febrero de 1942). Véase la página 104 del libro de E.J. Reichenberger *Europa in Trümmern* ("Europa en ruinas"). Esto se muestra en un mapa impreso en Filadelfia. *Es la prueba más incriminatoria contra quienes soñaban con exterminar naciones y razas enteras antes incluso de que Estados Unidos estuviera en guerra.*

La obra se presenta de tal manera que parece ser un borrador de un mapa del mundo después de la Segunda Guerra Mundial, cuando los Estados Unidos (es decir, para entonces, el gobierno mundial judío) tomarían el control de todo el mundo y establecerían *el Nuevo Orden Moral Mundial* para garantizar una paz, libertad, justicia y seguridad duraderas y llevar a cabo la reconstrucción.

Según el mapa, Canadá, Groenlandia, las Azores y las Canarias, así como innumerables islas menores entre Japón y Australia, pertenecen a EE.UU. como protectorados. Sumatra, Java y Borneo están anexionadas al Imperio Británico. *Las fronteras de la Unión Soviética se extienden desde Vladivostok hasta Colonia y el Rin es la frontera occidental del bolchevismo.* "¡Nuestras fronteras están en el Rin!", ¿no dijo Roosevelt? Polonia, Checoslovaquia, Hungría, Yugoslavia y Rumania aparecen como estados miembros de la U.R.S.S.

Este mapa es otra prueba espeluznante de que el objetivo de la judería mundial es despojar a las pequeñas naciones de su independencia y someter al mundo entero al yugo de su reino del terror. Austria y Alemania, coloreadas en rojo en este mapa, están en "cuarentena". China parece seguir siendo un Estado independiente, pero Irán aparece en el mapa como parte de la Unión Soviética. Francia, Italia, Bélgica, Holanda, Luxemburgo, Suiza, España y Portugal aparecen en el mapa como miembros de los nuevos Estados Unidos de Europa. Pero las notas explicativas que lo acompañan son aún más interesantes que el propio mapa, ya que de ellas aprendemos que debe construirse un nuevo "orden moral mundial". En este nuevo orden moral, la moral talmúdica tendrá la sartén por el mango. Este es el despotismo del estado mundial judío. "De nosotros procede el terror que todo lo engulle", dicen los *Protocolos*, y los organizadores del nuevo orden mundial enumeran aquí evidentemente todo lo que han soñado y desean poner en práctica. Bastará con exponer aquí los *puntos más importantes* de estos planes.

La Unión Soviética, colaborando con los EE.UU. para preservar la libertad (¡!) y la paz, obtendrá el control exclusivo sobre Austria y Alemania, para "reeducar" a estos estados y anexionarlos después como miembros iguales de la URSS.

Después de la guerra, Tierra Santa, conocida actualmente como Palestina, se unirá a Transjordania y a los territorios colindantes por "derecho histórico", así como por la necesidad de contar con una República Judía independiente y desmilitarizada que facilite la solución del problema de los refugiados. Este territorio judío está marcado en el mapa como "Hebrewland".

En cuanto a los criminales de guerra, todavía no existía ninguna declaración de Moscú, ya que, aparte de las masacres de Bromberg, no se tenía conocimiento de ningún crimen de guerra. Sin embargo, el judaísmo mundial estadounidense ya proclamaba Nuremberg de antemano. La cláusula número 30 del mapa dice: "Los criminales perpetradores y sus socios en la culpa de esta horrible guerra serán llevados ante la justicia y se les administrará un castigo inolvidable".

Los planes para el asesinato y la deportación de naciones enteras también estaban listos y se pusieron en práctica en Potsdam, donde los planes elaborados por la judería mundial ya en 1940 fueron firmados obedientemente por las naciones aliadas.

De las notas del mapa se desprende que los súbditos japoneses, así como las personas de origen japonés y, por tanto, de lealtad dudosa, *serán expulsados para siempre del hemisferio occidental*. Del mismo modo, serán expulsados de las islas bajo protección estadounidense. Sus bienes serán confiscados y destinados a sufragar los costes de la reconstrucción de posguerra. Todos los súbditos alemanes e italianos, así como las personas estrechamente relacionadas con ellos, que difundan la ideología nazi y fascista, recibirán el mismo trato. (Resulta revelador que el Gobierno de EE.UU. sea incapaz aún hoy de devolver los 300 millones de dólares incautados a Alemania). Se detendrá indefinidamente la inmigración alemana, italiana y japonesa al hemisferio occidental, así como a todas las islas bajo el protectorado de EE.UU.

En este punto, el judaísmo mundial vuelve a recurrir a los antiguos mandamientos de la Torá, cuyo objetivo es asegurar un dominio judío indiviso sobre el hemisferio occidental.

> "... los herirás y los destruirás por completo; no harás pacto con ellos, ni tendrás misericordia de ellos". *(Deut. vii. 2.)*

Con el fin de limpiar de chovinismo militar a los agresores del eje, de aplastar su poderío militar o de *recuperar el botín* y de *reeducarlos* para que vuelvan al círculo familiar de las naciones, dice la cláusula 36 del plan mundial, los *territorios* alemanes, japoneses e italianos serán *puestos en cuarentena por* tiempo *indefinido* y serán administrados por gobernadores bajo la supervisión de las Naciones Unidas.

Pues bien, aquí encontramos prefigurados mucho antes del estallido de la guerra, ¡acontecimientos que realmente tuvieron lugar después de 1945! ¿Y no hemos visto el pago de las reparaciones de Alemania Occidental a Israel, junto con la ocupación de gran parte de Europa por los reeducadores, los agentes del C.I.C. y los desmanteladores del frustrado plan Morgenthau, y finalmente el gobierno de los territorios europeos en nombre de los judíos por "títeres" rusos y americanos?

La magnitud de la conquista mundial de la judería queda demostrada por el hecho de que de todos los objetivos y promesas de guerra, incluida la Carta del Atlántico, los únicos planes logrados fueron los mencionados anteriormente junto con algunos pequeños ajustes.

Todas las materias primas y la producción industrial de los territorios en cuarentena, continúa la cláusula 37 del orden mundial, se destinarán a la reconstrucción de posguerra.

Otras cláusulas explican que todas las personas nacidas en Prusia Oriental o Renania serán expulsadas de los territorios ocupados y sus propiedades confiscadas en concepto de reparaciones. Por posibles razones militares, debe elaborarse un plan para controlar la natalidad de los territorios en cuarentena y reducir así la fuerza numérica de las naciones agresoras.

Es la primera vez en la historia de la humanidad que una minoría nacionalista renuncia abiertamente a una ley de la naturaleza y proclama su intención de destruir a otras naciones.

> "Y consumirás a todo el pueblo que Yahveh tu Dios te entregue..." declara la Torá.

Esta es la oportunidad, por tanto, de expatriar a la población de Prusia Oriental, Renania y otros países del Este. Veinticinco millones de cristianos desplazados deben ser expulsados de sus tierras natales, hay que introducir el control de natalidad y poner en marcha el plan Morgenthau, que podría provocar la inanición del cuarenta por ciento de la población alemana.

El judaísmo mundial nunca podrá borrar estos terribles cargos de asesinato. Tanto más cuanto que no sólo preparó los planes sino que, como veremos más adelante, también los ejecutó.

El plan de la masacre de Gomberg, respaldado por las más poderosas organizaciones judeo-estadounidenses, y sus métodos no son nuevos. Hace varios miles de años Moisés había prescrito para este "nazismo" tribal cómo debe llevarse a cabo una guerra, así como la forma de hacer la paz:

> "Y cuando el Señor tu Dios la haya entregado [la ciudad] en tus manos, herirás a todo varón de ella a filo de espada.
>
> "Pero las mujeres, los niños, el ganado y todo lo que haya en la ciudad, todo su botín, lo tomarás para ti..." *(Deut. xx.* 13-14).

La Carta del Atlántico sigue expuesta en el escaparate de promesas.

Samuel Fried, el conocido sionista y pacifista, a principios de los años 30, cuando todavía estaba en el arrebato de la victoria de la Primera Guerra Mundial, no oculta la psicosis de asesino de masas que se encuentra en los borradores de los posteriores tratados de paz.

"La gente que teme el resurgimiento del poder alemán no volverá a ver la restauración del poderío militar de Alemania. Cortaremos de raíz todo esfuerzo por restaurarlo y finalmente, si el peligro persiste, *destruiremos esta nación odiada por todos, tanto por partición como por desmembramiento del país, así como por despiadados asesinatos en masa.*"

En 1934, Samuel Roth caracterizó el intenso odio que más tarde se manifestó en la propaganda y los planes de paz de la Segunda Guerra Mundial. En su libro *Jews Must Live (Los judíos deben vivir)*, editado por Golden Press Inc, escribe lo siguiente:

> "Seguimos siendo la semilla de Abraham, Isaac y Jacob. Nos mezclamos con las naciones con el pretexto de que huimos de la persecución, *nosotros, los perseguidores más despiadados cuya crueldad no tiene parangón en los anales de la historia de la humanidad.*"

Antes de 1945 estaba muy extendida la creencia de que el llamado "judío bolchevique", al estar lleno de resentimiento y amargura, no tenía ninguna posibilidad de llegar a ser culto y, por lo tanto, se convertía en un sádico directamente cuando tenía una metralleta en la mano. "Pero los judíos occidentales cultos son diferentes", decía el refrán popular. Eran humanitarios y filántropos que contribuían generosamente a la Cruz Roja y a los fondos de ayuda alimentaria gratuita. Sólo el terror sangriento de Mandel-Rothschild, el Ministro del Interior francés, presagió en 1940 el destino que Europa podía esperar una vez que estos humanitarios regresaran al Continente como vencedores.

Este Mandel-Rothschild ejecutó a varios centenares de franceses en nombre de la unidad nacional, exigiendo la resistencia de todos los franceses contra el peligro alemán. Más tarde, cuando el frente francés se derrumbó, Mandel-Rothschild fue el primero en huir de Francia.

Pero para entonces sus manos estaban cubiertas de la sangre de cientos de franceses.

Su conducta política fue la primera revelación de la intensa pasión y animosidad ocultas bajo la capa de cultura y humanidad del judío occidental.

Cuando al principio de la Segunda Guerra Mundial la voz de la prensa y la radio occidentales se distorsionó salvajemente y se difundieron consignas de un mundo "humanitario" (como: "¡Haced que los alemanes coman arsénico!", de un columnista estadounidense), se multiplicaron las pruebas que demostraban que ya no se trataba de un espíritu bélico, y menos aún de la Convención de Ginebra, sino de puro asesinato. Es extraordinario oír a hombres de gran capacidad intelectual, como escritores, profesores universitarios y publicistas, hablar de repente, en pleno siglo XX, el lenguaje de los profetas del Antiguo Testamento incitando al asesinato. Resulta chocante darse cuenta de que en la seguridad de las logias masónicas, las "redacciones democráticas" y las asociaciones sionistas se conciben y escriben libros, artículos, ensayos y discursos políticos que proclaman el asesinato. No se trata de las inevitables víctimas de la guerra, sino de asesinatos y crueldades planeados para la paz subsiguiente.

Th. Nathan Kaufman, en su libro *Germany Must Perish* (editado en Newark, véase p. 104), escribió ya en 1941 que después de la guerra Alemania debía ser completamente desmembrada. Kaufman exigió que *la población alemana, tanto masculina como femenina, que sobreviviera a los bombardeos aéreos, fuera esterilizada para asegurar la extinción total de la raza alemana.*

El mismo odio aflora en el libro de Maurice Leon Dodd *How Many World Wars (Nueva York*, 1942), en el que el autor proclama que no debe quedar ninguna Alemania ni ninguna raza alemana después de esta guerra. Charles G. Haertman, en su libro *There Must be no Germany after War (Nueva York*, 1942), también exige el exterminio físico del pueblo alemán. Einzig Palil, escritor judío canadiense, en su libro *¿Podemos ganar la paz?* (Londres, 1942), adopta una postura similar exigiendo el desmembramiento de Alemania y la demolición total de la industria alemana. Ivor Duncan, otro escritor judío, en su *artículo Die Quelle des Pan-Germanismus, publicado en el* número de marzo de 1942 de *Zentral Europa Observer*, exigía *la* esterilización de cuarenta millones de alemanes. Calculaba que el coste total de su plan sería de cinco millones de libras esterlinas.

Douglas Miller, escribiendo en el *New York Times* en 1942, afirma que setenta millones de alemanes son demasiados. Por tanto, las exportaciones e importaciones deben regularse de tal modo que más de cuarenta millones de alemanes mueran de hambre.

En la biblioteca de la Casa Americana de Munich, en la página 456 de un libro americano titulado *Joy Street*, de Keyes, escrito para mayor gloria de la propaganda ultramarina, leemos:

"Como dijo el Mayor David Salamont:

Si hubiera tenido la oportunidad de elegir mi trabajo en esta guerra, habría elegido la misma tarea que me asignaron. Derecho a través de Francia, derecho a Alemania *para destruir todo*. Nunca en la historia ha habido una guerra así. *Me alegro de poder contar a mis nietos que estuve allí y participé en la venganza. Doy gracias a Dios por ello.*

Cuando por fin llegamos a Alemania, empezamos a destruir y devastar todo. Entonces me di cuenta de que esto era lo que estaba esperando, esto era por lo que estaba viviendo. *Lo único que lamento es no haber podido destruir y matar más porque no nos quedaba mucho tiempo.* Cuando llegamos a Wiesbaden nuestro ritmo se ralentizó porque ya no quedaba nada que pudiéramos atacar, bombardear o matar. Hicimos un trabajo tan perfecto que tuvimos que parar un rato"'.

Estas son las "Cartas Atlánticas" de los hombres ambiciosos que buscan bolchevisar el mundo y destruir las naciones, y han sido, en gran medida, realizadas. Así, la gran visión de los *Protocolos* vive a través de la guerra. A veces puede parecer pura propaganda. Pero la barbarie es contagiosa y eventualmente los funcionarios responsables se infectan con ella.

Detrás de Morgenthau, Harry Dexter White y otros paladines de la cultura elaboraron planes para la destrucción total de Alemania. Puede que la Carta Atlántica prometa libertad, pero las propuestas de los federalistas mundiales también están preparadas. Son los sueños del mismo "nazismo" supranacional único. Abolir todas las fronteras nacionales junto con la libertad e independencia de las naciones y establecer un gobierno mundial - precisamente como lo prescriben los *Protocolos*.

> "En lugar de los gobernantes de hoy estableceremos un bogey que se llamará la Super Administración Gubernamental. Sus manos se extenderán en todas direcciones como tenazas y su organización será de dimensiones tan colosales que no podrá dejar de someter a todas las naciones del mundo." *(Protocolo V.)*

Hay pocas dudas de que los mandatos de los *Protocolos* fueron obedecidos por los Federalistas Mundiales Unidos durante la guerra cuando presentaron propuestas para un gobierno mundial. Estas propuestas eran exactamente lo contrario de los principios establecidos en la Carta del Atlántico.

> "Las naciones deben ceder su soberanía a un gobierno mundial porque la era de las naciones independientes ha terminado", subrayó Robert Hutchins, rector de la Universidad de Chicago. "Todos los ejércitos, flotas, fuerzas aéreas y bombas atómicas deben estar bajo el gobierno mundial. El Canal de Panamá, Gibraltar, Okinawa, los Dardanelos, Adén, Singapur y el Canal de Kiel deben estar bajo la administración del gobierno mundial. Las leyes de inmigración y ciudadanía deben ser abolidas. Un tribunal mundial y un banco mundial deben ser establecidos. Debe formarse el gobierno mundial".

> "Lo más importante es destruir esa peligrosa perversión llamada patriotismo".

¡Un mundo! Un gobierno mundial formado por los cincuenta y dos asesores judíos del grupo de cerebros de Roosevelt. En el lugar de los países patrióticos independientes, quedará un solo país, un país perteneciente a los conquistadores del mundo. Sólo habrá un patriotismo: el del nacionalismo mundial judío.

No sólo los judíos participan en esta febril planificación. Detrás de ellos están los socialistas fabianos, las logias masónicas e incluso ciertas sectas de la Iglesia protestante.

Sólo algún tiempo después nos enteramos, gracias a las investigaciones del comité McCarthy y al libro de John T. Flynn

The Road Ahead, de lo poderosa que se había hecho cierta secta del protestantismo estadounidense durante la Segunda Guerra Mundial, que *veía en el sistema bolchevique la realización de ciertos ideales de Cristo.* Se trataba del mismo tipo de aberración que desconcertó al mundo cristiano hace unos setecientos años, cuando se habló de las conquistas de Gengis Kan. Pero se extendió el rumor de que en Oriente había surgido un gran imperio cristiano, no el imperio de los mongoles, sino el del "Preste Juan". Se decía que él gobernaba el reino terrenal de Cristo, que pronto se establecería en Europa, cumpliendo así los ideales de la cristiandad.

Se trataba de una de las supersticiones de la Edad Media, mientras que el rumor relacionado con el Soviet no era otra cosa que propaganda cuidadosamente planificada procedente de logias masónicas y círculos judíos. Los marxistas se infiltraron en las filas del Consejo de Iglesias de América y comenzaron a difundir la extraordinaria teoría del "Reino de Dios". Según el Dr. Jones, América representa la "mejor calidad" en individualismo, mientras que Rusia representa la "mejor calidad" en colectivismo.

Pero este "Reino de Dios" no es el Reino de Cristo, que "no es de este mundo". Es el Reino *de Jehová, el Imperio del "Nazismo" del Antiguo Testamento.* Este es el Reino de David predicho por los *Protocolos* y representa el dominio absoluto e incuestionable sobre todo el globo.

Pero se necesitan muchas, muchas batallas, mucho derramamiento de sangre, intrigas y bombardeos aéreos para lograrlo. Porque aunque manchada de sangre y bombardeada, Europa sigue en pie entre el hombre "cooperativo" occidental y el oriental, entre el judío occidental y el oriental.

"... Destruiréis sus altares, quebraréis sus imágenes, talaréis sus bosques y quemaréis al fuego sus esculturas". (Deut. vii. 5.)

El objetivo de los bombardeos ya no era el nacionalsocialismo alemán, sino la Pinakothek de Múnich, las casas de los obreros y el monasterio de Montecassino, donde nació la cultura cristiana de Europa. Los dos mil años de cristianismo eran ahora el objetivo, junto con su símbolo -el Crucifijo de Cristo-, que fue escupido por los abuelos polacos de Morgenthau al pasar por las llanuras de Polonia. (Jean & Jérôme Tharaud: *A la sombra del crucifijo*).

Se puede demostrar que la judería frustró todos los esfuerzos durante la Segunda Guerra Mundial para llegar a un armisticio y establecer la paz y el entendimiento. Los cerebros de Roosevelt estaban detrás de la demanda de rendición incondicional, y por su propia aparición personal en Casablanca, Morgenthau forzó a Roosevelt a ser inflexible en exigirla. *Con este movimiento, los judíos lograron prolongar la guerra dos años más.*

Aunque no hubiera pruebas de las aspiraciones de los judíos, el tristemente célebre plan Morgenthau seguiría siendo un documento eternamente incriminatorio. No se pudo probar, ni siquiera en Nuremberg, que la intención del régimen de Hitler fuera aniquilar a los judíos. Sin embargo, los judíos, en su ciega sed de venganza, deseaban destruir al cuarenta por ciento de los noventa millones de alemanes.

El plan Morgenthau es una prueba histórica grandiosa e innegable de ello. El judaísmo deseaba, con premeditación a sangre fría, asesinar a toda una nación. Es característico que los detalles completos de este plan nunca se publicaran en Estados Unidos. Tal vez esto habría sido demasiado incluso para la opinión pública estadounidense. Pero los planes del Sr. Morgenthau, Secretario del Tesoro en la administración de Roosevelt, apuntaban a privar a Alemania de su industria y de todos los medios de subsistencia; ¡incluso se prohibió el cultivo de la remolacha azucarera!

"¡Convertiremos Alemania en un país pastoril!", declaró el servicio de radiodifusión de Morgenthau.

El Acuerdo de Quebec es otra prueba innegable de ello por escrito:

> "El propósito de este programa es transformar Alemania en un Estado principalmente agrícola y nómada". (William L. Newman, *Making the Peace, 1941-1945*, página 73.)

¿Quién es Morgenthau? McFadden, congresista estadounidense, dijo lo siguiente de él en el Congreso el 24 de enero de 1934:

> "Por matrimonio está relacionado con Herbert Lehman, gobernador judío del Estado de Nueva York, y por matrimonio o de alguna otra manera está relacionado con Seligman, propietario de la gran empresa bancaria internacional J. & W. Seligman, que durante una investigación del Senado se demostró que había intentado sobornar a un gobierno extranjero. Morgenthau esta relacionado con Lewinsohn, el banquero judío internacional, y tambien con los Warburgs que juntos controlan Kuhn, Loeb & Co., el International Acceptance Bank y el Bank of Manhattan, y tienen, ademas, muchas otras preocupaciones e intereses financieros tanto en el pais como en el extranjero. Estos banqueros causaron un déficit de tres mil millones de dólares en el Tesoro de Estados Unidos y todavía deben esta suma al Departamento del Tesoro y a los contribuyentes estadounidenses. Morgenthau también está relacionado con la familia Strauss y está emparentado o relacionado con varios otros miembros del mundo bancario judío en Nueva York, Londres, Amsterdam y otros grandes centros financieros."

Durante la gran crisis financiera, Morgenthau era Subsecretario del Tesoro. Cuando Roosevelt le ordenó subir el precio del oro a 35 dólares por onza fina, obedeció con presteza. Y por la noche hizo la siguiente anotación en su diario:

> "Si el público hubiera entendido cómo fijamos el precio del oro se habría llevado un susto considerable".

Morgenthau sugirió que Roosevelt comprara 100 millones de onzas de plata por encima del precio actual, con el fin de captar la buena voluntad de los senadores que representaban a los "estados de la plata" de EE.UU. y conseguir así la victoria de Roosevelt en las siguientes elecciones presidenciales. Mientras que tal uso del dinero de los contribuyentes significó un espléndido negocio para el grupo familiar de las casas bancarias Morgenthau y también promovió la reelección presidencial de Roosevelt, llevó a 450 millones de chinos y 350 millones de indios a una situación económica desesperada. En China, así como en la India, la plata es el único metal del que se acuñan monedas, y el precio de la plata debido a las compras mencionadas subió cada vez más. Después de la operación de compra de plata de Roosevelt, China sólo podía exportar vendiendo sus productos un tercio más baratos que antes, y en consecuencia su población sufría más hambre que antes. En aquella época, provincias enteras se unieron al bando de Mao-Tse-Tung, el líder comunista.

Morgenthau es, por tanto, sólo superado por Bernard Baruch como el líder más poderoso de la judería. Cuenta con el apoyo de la prensa, el mundo bancario y las masas nacionalistas de los conquistadores del mundo, que son unánimes en su fervor y admiración por él. Lo que hace Morgenthau lo hace con la plena aprobación de todo el judaísmo occidental y cuenta también con el apoyo del judaísmo oriental. Algún tiempo después, en el Club de Prensa de Hamburgo, Christopher Ennel, el conocido locutor de radio norteamericano, hizo algunas revelaciones muy interesantes sobre el origen del plan Morgenthau. Durante los juicios por traición a Alger Hiss, se demostró que el plan Morgenthau fue elaborado por los comunistas con la ayuda de la Unión Soviética.

Sólo después de las investigaciones McCarthy fue posible esclarecer los hechos reales.

Detrás del Sr. Morgenthau, el banquero judío occidental, había otra figura oscura, Harry Dexter White, Subsecretario Adjunto del Departamento del Tesoro de Estados Unidos. Este último nació en América, pero sus padres procedían de Rusia, la tierra de los pogromos, por lo que trajeron consigo todo el fanatismo y el odio de los judíos orientales. Más tarde, como uno de los directores del Fondo Monetario Internacional nombrado por el presidente Truman para representar a los EE.UU., se convirtió en uno de los principales miembros de la red de espionaje que trabajaba para los soviéticos bajo la dirección de Nathan Gregory Silvermaster, funcionario del gobierno en calidad de ejecutivo, nombrado por Roosevelt. Fue el autor del tristemente célebre plan Morgenthau. Morgenthau, que era entonces Secretario del Tesoro, lo llevó consigo a la famosa Conferencia de Quebec.

Las memorias de Cordell Hull (Secretario de Estado estadounidense, 1933-44) atestiguan lo que pretendía este nacionalismo tribal de doble cara. Según Cordell Hull "el plan Morgenthau pretendía la masacre, esclavización y liquidación del pueblo alemán". "Poco después del regreso del Presidente", escribe Cordell Hull, "le dije airadamente que el plan Morgenthau contradice el sentido común y nunca podría ser adoptado por el Gobierno de Estados Unidos. Le dije que el plan eliminaría a Alemania de la faz de la tierra para siempre, mientras que el cuarenta por ciento de su población moriría de hambre ya que la tierra sólo puede alimentar al sesenta por ciento de su población." La propaganda de guerra se concentró primero en la necesidad de derrotar a los "nazis". Pero cuando los judíos pensaron que habían ganado la guerra, desearon exterminar a toda la nación.

En aquel momento ningún judío señaló que el principio del castigo colectivo podría, como el proverbial bumerán, volver a golpear al que lo lanzó.

Cuando se completó el plan Morgenthau, la judería pudo repetir:

> "¡El emblema de nuestro pueblo, la serpiente simbólica, ha vuelto a cerrar sus espirales! Somos la nación que ejerce el poder de un 'nazismo' victorioso. Winston Churchill, el primer ministro del victorioso Imperio Británico, sigue en Quebec. Posiblemente sigue representando a la verdadera Inglaterra y, en cualquier caso, fue él quien, en 1920, escribió un enérgico artículo "antisemita", y cuya mejor conciencia sigue en armas para impedir que la paz que sigue a la guerra se convierta en venganza.
>
> "Este Churchill no tiene ni idea de lo que es el odio eterno. Todavía cree que Inglaterra ha ganado la guerra, por lo tanto le mostraremos que ya no hay poder real o vencedor real en el mundo cristiano que ha sido arruinado en esta guerra fratricida, ¡excepto nosotros, el pueblo de Morgenthau! Y si se resiste a creerlo, entonces él también debe conocer el poder de Judá".

Durante la Conferencia de Quebec, Morgenthau apuntó el cuchillo de Shylock al pecho de Churchill.

Podía aceptar el plan Morgenthau o dejar que Gran Bretaña quebrara. O bien debía apoyar" la venganza de los judíos, en cuyo caso Gran Bretaña recibiría un préstamo de 6.500 millones de dólares, o bien debía anunciar la bancarrota nacional, y eso incluso antes de que terminara la guerra.

"¿Qué más quieren de mí? ¿Esperan que me siente a mendigar como un perro?", se pregunta indignado el viejo incondicional británico. Pero a su lado se sienta el físico atómico Lord Cherwell, su buen amigo, cuyo nombre original era Lindemann y que es de la misma sangre que Morgenthau. Y le explica a Churchill que no tiene más remedio que aceptar las condiciones, tan grande es ya la victoria de la nación de Morgenthau: la judería mundial.

¿Son todas estas cosas sueños de pesadilla de saduceos o son planes de escritores, publicistas y estadistas del siglo XX? ¿Son estas personas en consulta políticos o sádicos? Cómo se preparó la "paz" lo cuenta el pro-rojo Richard B. Scandrette, uno de los miembros de la Comisión Americana de Reparaciones. Su relato fue recogido en los Registros del Congreso (7 de junio 1945):

> "Alemania ya no existirá, sólo provincias alemanas bajo gobiernos coloniales rusos, americanos o británicos. En ellas, el nivel de vida será rebajado al nivel de los campos de concentración y los territorios de exilio de Siberia. Todas las clases de alemanes serán forzadas despiadadamente a descender al mismo nivel. Como solución final, estos territorios serán gobernados por un Comité de Reparaciones de las Naciones Unidas, y este Comité decidirá cuántos alemanes son necesarios en cada una de las provincias para asegurar el nivel de producción agrícola mínimo. Todos los varones alemanes que no sean necesarios para este plan serán reclutados en batallones de trabajo obligatorio y enviados a América o a la Rusia soviética, especialmente a las regiones de Rusia destruidas durante la guerra.
>
> "En la esclavitud no se tendrá en cuenta la educación, los lazos familiares o las esposas o hijos a cargo de los deportados alemanes.
>
> "Tampoco habrá exenciones para el clero. *América y la U.R.S.S. llegaron a un entendimiento total sobre la cuestión de la religión en Europa del Este.* La Iglesia Ortodoxa Rusa, tras

recuperar el favor del Kremlin, será la religión 'oficial' en las repúblicas bálticas, Polonia, Alemania Oriental, Rumania, Bulgaria y Hungría. *Los católicos romanos quedarán aislados de Roma"*.

"La Sociedad para la Prevención de la Tercera Guerra Mundial", la organización más fanáticamente veterotestamentaria de Morgenthau, exigió especialmente que se llevara a cabo la cláusula de venganza relativa al desmembramiento de Alemania. Todos los alemanes deberían ser expulsados de los países neutrales. Los hombres de negocios americanos no deberían recibir visado para visitar Alemania. Durante los próximos veinticinco años ningún alemán podrá recibir ningún visado para visitar América. El matrimonio con mujeres alemanas debe ser prohibido y las mujeres alemanas no pueden entrar en los E.E.U.U. La *comunicación postal con Alemania no debe ser restaurada.*

Todas estas estipulaciones no fueron firmadas por dictadores, sino por valientes campeones de la libertad como F.W. Foerster, Julius Goldstein, Isidor Lischütz, Emil Ludwig, Erich Mann, Cedrik-Forster, E. Amsel Mowre, Guy Emery, Shipler, W. E. Shirer y Louis Nizer - Pero no eran bolcheviques. Todos ellos eran hombres civilizados del mundo occidental. Que los judíos planearon todo esto queda demostrado, no sólo por las citas anteriores, sino también por el propio pueblo alemán que también lo vio y luchó tan fanáticamente contra ello.

"Por mí reinan los reyes", proclama *el Protocolo V*. Y en Quebec, el *sometido* Churchill se inclina ante el poder mundial oriental y occidental, ante el dios terrenal, el poder del oro.

"El nuevo estado mundial ya puede llegar. Ahora se acerca el glorioso día del 'Reino de Dios'.

"¡Contemplad! Desde el Este, nuestros victoriosos ejércitos bolcheviques atacan a una Europa que se encoge rápidamente. Ahí están: Viena, Budapest, Berlín y Breslavia en llamas. En una sola noche, más de 300.000 refugiados civiles del Este perecen bajo la lluvia de bombas de nuestros "Libertadores". En nuestra "humanidad" esparcimos polvo de grafito en el aire. El aire arde. Las madres y sus hijos son sofocados. Cumplimos el mandamiento de Jehová.

"Quemaréis al fuego las esculturas de sus dioses... taláreis sus arboledas... y las destruiréis con gran mortandad, hasta destruirlas".

"Bajo un firmamento ardiente nuestros soldados atacan. Son los mongoles de ojos almendrados y los pueblos semisalvajes del Turquestán y Asia Central, con metralletas americanas en las manos y botas de goma americanas en los pies. Detrás de ellos vienen los tanques Sherman americanos. Vienen a liberar a nuestros futuros gobernantes de los campos de concentración, ¡a liberar a nuestros hermanos!".

Y los judíos que salen de los cercados de alambre de espino de los campos de concentración se abrazan a los soldados soviéticos, comprensiblemente y con delirante alegría:

"¡Estos son nuestros libertadores!"

Y Europa, reducida en parte a cenizas y ruinas humeantes, se asoma desde los escombros y desde los sótanos para ver a los comisarios soviéticos, y la llegada de los chicos de Morgenthau tras la estela del ejército estadounidense.

Europa apenas se atreve a suspirar al ver a los verdaderos vencedores de la Segunda Guerra Mundial.

CAPÍTULO IX

"La venganza es nuestra"

EL 9 DE MAYO DE 1945, la venganza de Jehová se desató sobre Europa. Los 'aviones de las Fuerzas Aéreas británicas y estadounidenses seguían llamándose "libertadores", pero Eisenhower anunció:

> "No venimos aquí como libertadores, sino como conquistadores".

Pero, ¿fueron los estadounidenses los verdaderos vencedores? Siguiendo la estela de las fuerzas estadounidenses que avanzaban apareció una siniestra quinta columna, cuyos miembros en el noventa y nueve por ciento de los casos no eran estadounidenses. Este ejército vengativo estaba formado por emigrantes de los países de Europa del Este, por operadores del mercado negro de los guetos de Brooklyn, por judíos checos, polacos y húngaros refugiados en Londres y por reclusos criminales de los campos de concentración liberados. Ocuparon todos los puestos mayores y menores del C.I.C. organizado según el plan Morgenthau; pululuron en la O.S.S., en las diversas comisiones que buscaban criminales de guerra, así como en las organizaciones de seguridad estadounidenses. Se convirtieron en alcaldes de ciudades alemanas y comandantes de campos de prisioneros de guerra. Administraron la U.N.R.R.A. de La Guardia. Ocuparon puestos clave en las fuerzas americanas y ejercieron así el control sobre ellas.

Sólo había 2.524 criminales de guerra alemanes en la lista original de la ONU, pero pronto el C.I.C. y los conquistadores estadounidenses emprendieron la búsqueda de un millón de "criminales de guerra" alemanes. Al principio los soviéticos querían fusilar sumariamente a 50.000 alemanes, luego propusieron llevar a 200.000 "criminales de guerra" a juicio en Nuremberg.

Simultáneamente, la avalancha conquistadora comenzó a desplazarse hacia el este. Una masa de varios centenares de miles liberados de los campos de concentración se dirigió hacia Polonia, Hungría, Rumania y Yugoslavia, para convertirse en oficiales de las fuerzas de policía comunistas y de otras organizaciones de terror y para asumir poderes judiciales en los tribunales populares y poder así dictar sentencia contra inocentes en una orgía de venganza. Fueron recibidos con los brazos abiertos por el M.V.D. soviético que controlaban los países de Europa del Este. El patrón era el mismo en todas partes. Al frente había un general estadounidense, un soviético o un francés, pero en todos los casos *un adjunto judío le pisaba los talones.*

En realidad, Europa no cayó bajo los rusos, británicos o estadounidenses, sino *bajo la ocupación judía.* Todo lo que, con razón o sin ella, había pertenecido a Europa durante 2.000 años, ahora se desintegraba. Los vengadores continuaron haciendo (pero más cruelmente) las mismas cosas que habían establecido como crímenes contra Hitler. No se trataba de la ocupación de las fuerzas de la democracia americana o del bolchevismo, sino de las de un nacionalismo judío victorioso y resplandeciente de odio. Instalados en posiciones clave entre las potencias ocupantes, podían castigar a todo el mundo, fuera inocente o culpable. A sus ojos, sólo había un crimen: haberse opuesto o estar en posición de oponerse *al nacionalismo judío.*

Ser judío en Europa se convirtió en un privilegio mayor que cualquiera de los que disfrutaban incluso los príncipes reinantes de la Edad Media. Las estaciones de ferrocarril estaban vigiladas por una policía judía especial y el control de identidad de los judíos sólo podía llevarlo a cabo la policía judía. Recibían sus cartillas de racionamiento de alimentos sin hacer cola. Durante un tiempo, inmediatamente después de la guerra, sólo los judíos recibían pases de viaje, asegurándose así la libre circulación y el monopolio sin restricciones del mercado negro. En los campos de refugiados eran los principales abastecedores de la U.N.R.R.A., así como los beneficiarios privilegiados de esta ayuda. Así, arrebataban las mejores raciones a polacos, ucranianos y checos, sus antiguos compañeros de prisión en los campos de concentración. Al mismo tiempo, en las carreteras, los policías militares volcaban latas y derramaban leche para privar de su dieta a los niños alemanes y a los pacientes de los hospitales. En las ciudades alemanas, decenas de miles de familias obreras fueron expulsadas de sus casas, dejando vacíos los asentamientos obreros más bonitos. Las víctimas tuvieron que dejarlo todo: muebles, utensilios de cocina, ropa e incluso sábanas, obligando así al pueblo alemán a compensar tres veces en forma de Wiedergutmachung (reparaciones) el valor real de los bienes confiscados a los judíos. Se apostaron guardias sionistas uniformados a las puertas de los campos y, al principio, durante un tiempo, ni siquiera la Policía Militar del victorioso Ejército estadounidense pudo entrar en los campos judíos. Al victorioso nacionalismo judío se le concedieron derechos similares en el Este, en Eslovaquia, en algunas partes de Rumanía, en Hungría y en Bohemia. Tomaron posesión de los pisos y muebles de los gentiles, ocuparon puestos clave en las oficinas gubernamentales y en las redacciones de la prensa nacional. Al mismo tiempo, antiguos periodistas judíos regresaron a Alemania y se hicieron cargo por completo de los periódicos de las zonas ocupadas, y comenzaron a incitar a la venganza contra la nación alemana en su propio suelo.

"Es de nosotros que procede el terror que todo lo engulle..." escribieron los Protocolos hace cincuenta años, Y ahora, respaldados por las armas soviéticas y americanas, el terror más espantoso descendió sobre Europa, a menudo sin que los americanos y los ingleses se dieran cuenta. Se acabó con el hitlerismo y con la guerra, pero no se restablecieron ni la paz, ni el orden público, ni la justicia, ni la democracia.

Los judíos occidentales y orientales se pusieron manos a la obra para liquidar a las clases altas cristianas que habían logrado escapar del bolchevismo a Occidente. Éstas eran consideradas personas poco fiables. Los cosacos de Vlassow, por ejemplo, querían luchar contra el bolchevismo. Pero quien se resiste al bolchevismo en realidad está luchando contra una parte del reino-mundo judío. Estos cosacos sabían muy bien quiénes eran los comisarios de las granjas colectivas (koljoses) ante los que el campesino ruso tenía que arrodillarse. En 1940 habían visto a la M.V.D. "rusa" entrar en Letonia, Estonia y Lituania y, por tanto, conocían a los judíos que organizaron casi exclusivamente la deportación de decenas de miles de desafortunados de estos pequeños estados bálticos. Estas personas eran peligrosas porque *habían sido testigos de ciertas cosas. ¡Estos testigos deben ser asesinados!*

Cómo puede explicarse el destino de los cosacos de Vlassov de otro modo que no sea el nacionalismo judío operando detrás del poder visible. De qué otra manera podría explicarse semejante inhumanidad cuando la democracia británica permitió que la policía militar armada se desplegara contra miles de cosacos desarmados. "Yo estaba llamando a Vlassov", escribe Laszlo Gaal, un periodista húngaro, "cuando un teniente vestido con uniforme alemán y con la frente bañada en sangre, irrumpió en la pequeña casa de campo e informó directamente al general que estaba de pie entre sus tres oficiales de Estado Mayor:

"¡Señor, todo está perdido! ¡Nos van a entregar a los bolcheviques!"

Usted, que está leyendo este libro, no vio el campo de prisioneros de guerra con su alambrada de cuatro pies de altura y sus barracones de madera. Nunca oyeron ese grito de desesperación cuando la policía militar de cinturón y casco blancos vino a entregar a los cosacos. Hubo que lanzar bombas lacrimógenas en todas las habitaciones. Los cosacos se apresuraron a anudar sus camisas en cuerdas para ahorcarse antes de que la policía militar pudiera entrar por la fuerza. Hicieron barricadas en las puertas, luego rompieron las ventanas y lucharon por cada trozo de cristal roto para cortarse las venas. Viejos amigos intentaron degollarse mutuamente. Los que no podían morir así se arrancaban las camisas, ofreciendo el pecho descubierto, gritando: "Disparad aquí, porque no voy a volver a la Rusia soviética". *(Pittsburgi Magyarsag,* 2 de julio de[nd], 1954.) (También *Magyarok Utja,* editado en Argentina.)

El clamor de los mismos verdugos se oyó en toda Europa, desde el Canal de la Mancha hasta el Mar Negro. Ahora no había que liquidar al nazismo, sino *a los dirigentes de las naciones cristianas, independientemente de su credo o partido político.*

Los que acorralaban a los "criminales de guerra" por diez mil y torturaban tanto a culpables como a inocentes en sus cárceles eran, casi exclusivamente, judíos. Los comandantes, capitanes y agentes secretos de las cárceles para "criminales de guerra" en Salzburgo y otros lugares, así como en el tristemente célebre Campo Marcus eran, casi sin excepción, judíos vestidos con uniforme americano. Según un refugiado yugoslavo que había estado en el campo de Klagenfurt, su comandante británico, que entregaba a los "criminales de guerra" y los obligaba por la fuerza a volver a la dictadura comunista, colocaba con orgullo en su escritorio un aviso con la inscripción "¡SOY JUDÍO!".

Los judíos entregaron patriotas a la horca y a la fosa común. Entregaron 100.000 valientes soldados del ejército croata a los partisanos de Tito y a Mojse Pijade, que los ejecutaron a todos sumariamente.

Las cuevas y trincheras abandonadas de Eslovenia se utilizaron como fosas comunes. Vlassov es una figura simbólica en esta gran tragedia, en la matanza de millones de personas. Fue la última persona capaz de reunir bajo su bandera a un ejército de varios millones de hombres contra la dictadura estalinista. Así que, naturalmente, esta personalidad simbólica fue entregada por las democracias occidentales al régimen de terror bolchevique. Al judío Lavranti Beria se le encomendó la agradable tarea de organizar la ejecución pública de Vlassov en Moscú. Y como todo esto ocurrió con la aprobación de América, se *infligió una herida incurable en el alma de Europa.*

Todo lo que ocurrió en Europa del Este puede, tal vez, explicarse por la crueldad de los bolcheviques, aunque sabemos muy bien que los agentes del nacionalismo judío fueron sus verdaderos instigadores. Al final de la guerra las bajas del Reich alemán ascendían a 8.300.000 muertos. 3.300.000 soldados alemanes murieron en combate; más de 2.500.000 de ellos en la lucha contra el bolchevismo. 1.200.000 civiles, entre ellos muchas mujeres y niños, murieron en ataques aéreos. Más de 1.400.000 hombres perecieron o fueron asesinados en cautiverio por los aliados orientales y occidentales, la mayoría en campos de prisioneros de guerra soviéticos. 2.400.000 alemanes del Este fueron masacrados por las fuerzas de ocupación soviéticas que invadieron Prusia Oriental, o asesinados por una guerra aérea extendida ciegamente para incluir a la población civil. A todas estas cosas los hipócritas pueden replicar: "¡Bueno, después de todo, esto es lo que se llama guerra total y sin cuartel!". Pero nadie podría explicar refiriéndose a la "guerra total" lo que ocurrió en Checoslovaquia el día del armisticio. Cuando las últimas unidades de la Wehrmacht abandonaron Praga, los comunistas judíos, dirigidos por Slansky-Salzman, regresaron de Moscú a la capital checa, donde procedieron a reunir a los vengativos ex prisioneros de los campos de concentración de Hitler: los partisanos "liberadores".

> "Los comunistas checos hicieron un uso muy inteligente de esos desafortunados judíos", escribió *Vilag* el 15 de marzo 1953, "que salieron de los campos de exterminio medio muertos. Pusieron a estos judíos a cargo de la expatriación de sudetes alemanes y húngaros. La idea no era en absoluto nueva, ya que Lavranti Beria hizo lo mismo cuando utilizó a judíos polacos y ucranianos para cazar a los "antisemitas" ucranianos y polacos, es decir, a los que se *podía suponer* que habían colaborado con los nazis."

Y como creían que esta suposición podía extenderse a casi todo el mundo, iniciaron una campaña de venganza sin precedentes en la historia de la humanidad.

Cuando Edward Benes, el gran humanitario, el "bel espirit" y maestro de la masonería, entró en Praga el domingo 13 de mayo de 1945, ciudadanos alemanes fueron quemados vivos en su honor en la plaza de San Wenceslao. (Documento n° 15 sobre la expulsión de los alemanes de los Sudetes.) Muchos alemanes fueron colgados por los pies de los grandes carteles publicitarios de la plaza de San Wenceslao y, cuando el gran humanitario se acercó, sus cuerpos empapados en gasolina fueron incendiados para formar antorchas vivientes.

Seiscientos mil alemanes sudetes fueron asesinados durante las masacres en el infierno terrenal de los campos de exterminio de Checoslovaquia. El Libro Blanco de los alemanes de los Sudetes registra estos horrores con todo detalle en más de 1.000 páginas, horrores para los que no hay precedentes en la historia de la humanidad. Mujeres checas y judías armadas seguían golpeando el vientre de las mujeres embarazadas con porras hasta que se producía un aborto espontáneo, y en un solo campo diez mujeres alemanas morían diariamente de esta manera. (Documento n° 6.) En otro campo, los internos eran obligados a lamer los sesos salpicados de sus compañeros de prisión que habían sido golpeados hasta la muerte. Los prisioneros alemanes eran obligados a lamer las heces infecciosas de la ropa interior de sus compañeros que sufrían disentería. (Los médicos checos y judíos negaron toda ayuda médica a las mujeres alemanas violadas por los rusos. Cientos de miles murieron por estos medios o buscaron la salvación en el suicidio, como, por ejemplo, en Brno (Brun), donde en un solo día se suicidaron 275 mujeres.

Naturalmente, la prensa "humanitaria" occidental, la cadena de radio norteamericana y los comentaristas del B.B.C. tuvieron buen cuidado de no mencionar nunca estos hechos, aunque ellos mismos fueron en primer lugar responsables de esta campaña de venganza a la que instigaron a los miembros de sus propias naciones. Fueron así culpables de envenenar el alma de la cristiandad por el odio que indujeron.

Pero Checoslovaquia no fue el primer estado donde ocurrieron horrores de este tipo. Anna Rabinovich Pauker regresó a Rumania ya en agosto de 1944 y, bajo las órdenes de los judíos orientales que llegaron con ella, también allí comenzaron las masacres.

Según fuentes auténticas de la emigración búlgara, 30.000 miembros de las clases profesionales fueron asesinados al paso de los ejércitos invasores soviéticos por "proletarios" búlgaros, dirigidos por aquellos "ladinos" cuyos antepasados habían sido expulsados de España por el católico Fernando. Del mismo modo, en Belgrado y el sur de Hungría el nombre de Mojse Pijade está relacionado con sangrientas "purgas" cuyas víctimas fueron la intelectualidad serbia, prósperos colonos alemanes y el campesinado húngaro más inteligente. Cuando, en octubre de 1944, los ejércitos alemán y húngaro abandonaron los territorios de Yugoslavia y el sur de Hungría, una ola de asesinatos en masa sin precedentes se abatió sobre la población desprotegida. Treinta mil húngaros, en su mayoría campesinos y pequeños propietarios, murieron en este derramamiento de sangre, bajo el salvaje régimen de terror de los partisanos de Mojse Pijade. Los asesinatos del bosque de Katyn son un esfuerzo modesto y amateur en comparación con aquél. Según las pruebas documentales que tenemos en nuestras manos, húngaros, alemanes y croatas por igual, murieron lenta y horriblemente atormentados por la agonía. Además de los 30.000 húngaros, cerca de 200.000 alemanes murieron en los campos de exterminio de los "libertadores", donde se mezclaba vidrio en polvo con la comida de los niños y donde con la delicadeza de los verdugos chinos se despachaba a los que iban a perecer en la guerra biológica de clases, para que sus puestos de dirigentes cívicos y policías fueran ocupados por los vengativos representantes de Jehová. En esta época clásica de asesinatos raciales, el caso de Hungría es bastante extraordinario. Esta desafortunada nación, incluso en su estado desmembrado tras los tratados de París de 1920, había proporcionado a 560.000 judíos hogares pacíficos y seguros. La nación húngara no se vengó de los judíos ni siquiera después de la primera dictadura comunista de Bela Kun en 1919-1920, a pesar de que los judíos, casi exclusivamente, eran los comisarios y líderes de este régimen comunista.

Durante el periodo de entreguerras, los judíos poseían 1.100.000 acres de un total de 9.000.000 de acres de tierra cultivable. Una minoría judía del seis por ciento poseía el cincuenta y uno por ciento de las viviendas de Budapest, el treinta por ciento del total de los ingresos nacionales y el veinticinco por ciento del total de los bienes nacionales. Cuando, después de la ocupación alemana, las autoridades estatales enumeraron los bienes y activos de la judería amasados en menos de cien años, se estimó que poseía el equivalente a diecinueve vagones cargados de oro, plata y joyas, mientras que la reserva total de oro del Banco Nacional Húngaro podría haberse cargado fácilmente en doce vagones. Más tarde, *las autoridades estadounidenses devolvieron toda esta riqueza amasada a los judíos.*

En 1943, Hungría era el último refugio de los judíos en Europa. A pesar de ello, cuando terminó la guerra y el país fue invadido por las hordas de Stalin, el espíritu vengativo del Antiguo Testamento infligió al inocente pueblo húngaro horrores sin precedentes en la historia de la humanidad. Bajo la protección de las bayonetas soviéticas regresaron los emigrantes moscovitas, todos ellos judíos sin excepción.

De cerca les seguían muchos miles de jóvenes macabeos, liberados ilesos de las divisiones laborales del régimen "fascista". Pronto se convirtieron en coroneles terroristas y oficiales de policía del M.V.D., así como en secretarios del partido y jefes de policía de las ciudades de provincia. De los guetos de Budapest fueron liberados casi sin pérdidas 200.000 judíos, judíos que los nazis húngaros no habían querido entregar a los alemanes.

Un millón de mujeres húngaras fueron violadas por las tropas bolcheviques rusas, normalmente dirigidas por comandantes judíos. Seiscientos mil prisioneros de guerra, así como 230.000 civiles, fueron arrastrados a campos de exterminio en la Unión Soviética. Según la estimación más modesta, 500.000 personas fueron asesinadas por los judíos en las celdas de 60, Andrassy-ut, Budapest, en campos de internamiento o en plena calle. En esta campaña de venganza pueden distinguirse todos los rasgos característicos de la *guerra de clases biológica*. Había que asesinar a la clase media húngara, a los intelectuales y a los dirigentes nacionales para que sus puestos fueran ocupados por otra clase media: ¡por los judíos! Y, además, los que presidían como jueces los tribunales revolucionarios eran casi todos judíos.

En Europa Occidental, un "americano" nacido en Hungría, el coronel Martin Himmler, dirigió la campaña de venganza contra 300.000 húngaros que escaparon de los bolcheviques. ¿Era comunista este hombre? ¿O era un demócrata americano? En cualquier caso, en su edición del 30 de abril de 1954, el *Uj Kelet* (Nuevo Oriente), un periódico sionista de Tel-Aviv, desveló la verdad: no era ni lo uno ni lo otro, ¡era judío!

En el comentario que repasa el trabajo y la carrera de Martin Himmler se le elogia como alguien que se presentó para "vengar el derramamiento de sangre judía inocente".

Cabe preguntarse si el cardenal Mindszenty fue también "un asesino nazi húngaro" que durante la guerra rescató y protegió a judíos perseguidos, y que después de la guerra intentó proteger y rescatar a cristianos perseguidos. El cardenal Jozsef Mindszenty no fue víctima del terror comunista, sino de la venganza racial, porque había exigido una amnistía para decenas de miles de húngaros torturados durante las grandes masacres y los espantosos pogromos dirigidos contra los cristianos. Jozsef Mindszenty, en su anterior cargo de obispo de Veszprem, se opuso vehementemente al gobierno nazi húngaro de la época.

Rescató a judíos que los alemanes querían deportar dándoles salvoconductos papales. Tras la llegada al poder del Gobierno de Szalasi, protestó contra la continuación de los combates. Al final, el Gobierno nazi húngaro se vio obligado a internarlo en Sopronkohida como enemigo de los alemanes y mayor protector de los judíos.

Poco después cambiaron las tornas. Los ejércitos de los bárbaros soviéticos ocuparon Hungría. Jozsef Mindszenty fue liberado de su cautiverio en Sopronkohida y, como arzobispo de Hungría, se convirtió rápidamente en una de las principales figuras constitucionales.

Cualesquiera que fueran sus opiniones políticas privadas, consideraba que, como católico y principal exponente del cristianismo, era su deber proteger a los húngaros contra la persecución judía, del mismo modo que había protegido a los judíos contra la persecución alemana. En su carta escrita a Ferenc Nagy, Primer Ministro después de 1945, señalaba claramente que el "antisemitismo" sólo podría erradicarse con éxito si se concedía a los "criminales de guerra" una amnistía general y si se suspendía de inmediato la campaña de venganza contra la nación húngara.

A partir de ese momento, Jozsef Mindszenty, cardenal de Hungría, que deseaba frenar la campaña de venganza contra el pueblo húngaro, se convirtió en un "antisemita". Peter Fuerst, escritor sionista, lanzó contra él acusaciones asesinas.

Según Fuerst, era de conocimiento general en Budapest que el Cardenal Mindszenty era un "antisemita". El folleto impreso "antisemita" editado por él estaba en posesión del Centro Judío de Budapest. Durante los juicios contra Mindszenty, varias organizaciones judías preguntaron si era cierto que Mindszenty era conocido en Occidente como "pro-semita". Bertha Gaster, corresponsal del London *News Chronicle,* se entrevistó con el cardenal Mindszenty. Durante una de sus entrevistas, Gaster se sorprendió al oír que el Cardenal utilizaba términos duros en relación con la conducta de los judíos húngaros. Al final de la entrevista, la señorita Gaster se levantó, le dio las gracias por las declaraciones que había hecho, pero, al mismo tiempo, le hizo saber que ella misma era judía y miembro activo de la comunidad judía de Londres. El "Jewish Clarion" de febrero de 1949, afirmó que Jozsef Mindszenty era, de hecho, un notorio "antisemita" porque *exigía una amnistía para los "criminales de guerra".*

Al mismo tiempo, el *Jewish Chronicle* escribió en su número del 4 de febrero 1949:

> "Las organizaciones judías húngaras se han enterado con gran sorpresa de que las organizaciones judías occidentales se pusieron del lado de Mindszenty, a quien estas declaraciones muestran como el archienemigo de los judíos húngaros y de Europa del Este".

Bastó tachar de "antisemita" al "pro-semita" Mindszenty, que salvó la vida de muchos miles de judíos, para que la más siniestra campaña de venganza comenzara inmediatamente contra él. El odio de los judíos orientales fue recogido por los judíos occidentales, de modo que pronto, tanto desde Oriente como desde Occidente, se inició una campaña contra un sumo sacerdote cristiano cuyo único "delito" fue seguir siendo humano y alzar la voz contra la persecución de su propio pueblo. Fue Matyas Rakosi-Roth, el dictador comunista, quien entró en las listas contra él, mientras que "ideológicamente" esta campaña estaba dirigida por Jozsef Revai, ministro de Educación, cuyo verdadero nombre era Moses Kahana. Entre sus propios sacerdotes que le traicionaron el primero fue Istvan Balogh - alias Izrael Bloch. Los que presentaron pruebas falsas fueron Ivan Boldizsar, alias Bettelheim, jefe de prensa; Reissman, jefe del departamento de publicidad, y Gera, alias Grunsweig, subjefe de propaganda. Hanna y Laszlo Sulner, que prepararon "sus" manuscritos falsificados, también eran judíos.

El coronel Kraftanov, verdugo soviético, fue traído especialmente de Moscú. Benjamin Peter-Auspitz, el jefe de interrogatorios, le sometió al tercer grado; el judío Karpati-Krausz, campeón de lucha libre, fue su torturador; Imre Zipszer, el director judío de la prisión, se sentó a su lado todo el tiempo, incluso durante las vistas judiciales; y, por último, Balassa-BIaustein y Emil Weil le administraron drogas estupefacientes.

El Primado de Hungría y protector de la judería se convirtió así en víctima de los judíos porque deseaba impedir una campaña de venganza contra su nación.

Por aquel entonces, incluso un comunista tan conocido como Laszlo Rajk, cuya primera esposa era de origen judío, fue víctima del mismo "nazismo" tribal. Utilizó un lenguaje abusivo sobre la ascendencia judía de Erno Gero-Singer, Comisario Jefe Comunista en la Guerra Civil Española de 1936 y desde ese momento fue considerado un "antisemita". En vano ayudó a asesinar a lo mejor de la *élite* ideológica húngara cuando era Ministro del Interior. Durante una conferencia del partido le dijo francamente a Matyas Rakosi-Roth que "el comunismo no se extendería porque había demasiados judíos entre sus dirigentes". A partir de ese momento, su destino quedó sellado. Acabó su ignominiosa vida en la horca de Rakosi.

El gran patriota húngaro Laszlo Endre, que acabó su vida en la horca del "nazismo" tribal, escribió la verdad exacta en su carta de despedida del 21 de marzo, 1946, el día de su martirio.

> "El contenido de los *Protocolos de los Sabios de Sion* es cierto.... Los medios ya están en sus manos para lograr la hegemonía mundial y destruirán todo lo que pueda impedirles construir este nuevo estado mundial. Por lo tanto, todo lo que está sucediendo ahora no concierne en modo alguno a la

administración de justicia, sino sólo a la prevención y la venganza. Esto implica la destrucción no sólo de los que han hecho algo, sino también de los que podrían hacer o podrían haber hecho algo."

Todos estos casos hasta ahora relatados se referían a estados derrotados. Pero veamos si la situación era mejor en los Estados que ganaron la guerra tras sacrificar la vida y la sangre de sus hijos y arriesgar su propia existencia.

Ni Alemania ni sus aliados fueron las primeras víctimas de la venganza de Jehová, sino la Francia victoriosa, donde, tras la partida de las tropas alemanas, comenzó la fatídica purga. El baño de sangre de la Comuna de París en 1871 no fue nada en comparación con lo que tuvo lugar en la Francia victoriosa durante el verano de 1944. Veinte mil franceses perdieron la vida durante el régimen de terror de la gran Revolución Francesa; dieciocho mil franceses murieron en las barricadas de la Comuna de París. Pero ahora ciento cincuenta mil ciudadanos franceses perecieron en circunstancias más horribles que nunca. Durante la gran Revolución Francesa hubo al menos alguna pretensión de juicio por cortes o tribunales. Pero en 1944 los franceses fueron muertos a tiros como conejos. Las víctimas de la Gran Revolución Francesa, los Danton y los demás, al menos podían subir las escaleras hacia la guillotina con los rasgos rectos y el cuerpo intacto. Pero en 1944 el cincuenta por ciento de esas víctimas francesas estaban medio muertas por la tortura antes de ser asesinadas. Sus cuerpos estaban lacerados, sus uñas arrancadas con tenazas y su carne quemada por hierros al rojo vivo o colillas de cigarrillos. Detrás del general De Gaulle, un judío polaco llamado Thomas, uno de los jefes de las Brigadas Rojas españolas, era el principal autor de estas monstruosidades. Organizó a los delincuentes comunes de las cárceles y a los ex prisioneros de los campos de concentración en tropas de asalto para vengarse.

"Toda la masacre fue provocada por la propaganda de los judíos de la B.B.C.", escribió el periódico alemán *Der Weg*, *"que soltaron los demonios sanguinarios de la venganza"*. "Los colaboradores nazis" no fueron las principales víctimas de estas

masacres, sino los campesinos con grandes explotaciones y la *élite* intelectual francesa.

En Bélgica y los Países Bajos continuó la misma retribución, aunque con más atención para preservar algún tipo de apariencia de formalidad legal. Se acusó de "colaboración" a 480.519 personas, de las cuales 1.208 fueron condenadas a muerte. Todos los que se ofrecieron voluntarios para trabajar en Alemania fueron condenados.

Los motivos básicos de esta campaña de venganza no sólo estaban inducidos por la terrible visión de las ruinas, sino también por la conciencia culpable de los judíos. Los verdaderos criminales de guerra tenían el presentimiento de que algún día se les pediría cuentas por lo que habían hecho al planear la guerra, así como por su barbarie. Tenían que producir un criminal aún mayor. Para justificar su venganza tenían que encontrar algo aparentemente aún más horrible que los 300.000 cadáveres de Dresde o los asesinatos del bosque de Katyn o las masacres de Bromberg, que pudiera utilizarse como lavado de ojos para engañar a la opinión pública. Las masacres de 1945, en cambio, no podían justificarse más que por la magnificación varios cientos de veces mayor de las crueldades cometidas por los alemanes. No sólo había que justificar la venganza como tal, sino también la actitud de posguerra de los propios judíos, que escandalizó a muchos miembros de la comunidad judía.

Sussmanovics, judío soviético, comandante de Budapest en 1945, citó a la autora, Gizella Molinary, en su despacho y le dijo: "¿Por qué me molestas con tus quejas de que eres ignorada y defraudada por tus antiguos amigos judíos? Mire la calle desde mi ventana. La guerra continúa, los ejércitos rojos aún no han llegado a las afueras de Viena. En los campos de concentración alemanes se hacen esfuerzos tardíos para exterminar a los judíos, y sin embargo... ¡mire por esta ventana y vea lo que pasa ahí abajo en la calle! Los judíos de aquí piensan poco en sus hermanos que suplican por sus vidas en países lejanos. ¿Alguno de ellos tiene intención de luchar para salvarlos? Sobre las ruinas de las tiendas destripadas y quemadas, en los portales de las casas e incluso sobre las tumbas, aparecen el pequeño par de balanzas y un gran cartel: *"El oro se compra y se vende"*, dice el cartel. Aquí, el soldado tira su fusil y el escritor su pluma porque todo el mundo está sentado en las tumbas comprando y vendiendo oro. ¿Por qué me miras así? ¿Porque soy consciente de estas cosas? Claro que lo sé. Yo mismo soy judío y estoy lleno de amarga rabia y contrición". (De A la *sombra de los juicios de Mindszenty*, de Aladar Kovach, página 131.)

Por lo tanto, hubo que emplear una técnica especial de terror psicológico para encubrir todas estas cosas. Numerosos testigos judíos declararon en Nuremberg que, aunque vivían cerca de los crematorios, no sabían de su existencia. Sin embargo, los comentaristas de radio y los "jueces" se burlaron del pueblo alemán con: "¡Todos sabíais de esto! Sois todos unos asesinos!" Si alguien, incluso un obispo o un cardenal, intentaba levantar una palabra de protesta y decir la verdad, ¡era silenciado con la amenaza de "nazi"! Tal vez también se le amenazaba con entregarlo a los rusos. De este modo, no sólo se intimidó al pueblo alemán, sino a toda la Europa culta. Así se llegó a un punto en el que nadie se atrevía a decir la verdad o a exponer los hechos básicos por miedo a parecer que defendía el asesinato y las atrocidades.

La asquerosa campaña de propaganda provocó un estado de cosas en el que la mentira aparecía como verdad, la venganza como administración de justicia y una declaración veraz como una condonación de los crímenes de guerra. Esta propaganda intentó convencer a las masas gentiles mal informadas de que los judíos eran las únicas víctimas de esta guerra y que ninguna otra nación sufrió pérdida alguna. Se guardó silencio sobre las fosas comunes cavadas para diez millones de víctimas gentiles y no se dijo ni una palabra sobre los húngaros, rumanos, búlgaros y franceses masacrados. Al mismo tiempo, la historia de los sufrimientos de los judíos se exageró más allá de toda medida. Al hacerlo, también se justificaron los privilegios de que disfrutaban los judíos en la U.N.R.R.A. y en la I.R.O., como autoridades de ocupación, al recibir la mayor parte de las raciones de alimentos y al detentar el monopolio del mercado negro. Así intentaron justificar el ultraje de entregar la *élite* de Europa Central a los soviéticos, o a aquellos de ellos a los que ellos mismos no habían asesinado.

Había comenzado una nueva era en la que los judíos podían escapar de las consecuencias de cualquier acto, por ruin que fuera, y toda la Europa cristiana se convirtió en un feliz coto de caza para la venganza de los judíos. Bastaba hablar húngaro en las calles de Munich para ser inmediatamente detenido y entregado al verdugo comunista por la Policía Militar, a la que los verdugos judíos llamaban rápidamente. Así se creó una atmósfera en la que las autoridades militares aliadas no sólo se volvieron incapaces de controlar los excesos vengativos de la judería, sino también en la que su propia existencia estaba en peligro si mostraban alguna reticencia a ofrecerse como instrumentos de los objetivos de la judería.

Lo que, de hecho, ocurrió en Europa entre 1945 y 1950 no fue otra cosa que una extraña materialización de las profecías de los *Protocolos* "falsificados".

De este modo, los victoriosos aliados occidentales perdieron su independencia. Y a la sombra de las Banderas Nacionales asociadas a la Carta Magna, la Declaración de Independencia y el Código Napoleón, comenzaron los juicios de Nuremberg.

CAPÍTULO X

Nuevo Purim y Nuremberg

¿QUIÉN conoce esas antiguas enseñanzas en las que se basa la doctrina judía de la venganza? ¿Quién conoce el verdadero significado de la fiesta de Purim? ¿Quién ha visto esta fiesta? ¿Quién ha visto a los judíos emborracharse en sus sinagogas? Porque, aunque en otras ocasiones suelen ser abstemios, en este día su deber religioso es embriagarse. ¿Quién, entre todos los gentiles "lectores de la Biblia" sabe que Purim es celebrado por los judíos hasta el día de hoy como una fiesta de regocijo para conmemorar uno de los mayores asesinatos en masa en la historia del mundo?

Han pasado casi 2.500 años desde el primer Purim, pero los descendientes de Mardoqueo y Ester siguen horneando sus pasteles decorados con el león de Judá. Los miembros masculinos de la comunidad judía siguen emborrachándose el decimocuarto día del mes de Adar, sumidos en un éxtasis promovido por el sentimiento de venganza. Y cuando en las sinagogas se lee el libro de la reina Ester, se sacan bastones de Amán de los bolsillos de los caftanes, pues los judíos ortodoxos deben golpearlos simbólicamente en el banco de la sinagoga cada vez que en el texto se lee el nombre del ministro principal del rey Asuero. También en las sinagogas de Oriente se ve ese día a judíos borrachos que han consumido cantidades ilimitadas de vinos y licores. En Belz y Sadagora, las bailarinas palestinas interpretan sus lujuriosas danzas orientales. Esta fiesta es para disfrutarla; es para celebrar un asesinato en masa y una gran venganza.

Veamos lo que se enseña a los judíos en el Libro de Ester. ¿Qué ocurrió en el primer Purim?

El Libro nos cuenta que Asuero, el rey persa, se peleó con su esposa, que también era una dama de ascendencia persa, y decidió buscarse otra. La nueva reina que eligió pertenecía a la comunidad judía que había sido llevada al cautiverio por Nabucodonosor. Pero Ester no reveló ni su origen ni su nacionalidad al Rey y a la casa real.

Mardoqueo, su tío, se lo prohibió. De este modo, Mardoqueo puso la primera piedra de una nueva escuela política. Marcó para las generaciones futuras la política de seleccionar mujeres judías para la cámara real e influir así en reyes, emperadores, presidentes y otros estadistas, con el fin de lograr a un alto nivel las aspiraciones del nacionalismo judío. Aunque estas mujeres judías repudiaban el mandamiento mosaico, sin embargo promovieron la causa de su nación.

En esta época, Amán, hijo de Hamedata el Agageo, fue ascendido por el rey Asuero[3] a la más alta magistratura, al cargo de primer ministro del Imperio. La razón no consta en la Biblia, pero Amán era "enemigo de los judíos" y los acusó ante el rey de la siguiente manera:

> "... Hay un cierto pueblo esparcido y disperso entre los pueblos de todas las provincias de tu reino; y sus leyes son distintas de las de todos los pueblos; ni guardan las leyes del rey...". *(Ester iii. 8.)*

Según el Libro de Ester, el rey ordenó en su edicto que el día trece del mes de Adar los judíos debían ser asesinados. Pero el viejo Mardoqueo se enteró del plan del rey y envió un mensaje a su sobrina para que fuera a ver al rey y "le suplicara y pidiera ante él por su pueblo". Entonces la reina invitó al rey y a Amán a un banquete.

> "Y el rey volvió a decir a Ester el segundo día en el banquete del vino: ¿Cuál es tu petición, reina Ester? y te será concedida;

---

[3] Uno de los varios reyes medos y persas mencionados en el Antiguo Testamento, concretamente en el Libro de Ester, generalmente identificado con Jerjes. Jerjes (circa 519-465 a.C.), rey de Persia, era hijo del primer Darío.

¿y cuál es tu petición? y será cumplida, hasta la mitad del reino". *(Esther vii. 2.)*

Del Libro de Ester se desprende claramente que cuando la reina empezó a acusar a Amán, el "odiador", el rey estaba bajo los efectos del vino. Asuero, furioso, abandonó el banquete y salió a los jardines del palacio para refrescarse; mientras tanto, Amán comenzó a suplicar a la reina por su vida. Aquí puede reconocerse claramente la aplicación de los métodos de Nuremberg: ¡mentiras y calumnias! Cuando Asuero regresó, la reina acusó a Amán de intentar violarla mientras el rey estaba fuera. El rey ordenó que Amán fuera ahorcado inmediatamente.

La toma del poder se hizo antes de que el cuerpo del primer ministro se enfriara. Por orden de la bella judía, el rey ascendió a Mardoqueo al cargo de primer ministro y simultáneamente se desataron sangrientas masacres desde la India hasta Etiopía, perpetradas por judíos que en realidad no habían sufrido daño alguno. Al fin y al cabo, el plan de Amán se quedó sólo en un plan, nunca se llevó a cabo y Amán, el responsable, fue ahorcado. Entonces, como siempre que el poder caía en manos judías, celebraban su victoria con sangrientas masacres. El marido de la reina judía, antiguo símbolo del estadista títere, permitió graciosamente a los judíos "vengarse de sus enemigos".

Desde el primer Purim, el nacionalismo mosaico se ha bañado constantemente en la sangre de las víctimas asesinadas para lograr una venganza perpetua.

"¡Los judíos tuvieron luz, alegría, gozo y honor!" *(Ester* 16), dice el Antiguo Testamento.

El Libro de Ester ofrece un relato detallado de las víctimas de esta matanza masiva, que fueron ejecutadas con un salvajismo excepcional. Relata que fueron asesinados los diez hijos de Amán, cuyo único pecado era que su padre era "antisemita". En la ciudad de Susa los judíos mataron primero a 500 hombres, luego masacraron a otros 300 y finalmente en las provincias "... mataron de sus enemigos a setenta y cinco mil...". *(Esther ix.* 16) sin ninguna razón plausible.

Para poder evaluar correctamente la magnitud de estas masacres, no debemos considerar estas cifras en relación con la población actual de la tierra. Los ejércitos de Alejandro Magno que conquistaron la India sólo contaban con 47.000 hombres. La fuerza total del ejército persa en Maratón era de 5.000, y Aníbal libró la batalla de Cannae con 20.000 soldados. Por lo tanto, la cifra de 75.000 persas masacrados era estadísticamente un número excesivamente alto.

> Todo esto sucedió "el día trece del mes de Adar; y el día catorce del mismo descansaron; y lo hicieron día de banquete y alegría". *(Ester ix. 17.)*

> "Porque Amán, hijo de Hamedata agagueo, enemigo de todos los judíos, había tramado contra los judíos destruirlos y había echado Pur, es decir, la suerte, para consumirlos y destruirlos". *(Ester ix. 24.)*

> "Pero cuando Ester se presentó ante el rey, éste ordenó por cartas que su malvado designio, que había urdido contra los judíos, 131 recayera sobre su propia cabeza, y que él y sus hijos fueran colgados en la horca". *(Ester ix. 25.)*

> "Por lo cual llamaron a estos días Purim, del nombre de Pur. Por tanto, por todas las palabras de esta carta, y de lo que habían visto acerca de este asunto, y que les había llegado." *(Esther ix. 26.)*

> "Los judíos ordenaron, y tomaron sobre sí, y sobre su descendencia y sobre todos los que se unieron a ellos, para que no faltase, que guardarían estos dos días según su escritura, y según su tiempo señalado cada año." *(Esther ix. 27.)*

> "Y que estos días sean recordados y guardados a través de cada generación, cada familia, cada provincia y cada ciudad; y que estos días de Purim no desaparezcan de entre los judíos, ni el recuerdo de ellos perezca de su descendencia." *(Ester 28.)*

Ninguna nación ha cumplido una promesa mejor que los judíos han cumplido la fiesta de Purim durante más de veinticuatro siglos. Año tras año han celebrado el aniversario de la venganza y las masacres. El frenesí inducido por la sangre y el vino y la exultación triunfal de la venganza satisfecha se extendía de ciudad en ciudad y de pueblo en pueblo. Tanto en la pequeña sinagoga de paja del pueblo como en el impresionante templo metropolitano con cúpula, Purim se convirtió en una fiesta tanto religiosa como *nacional*.

El autor de estas páginas, cuando se encontraba en una ciudad de provincias de Hungría, presenció cómo las tropas vestidas de caftán salían de la sinagoga de cuatro en cuatro. Era la fiesta de Purim.

Los transeúntes comentaban casualmente: "Hola, los judíos están de vacaciones".

Este mismo odio eterno arde detrás de las enseñanzas de Marx y de los Illuminati. *Ha convertido el socialismo marxista en un credo de odio.* Los apóstoles de este odio han estado en el trasfondo de revoluciones y levantamientos comunistas; llegaron al poder con el bolchevismo. Tal vez algún día se publique la historia de los modernos Hamanes -la historia de aquellos políticos, clérigos, estadistas, escritores y periodistas que fueron lo suficientemente audaces como para ver en el odio demostrado durante Purim, una amenaza para el mundo cristiano- y se escriba un relato de cómo fueron perseguidos, cómo sus familias fueron arruinadas y cómo sus hijos fueron sumidos en la indigencia, y por último, cómo "los odiadores" fueron ahorcados.

La mayor fiesta de los judíos es Purim: la fiesta del odio. La mayor fiesta del cristianismo es el nacimiento de Cristo: el nacimiento del amor. En Nuremberg, Purim se vistió con los ropajes de la legalidad. La venganza se envolvió en párrafos legales. Se creó un nuevo "título legal" con el fin de llevar a cabo matanzas masivas, mientras que el verdadero objetivo que había detrás era mucho más ambicioso y siniestro. Se pretendía anular el derecho cristiano y romano y, en general, el *Derecho mismo*. El objetivo era humillar a las naciones vencidas, intimidar las mentes de la gente, y a través de la "nueva ley" asegurar la posibilidad política de alcanzar el dominio total y completo del mundo.

¿Fue la farsa del procedimiento de Nuremberg para juzgar a los "criminales de guerra" un ejemplo de democracia en acción? ¿Hubo realmente un tribunal imparcial bajo los Estados Unidos de América, Gran Bretaña, Francia y la Rusia soviética o el procedimiento no fue más que la espada de Jehová azotando a un pueblo derrotado? ¿Tenían las "nuevas leyes", es decir, la base de los veredictos, carácter cristiano? ¿Prevalecía la justicia o la venganza?

Los veredictos de Nuremberg se pronunciaron para castigar los crímenes cometidos contra la humanidad. Pero en el banquillo se sentaron los asesinos en masa de Katyn junto con los responsables del bombardeo de Dresde. La propaganda de guerra de los aliados siempre protestó con vigor extremo contra el principio de culpabilidad colectiva. Sin embargo, este principio de culpabilidad colectiva fue sancionado por los tribunales de Nuremberg cuando se inventó la ignominiosa teoría de las "organizaciones culpables". Las cadenas de radio de todas partes sermoneaban frecuentemente en aquella época sobre "la ley", sin embargo en Nuremberg se echó por tierra uno de los principios jurídicos más importantes, es decir, que nadie puede juzgar su propio caso. Las banderas estadounidense y soviética se exhibieron juntas en el tribunal, pero se ignoró el principio jurídico más básico de la constitución y la judicatura estadounidenses, es decir, *Nulla Poena Sine Lege,* que significa que nadie puede ser condenado por actos que no eran punibles por ley cuando se cometieron. En la sala del tribunal se dictaron sentencias contra la barbarie, mientras que simultáneamente en los sótanos de los edificios del tribunal los Guardias de Prisiones de Robert Kempner, el Fiscal General, torturaban brutalmente a los prisioneros. El principio del juego limpio sólo se observaba formalmente, ya que las sentencias se basaban en documentos incriminatorios o falsificados. Los crímenes contra la humanidad cometidos en los campos de concentración deberían haber sido sometidos a la jurisdicción de un tribunal internacional formado por jueces delegados por neutrales, y en condiciones en las que el tribunal pudiera juzgar no sólo los actos de barbarie cometidos por las partes derrotadas, sino también los cometidos por los Estados vencedores. Si esto hubiera ocurrido, los verdaderos criminales nunca habrían podido borrar el negro estigma que pesa sobre ellos. Pero al adoptar los métodos de la venganza judía, se convirtió en mártires a ciertos culpables que, en cualquier caso, nunca habrían sido absueltos por un tribunal imparcial.

En el tribunal de Nuremberg se sentaron jueces estadounidenses, rusos, franceses y británicos, pero una sola potencia victoriosa procesó y juzgó: *¡Judá!*

Ahora sabemos lo que realmente ocurrió entre bastidores. Robert Kempner, judío, por supuesto, y antiguo "oberregierungsrat" en Alemania, había estado trabajando detrás del general Taylor, el fiscal jefe. Morris Amchan ayudó a Kempner. En los edificios de los tribunales de Nuremberg, exceptuando a los jueces y a los acusados, apenas había más gente que judíos. El personal de la Ljudljanka y del M.V.D. no difería en nada del personal de los tribunales de Nuremberg, Dachau y otros lugares que se ocupaban de "criminales de guerra". Estaba formado casi exclusivamente por judíos. La mayoría de los testigos también eran judíos, y de ellos Maurice Bardèche escribe que su única preocupación era no mostrar su odio demasiado abiertamente y, al menos durante la audiencia de los testigos, intentar dar una impresión de objetividad. Es característico de este tipo de "administración de justicia" que el número de testigos llamados a declarar ante el tribunal fuera de tan sólo 240 y, sin embargo, se aceptaran 300.000 declaraciones juradas por escrito en apoyo de acusaciones sin que estas pruebas fueran oídas bajo juramento. Huelga decir que la mayoría de estas deposiciones no eran ciertas.

Los prisioneros acusados fueron sometidos exactamente al mismo tipo de torturas que en las prisiones soviéticas. Julius Streicher fue azotado hasta que quedó cubierto de sangre y se le obligó a beber agua del W.C. Después, los judíos que vestían uniforme del ejército de EE.UU. le escupieron en la boca por turnos y le obligaron a besar los pies de un negro. En la prisión de Schwabish Hall los jóvenes oficiales de la guardia de Adolf Hitler fueron azotados hasta quedar empapados en sangre, después fueron obligados a permanecer postrados en el suelo mientras sus torturadores pisoteaban sus órganos sexuales. Al igual que en los juicios de Malmedy, los prisioneros eran colgados por turnos y luego liberados hasta que firmaban las confesiones que se les exigían. Sobre la base de tales "confesiones" arrancadas a Sepp Dietrich y Joachim Paiper, la Leibstandard Garde fue condenada como "organización culpable"

Oswald Pohl, general de las S.S., fue maltratado con salvajismo durante los juicios del personal de la Oficina de Pagos de las S.S.. Le embadurnaron la cara con heces y le golpearon hasta que firmó la deseada confesión sometiéndose a falsas acusaciones. Estos judíos, vestidos con el uniforme de las fuerzas americanas, torturaron de forma similar a Weiss. S.S. Obergruppenführer, en Frankfurt-am-Mein y en Dachau. En los juicios de Malmedy, torturadores judíos con uniforme estadounidense también arrancaron confesiones a soldados privados. McCarthy, el senador americano, al tratar estos casos, hizo la siguiente declaración a la prensa americana el 20 de mayo 1949:

> "Creo que el mundo esperaba que diéramos pruebas de los principios legales y la práctica judicial estadounidenses utilizándolos al tratar con nuestros enemigos derrotados. En lugar de esto, se utilizaron métodos de la Gestapo y de la M.V.D. He escuchado testimonios y leído pruebas documentales de que los acusados fueron golpeados, maltratados y torturados físicamente con *métodos que sólo podrían concebirse en cerebros enfermos. Fueron* sometidos a juicios simulados y a ejecuciones fingidas, se les dijo que se privaría a sus familias de sus cartillas de racionamiento. Todas estas cosas se llevaron a cabo con la aprobación del fiscal para asegurar la atmósfera psicológica necesaria para la extorsión de las confesiones requeridas. Si los Estados Unidos permiten que tales actos cometidos por unas pocas personas queden impunes, entonces el mundo entero puede, con razón, criticarnos severamente y dudar para siempre de la corrección de nuestros motivos y de nuestra integridad moral."

Además de las torturas, también se presentaron documentos falsificados para condenar a los acusados. No se permitió que se consideraran circunstancias atenuantes frente a las pruebas incriminatorias. Esto en sí mismo es una falsificación de la verdad y la justicia. Una publicación periódica llamada *Madrid* informó en las audiencias de los juicios de Nuremberg de que algunos judíos empresarios estadounidenses habían convertido algunos de los campos de concentración en museos y, a cambio de dinero, realizaban visitas guiadas a estos campos para mostrar a turistas, periodistas y otras personas invitadas estadounidenses los lugares del horror. Con la ayuda de figuras de cera, se reconstruyó la entrada a la "cámara de gas" del campo. Se utilizaban figuras de cera que representaban formas humanas horriblemente distorsionadas para demostrar las supuestas torturas en estos campos. Si un campo no tenía "cámara de gas" -y en la mayoría de los campos no la había-, entonces construían una improvisada con métodos de estudio expertos, como veremos más adelante.

No sólo la propaganda del Congreso Judío Mundial y de otras organizaciones judías similares utilizaba la fotografía trucada de películas, sino que la Fiscalía, dirigida por Robert M. Kempner, antiguo emigrante judío-alemán, operaba con "pruebas" de valor similar. En una película sobre Funk, Ministro de Economía, se veían grandes montones de dientes de oro, monturas de gafas y pince-nez, que supuestamente probaban que procedían de judíos exterminados en estos campos. Hoy se sabe que los judíos americanos trajeron consigo estas películas cuando llegaron a Frankfurt, pocos días después de la ocupación de la ciudad, siguiendo la estela de las tropas americanas. La tristemente célebre película llamada "Todesmuhle" (El molino de la muerte), que se proyectó en la sala del tribunal durante los juicios de Nuremberg con el propósito de volver a la opinión pública en contra de los prisioneros acusados, también es una falsificación.

Los judíos se aferraron a su vieja táctica de permanecer en un segundo plano, con los "gentiles" en primer plano. Aunque los jueces eran presuntamente cristianos, carecían por completo del espíritu de Cristo. Las pruebas más incriminatorias -películas falsificadas, documentos, declaraciones juradas y confesiones extraídas- fueron producidas por los fiscales judíos, agentes de la C.I.C., falsos testigos y otros, trabajando en segundo plano. Los jueces temían a los fiscales. El general Taylor, jefe en funciones de la Fiscalía, junto con Robert Kempner, organizaron y dirigieron una especie de "servicio de inteligencia" para espiar y controlar las opiniones expresadas por los jueces, que se habían filtrado de sus discusiones privadas. El 60% del personal de la Fiscalía estaba formado por personas que tuvieron que abandonar Alemania cuando entraron en vigor las leyes raciales hitlerianas. Earl Carrol, abogado estadounidense, declaró que, según sus observaciones, ni el diez por ciento de los estadounidenses empleados en los tribunales de Nuremberg eran realmente estadounidenses de nacimiento.

Fue un juez estadounidense, el magistrado Wenersturm, quien sacó a la luz el verdadero trasfondo de la campaña de venganza de Nuremberg. Fue presidente de uno de los tribunales que juzgaron los casos de ciertos generales alemanes que habían ejercido mandos en el sudeste del país y que fueron acusados de "crímenes de guerra". Wenersturm renunció a su cargo en el tribunal de Nuremberg y se arriesgó a regresar a Estados Unidos. Media hora antes de su partida hizo una declaración al reportero del *Chicago Tribune* (un periódico en manos gentiles), bajo la estricta condición de que no se publicara antes de que su "avión tomara tierra en América". Su declaración contenía los siguientes puntos:

    1. Los elevados ideales prescritos para el Tribunal Militar de Nuremberg nunca se materializaron en la práctica de los Tribunales de Nuremberg.

    2. El hecho de que sólo los vencedores juzgaran a los vencidos no fomentaba una verdadera justicia.

    3. Los miembros del departamento del Fiscal General, en lugar de intentar formular y alcanzar un nuevo principio jurídico rector, se movieron únicamente por la ambición personal y la venganza.

    4. La acusación hizo todo lo posible para impedir que la defensa preparara sus alegaciones y para imposibilitar que aportara pruebas.

    5. La acusación, dirigida por el general Taylor, hizo todo lo que estuvo en su mano para impedir que se cumpliera la decisión unánime del Tribunal Militar, es decir, pedir a Washington que facilitara y pusiera a

disposición del tribunal más pruebas documentales en posesión del Gobierno estadounidense.

6. *El noventa por ciento del Tribunal de Nuremberg estaba formado por personas parciales que, por motivos políticos o raciales, favorecieron los argumentos de la acusación.*

7. Evidentemente, la fiscalía supo llenar todos los puestos administrativos del Tribunal Militar con "americanos" cuyos certificados de naturalización eran muy recientes y que, ya fuera en el servicio administrativo o mediante sus traducciones, etc. crearon un ambiente hostil hacia los acusados.

8. El verdadero objetivo de los juicios de Nuremberg era mostrar a los alemanes los crímenes de su Führer, y este objetivo fue al mismo tiempo el pretexto con el que se ordenaron los juicios. Pero el único hecho que se mostró a los alemanes fue que habían caído en manos de conquistadores bastante brutales y endurecidos. Si hubiera sabido siete meses antes lo que estaba sucediendo en Nuremberg. nunca habría ido allí. *(Das Letzte Wort über Nurnberg* - La *última palabra* sobre Nuremberg - edición de Der Weg, página 57.)

Cuando alguien planteó la pregunta:

"¿Por qué el juez Wenersturm no hizo publicar su declaración hasta después de su llegada personal a América?", comentó sagazmente un observador de la prensa inglesa:

"El juez Wenersturm era muy consciente de que los accidentes aéreos no son infrecuentes en la aviación civil estadounidense".

Así puede verse que ni siquiera las vidas americanas están a salvo de la venganza de Jehová. Nos basta con concluir que Nuremberg no fue obra de la mentalidad americana ni de la británica, sino del típico "nazismo" tribal judío. Es una clara demostración del hecho de que una vez que la administración de justicia cae en manos de los judíos no habrá justicia ya que, según la doble moral judía, contra los gentiles todo está permitido.

Así, para los fiscales de los juicios de Nuremberg, el procedimiento no se regía por ningún código, salvo el de los *Protocolos* únicamente.

Que la venganza de Jehová siguió su curso en Nuremberg no sólo lo demuestra la mentalidad allí desplegada, sino también las estadísticas. De los 3.000 empleados del Tribunal de Nuremberg, 2.400 eran judíos. Esta cifra habla por sí sola. Pero en el trasfondo de la tragedia de Nuremberg se vislumbra otro objetivo de largo alcance: *la aterrorización del mundo entero a través de las sentencias de Nuremberg. Se* trataba de silenciar toda oposición, de tachar de "criminal de guerra" a cualquiera que se atreviera a criticar a los judíos y, siguiendo el modelo soviético, de castigar con la muerte a todos aquellos que pudieran convertirse en testigos embarazosos.

Además de los objetivos mencionados, se consiguió otro aún mayor: impedir cualquier reconciliación entre las naciones gentiles. El objetivo era despertar el odio de los pueblos germánicos contra América. El judaísmo mundial contaba con que llegaría el momento en que América necesitaría urgentemente la ayuda de las divisiones alemanas contra el bolchevismo. Como la mayoría de las frases fueron anunciadas en el nombre de America, tenian que ser redactadas de tal manera que ninguna nacion europea estaria dispuesta a tomar las armas para apoyar America.

El objetivo de los judíos se logró, y así lo reflejó la opinión pública alemana que, entre 1945 y 1951, situó a Estados Unidos al mismo nivel que la Unión Soviética.

No fue la América de Washington, ni la Inglaterra de la Carta Magna, ni la Francia de Descartes la que llevó a cabo esta venganza. Fue el espíritu de Purim el que se sentó a juzgar en Nuremberg, "... y mató de sus enemigos a setenta y cinco mil..." dice el libro de Ester. El falso acusador de Amán, el fantasma de la reina Ester, había regresado para contratar falsos testigos en la Europa cristiana, fabricar declaraciones juradas falsificadas, producir películas falsas, torturar a inocentes en las mazmorras de las cárceles y *falsificar la propia historia.*

La glorificación de la traición y la recompensa a los traidores fue una de las horribles consecuencias que afligirán al mundo de hoy. Nuremberg absolvió a todos los que habían traicionado a su país y condenó a todos los que habían mantenido su juramento de lealtad. Así desapareció el abismo entre patriotismo y traición. ¿A qué país hay que traicionar? Al de Hitler, por supuesto, pero probablemente también al de Washington. Los veredictos que absolvieron a personas como Julius Rosenberg y los espías atómicos tuvieron sus precedentes en Nuremberg. Cuando, a pesar de todo, los traidores eran ocasionalmente judíos, las manifestaciones antiamericanas demostraron que, desde el punto de vista de los judíos, la traición cometida contra otras naciones estaba totalmente justificada. El Código Militar británico exigía lealtad incondicional al soldado británico, mientras que al mismo tiempo los soldados alemanes eran condenados a muerte por obedecer órdenes. Los traidores eran recompensados. Haciendo estas cosas se echaban por tierra todas aquellas tradiciones de lealtad que sostenían a los Estados.

El Tribunal de Nuremberg se convirtió no sólo en el símbolo de la venganza, sino también en un emblema de la depravación moral. El propio edificio del Tribunal de Nuremberg fue el centro de las actividades del mercado negro en una Europa hambrienta y devastada por la guerra. Mark Lautern dibuja un cuadro estremecedor de este sumidero de iniquidad en que se sumió el Tribunal de Nuremberg. "Han llegado todos: los Solomon, los Schlossberger y los Rabinovich que, como miembros del personal del Ministerio Público, en los intervalos entre dos condenas a muerte o entre dos ejecuciones, trafican afanosamente con cigarrillos americanos, vajilla de porcelana valiosa, plata, oro, pieles y obras de arte."

El Sr. Salamonson se especializaba en relojes; el Sr. Sterling contrabandeaba cuadros; el Sr. Cohen pedía café por vagón o cigarrillos americanos.

"Pero no fue sólo el mercado negro", escribe Mark Lautern, "lo que convirtió los alrededores del Tribunal de Nuremberg en el mismísimo sumidero de Europa. Aún más horrible fue la degradación moral originada aquí. Las orgías de los empleados extranjeros en pisos privados y hoteles provocaban a menudo la indignación de todo el distrito. El número de mujeres jóvenes empleadas en la Corte crecía sin cesar. Entre ellas había alemanas y aliadas por igual, arrastradas al torbellino de la depravación y la corrupción. La incontinencia sexual y la perversión más repugnante prevalecían en estos círculos, y los escándalos sin límite, apoyados por abundantes pruebas, proporcionaron material a ciertos periódicos y revistas durante años. *(Das Letzte Wort über Nurnberg, p. 68.)*

Condenados a muerte o a cadena perpetua, los nuevos Hamanes se presentaron ante el pueblo de la reina Esther; tuvieron el privilegio de oír a sus odiadores, a los estraperlistas, a los pervertidos y torturadores, cantar a coro una improvisada marcha de Nuremberg retorcida de la *Viuda Alegre* de Lehar:

Da geh ich in PX ,

¡Dort bin ich bis halb sechs!

A medianoche del 16 de octubre de 1946, once "criminales de guerra" europeos partieron hacia la horca de Nuremberg. Y entonces ocurrió un milagro. *En el mismo portal de la muerte, los vencidos se anotaron una victoria sobre sus conquistadores.* No parecía un patíbulo, sino el pedestal de una moral que aún podría salvar a Europa. Joachim von Ribbentrop murió primero en silencio. El general Wilhelm Keitel pasó tras él bajo la horca, con su uniforme elegante y sus botas relucientes. Antes de morir, dijo:

"Dos millones de soldados alemanes murieron por su país. ¡Ahora voy a seguir a mis muchachos!"

Fue entonces el turno del Dr. Ernst Kaltenbrunner:

"¡Amé a mi país y a mi pueblo alemán con todo mi corazón! Buena suerte, Alemania!"

En silencio, con el rostro desencajado y un inmenso desprecio, el Dr. Alfred Rosenberg se enfrentó al verdugo, siendo seguido a la tumba por el Dr. Hans Frank, Gobernador General de los territorios polacos. Estos dos hombres eran considerados responsables de los judíos que se decía que habían perecido en el Este.

El Dr. Wilhelm Frick, ministro del Reich, fue la siguiente víctima:

"¡Alemania para siempre!", gritó antes de que se abriera la trampilla. Julius Streicher le sucedió en la horca. Pertenecía a ese pequeño círculo que posee el poder de la visión. Había sido capturado por un judío de Nueva York llamado Blitt, que, con el rango de mayor, estaba especializado en exterminar "antisemitas". Tal vez Streicher había previsto la horca que aguardaba a los dirigentes que se atrevieran a defenderse a sí mismos y a su nación. Mirando a los espectadores con desprecio, anunció sarcásticamente toda la verdad sobre Nuremberg:

"¡Es la fiesta de Purim de 1946!"

El Dr. Fritz Schaukel fue el siguiente en intervenir:

> "Muero sin culpa. Respeto a los soldados americanos y a sus oficiales, ¡pero no a la justicia americana!"

Con la cabeza erguida, el General Alfred Jodl entró en la horca, Arthur Seyss-Inquart le siguió:

> "¡Creo que esta ejecución será el último acto de la tragedia de la Segunda Guerra Mundial!", dijo.

Fue quizás un hecho simbólico que incluso el verdugo militar, John C. Woods Short, fuera judío. Tardó 143 minutos en colgar a los "criminales de guerra".

"Este trabajo tan inteligente", dijo con orgullo, "¡merece un buen trago largo!". Mientras tanto, los reporteros de *Life* le fotografiaron, cuerda en mano, para que esta conocida revista pudiera, con el más dudoso gusto, reproducir la fotografía en su portada. Puede que todo esto merezca un buen trago. Pero una profecía de Julius Streicher se cernía ominosa sobre las cabezas de jueces y verdugos por igual. Le habían oído pronunciar desde la horca:

> "¡Recuerda! ¡Tu turno será el próximo! ¡Serás ahorcado por los bolcheviques!"

Hermann Goring, tras haber tomado cianuro potásico introducido de contrabando en su celda media hora antes del momento de la ejecución, estaba muerto. Agentes británicos, estadounidenses y rusos buscaban febrilmente el cuerpo de Hitler entre las ruinas del refugio del Führer. Goebbels pereció, junto con su familia; primero mató a sus seis hijos y luego se suicidó. Bormann desapareció. Himmler se suicidó con cianuro al caer en manos de interrogadores judeo-británicos. Robert Ley se suicidó en la prisión de Nuremberg.

En Milán, Mussolini, que ya había sido fusilado, fue colgado por los pies, cabeza abajo. La última escena de Nuremberg mostraba aviones que despegaban para esparcir sobre Alemania las cenizas de los "criminales de guerra". Este acto simbolizaba el miedo inducido por la mala conciencia tanto de los jueces como de los participantes que despertaban del frenesí de la embriaguez de Purim.

En Francia, el viejo y canoso general Petain, ya al borde de la tumba, fue condenado a cadena perpetua en un fuerte, en agradecimiento por haber defendido otra fortaleza, Verdún, contra los alemanes. A continuación, Pierre Laval, Primer Ministro francés, se enfrentó audazmente al pelotón de fusilamiento. Él también había tomado cianuro, pero durante dos horas los médicos lucharon desesperadamente por salvarlo... de la muerte. Y, al final, permaneció de pie enfrentándose a las armas, mientras los jueces designados para asistir a la ejecución se refugiaban detrás del furgón de la prisión, incapaces de contemplar la escena que era consecuencia de su juicio. Laval, aunque destrozado físicamente por los horribles efectos del veneno, rechazó la oferta de ser ejecutado sentado en una silla. Aunque tambaleándose, se armó de valor para decir:

"¡Un Primer Ministro francés muere erguido!"

Él mismo dio la orden de disparar, pero las balas no dieron en el blanco. Finalmente, el primer ministro francés tuvo que morir de un disparo de revólver en la nuca.

En Noruega, el primer ministro Quisling fue ejecutado en el patio de la prisión de Akershus, y los miembros del pelotón de fusilamiento quedaron profundamente impresionados por la manera valerosa y digna con que uno de los más antiguos enemigos del bolchevismo se enfrentó a las armas.

El dirigente húngaro Ferenc Szalasi fue ejecutado junto con sus ministros. Miklos Horthy, el anterior Jefe de Estado, sólo escapó de Nuremberg al convertirse en uno de los principales testigos de la acusación y negar que tuviera algo que ver con las llamadas "Leyes Judías" que él mismo había sancionado. Ferenc Szalasi saludó militarmente a sus compañeros, los miembros de su gabinete, que ya habían sido ejecutados en el patíbulo, cuando él pasaba por allí para tomar su turno, y murió con tal valentía que la película soviética de su ejecución tuvo que ser pronto prohibida en todos los cines, hasta tal punto su conducta heroica suscitó el respeto y la admiración de toda la nación. Laszlo Bardossy, Bela Imredy, Dome Sztojay y Jeno Szollosi, los cuatro ex primeros ministros de Hungría, murieron con similar valentía en la horca o atados a la hoguera. Quienes promulgaron leyes retrospectivas contra ellos o se sentaron a juzgarlos pertenecían casi sin excepción a los conquistadores del mundo. De Laszlo Bardossy ni siquiera se pudo decir que fuera "antisemita". Su único delito era haber declarado la guerra al bolchevismo. Cuando miró a la densa muchedumbre liberada de los guetos y vio a los espectadores vengativos que se agolpaban en el lugar de la ejecución, gritó como su última plegaria:

"¡Oh Dios! ¡Libera a Hungría de estos bandidos!"

En Rumania, el mariscal Antonescu, uno de los mayores héroes rumanos, fue ejecutado. En Yugoslavia, el líder de los partisanos patriotas, Drazsa Mihajlovich, fue entregado a los carniceros de Mojse Pijade. El Dr. Joseph Tiso, sacerdote y Primer Ministro de la Eslovaquia independiente, también murió en la horca el 18 de abril de 1947. La venganza no se detuvo en las personas de los líderes eclesiásticos. Ni siquiera el mismísimo Papa pudo rescatar al sacerdote de Cristo de las manos de Eduard Benes, el gran masón que dijo sombríamente:

"¡Tiso debe ser colgado!"

En ocho o nueve países los jefes de Estado, primeros ministros y dirigentes, fueron ejecutados durante el nuevo Purim. Pero no son criminales de guerra a los ojos de sus pueblos, sino símbolos del martirio de su nación. Les siguieron mártires anónimos, soldados leales a sus juramentos, intelectuales, periodistas, campesinos y eclesiásticos. Así, no sólo fueron asesinados los "nazis antisemitas" y los "fascistas", sino también cualquier representante de calidad que pudiera ser testigo desagradable contra los autores de ultrajes. Por ejemplo, Ferenc Orsos, profesor universitario húngaro y autoridad europea en medicina forense, fue un "criminal de guerra" porque firmó el informe sobre Katyn que confirmaba que no fueron los alemanes sino los bolcheviques quienes masacraron a los oficiales del ejército polaco.

Posiblemente, los estadounidenses ya están empezando a sentir que se acerca el momento en que la profecía de Streicher puede cumplirse:

"¡Recuerda! ¡Tu turno será el próximo! ¡Serás ahorcado por los bolcheviques!"

El mayor servicio que se puede prestar a Estados Unidos sería que alguien tuviera el valor de explicar que todos estos ultrajes no fueron actos de los estadounidenses sino de la judería mundial, y que *Nuremberg no representaba ninguna nueva ley sino el terror de Purim*. Después de todo, no sólo los vencidos y los colaboracionistas fueron asesinados en Nuremberg. Uno de los primeros mártires de las finanzas judías fue el héroe épico de Estados Unidos, el general Patton, comandante del ejército estadounidense que invadió Alemania, el "caballero de las divisiones blindadas". Descendiente de los pioneros americanos, consideraba el nazismo como un mal satánico. Los propagandistas, los periodistas y los estadistas lo decían, al menos hasta donde él sabía. Llegó a Alemania odiándolo. Creía que había que castigar a los nazis. Entonces, una lechera alemana que vivía en los alrededores de su cuartel general se cruzó en su camino y, durante una conversación casual, le contó lo que ocurría detrás de la "villa del comandante", es decir, su casa. Describió cómo la leche destinada a las ciudades era arrojada a las carreteras por la policía militar por orden de los chicos de Morgenthau, cómo, ya no nazis, sino soldados alemanes de a pie eran detenidos en campos de internamiento abarrotados sólo porque cumplían con su deber, cómo los trabajadores habían sido expulsados de sus casas por venganza de los antiguos internos de los campos de concentración, y cómo los médicos judíos de los hospitales recomendaban que uno de cada cuatro recién nacidos fuera asesinado con una inyección porque no había suficiente leche.

Y el general Patton se dispuso como el caballero andante medieval a ver con sus propios ojos si el relato de la campesina alemana era cierto o no. Sin mostrar su rango, con el uniforme de soldado raso, recorrió todos los rincones de este infierno terrenal; las cárceles, los campos de internamiento y los campos de prisioneros donde comprobó por sí mismo que aquellos alemanes torturadores que enseñaban la teoría de la culpabilidad colectiva e imponían castigos colectivos no eran muchachos americanos sino hijos de Jehová. A partir de ese momento los oficiales del Ejército de EE.UU. recibieron órdenes estrictas de dar suficiente comida a los prisioneros de guerra, ya medio muertos de inanición y se prohibió a la Policía Militar seguir tirando la leche de los bebés en las carreteras. El general Patton no estaba dispuesto a poner en práctica el plan Morgenthau, aunque había luchado por Estados Unidos y, por desgracia, también por Judá. Pero otro general estaba muy dispuesto a servir al plan Morgenthau: se llamaba Dwight Eisenhower.

No fue posible condenar al "caballero de las divisiones blindadas" en Nuremberg. Por lo tanto, Patton fue condenado y sentenciado a muerte entre bastidores. Pero las personas que lo juzgaron fueron las mismas que condenaron a los líderes alemanes en Nuremberg. A pesar de haber sido silenciado, hoy es bien sabido que, por orden de agentes del C.I.C., un coche "americano" chocó contra el de Patton. Como resultado de este "accidente" el General Patton resultó herido. Rápidamente fue trasladado a una ambulancia, pero en su camino al hospital la ambulancia chocó con un gran camión pesado americano y esta vez murió. En ese mismo momento desapareció de su bolsillo algo que los conquistadores del mundo tenían motivos para temer.

"¡Tengo una libretita negra!", había dicho antes el General, "y cuando vuelva a EE.UU. voy a reventarlo todo".

Pero antes de cerrar los ojos por última vez, sus ojos seguramente vieron al mismo enemigo que Keitel, Jodi y Streicher cuando estaban bajo la horca de Nuremberg.

Sin embargo, algunas personas nunca fueron llevadas a juicio en Nuremberg. Los miembros del *Instituto de Investigación de Frankfurt* para la *Investigación de la Cuestión Judía*, y los representantes y el personal del *Welt Dienst* (Servicio Mundial) nunca fueron tocados aunque fueron los primeros en ser capturados por miembros judíos del C.I.C. americano.[4] Fueron los primeros en ser llevados a Nuremberg y en ser amenazados por el verdugo *antes de* que despachara a los ministros del Reich. Pero estas personas se limitaron a replicar a sus interrogadores:

> "¡Muy bien entonces! Estamos listos para ser juzgados en el Tribunal de Nuremberg, pero con la ayuda de nuestros documentos ocultos demostraremos que la judería mundial es la verdadera autora de los crímenes de guerra. Al mismo tiempo nos veremos obligados a revelar que el "Servicio Mundial" no era en absoluto una organización nazi. Los miembros de veintitrés naciones contribuyeron a sus columnas. Entre ellos había un ex presidente americano, oficiales del Estado Mayor sueco, varios de los miembros más dignos de la aristocracia inglesa y un ministro del gabinete de la Unión Sudafricana."

Los líderes de estas organizaciones alemanas, a pesar de ser detestados por los conquistadores del mundo, ni siquiera fueron acusados. Fueron liberados a toda prisa y cualquiera que lea las sentencias de Nuremberg verá que ni el Instituto de Investigación de Frankfurt ni el "Servicio Mundial" aparecen mencionados entre las "Organizaciones Culpables".

Hubiera sido muy desagradable para los conquistadores del mundo que los dirigentes de estos grupos presentaran su "defensa" ante los tribunales. *Union,* un periódico inglés, en su número del 19 de enero de 1952, escribe que acababa de recibir noticias de Alemania que parecían mostrar bastante mal gusto por parte de las autoridades de la Zona de Ocupación norteamericana.

---

[4] C.I.C. significa Cuerpo de Contrainteligencia.

La primera sinagoga judía había sido dedicada en el Palacio de Justicia de Nuremberg, en el mismo lugar donde Goering y los demás dirigentes nacionalsocialistas fueron condenados a muerte. Si se necesitara alguna prueba más para convencer a la opinión pública alemana de que sus líderes fueron asesinados por los planes del judaísmo mundial, esta dedicación de la sinagoga sería suficiente.

Y así, la sala del tribunal de Nuremberg seguirá siendo siempre un símbolo del nuevo Purim, ya que aquí, en 1952, se estableció una nueva sinagoga para gloria de Jehová y como muestra del hecho de que Judá, y no los aliados, se sentó en el juicio de Nuremberg.

CAPÍTULO XI

¿Qué ha sido de los seis millones de judíos?

En la Segunda Guerra Mundial, los judíos, que se declararon beligerantes, sufrieron pérdidas desconocidas en muertos. Otras naciones lloran a sus muertos, les erigen monumentos y celebran aniversarios para atesorar su memoria. La mayoría de la judería hizo un buen negocio con sus muertos y utilizó sus cadáveres para dar un paso hacia la dominación del mundo. Los consideraba una inversión política y un medio para alcanzar el poder. Mientras que sobre las tumbas y los memoriales de guerra de los héroes de otros pueblos florecen dulces flores de recuerdo, alrededor de las tumbas de los muertos judíos los altavoces de la propaganda siguen, aún hoy, rugiendo a todo volumen. Los supervivientes de otras naciones llevan ofrendas florales a las tumbas de sus madres. Pero alrededor de las tumbas de las madres judías sólo se oyen gritos profanadores de: "¡*Denme* también un paquete de la U.N.R.R.A.! A mi madre también la mataron los nazis".

Para los supervivientes, las tumbas de Auschwitz y Bergen-Belsen no representaban ningún símbolo de protesta eterna contra la barbarie. Hollywood hizo un espléndido negocio con ellas y los gentiles se situaron alrededor de las tumbas judías consternados. Los judíos también lo hicieron equipados con cámaras de cine, altavoces y todo tipo de aparatos fotográficos. Al enterarse de los campos de concentración, el comentario espontáneo del conmocionado mundo cristiano fue: "¡Se ha cometido algún ultraje vergonzoso!". Pero los titulares del nacionalismo judío resonaban: *¡Una sensación mundial!* Los supervivientes se han ganado la compasión del mundo, así como el derecho a la venganza, a una rápida emigración y, por supuesto, ¡a *la dominación mundial!*

Todo esto no tiene parangón en la historia del mundo. Compasión, conmoción e indignación fueron las reacciones del mundo cristiano. Pero los supervivientes judíos dijeron:

"*¡Exigimos privilegios!* Mi madre, mi hermana y mi padre cayeron víctimas de los nazis". Los mártires descansaban en sus fosas comunes, mientras el millonario de Nueva York y el pequeño comerciante de Brooklyn se dedicaban a sus negocios con el halo del martirio alrededor de la frente y mostrando una expresión de tristeza que no habría podido ser mejor si ellos mismos hubieran estado tendidos en el campo de Bergen-Belsen.

Otras naciones también tienen sus muertos y sus mártires, quizás muchos más que los judíos. Seis millones de personas murieron de hambre en Ucrania víctimas de los planes de dumping alimentario de los judíos del Kremlin, pero el mundo nunca concedió privilegios a los ucranianos. Nadie dio nunca raciones dobles a los dependientes de las víctimas enterradas en las fosas comunes del bosque de Katyn. Tampoco los supervivientes de la marcha de la muerte de Brno han recibido nunca indemnización alguna. Ni uno solo de los autores de las masacres de Bromberg, Praga o Yugoslavia fue ahorcado en Nuremberg.

"¡Seis millones de mártires!", anunciaban los periódicos judíos, los jueces de Nuremberg, las películas y la cadena de radio.

¡Seis millones! - el mundo gentil retrocedió horrorizado y nadie se atrevió a levantar una voz disidente, ni siquiera cuando se hizo evidente que esta supuesta cifra se había convertido en el centro de una maniobra de chantaje mundial.

Seis millones! gritaban consternados los alemanes, que no supieron nada de los campos de concentración hasta el día del armisticio y sobre cuyas cabezas se cernía amenazador el azote de los castigos colectivos.

Pero ¿hubo, de hecho, seis millones de víctimas?

Cuando se le preguntó al general Taylor, fiscal jefe en Núremberg, de dónde había sacado esa cifra de seis millones, respondió simplemente que se basaba en la confesión del general Ohllendorf de las SS. Durante las investigaciones de Nuremberg, Ohllendorf dijo supuestamente que ese era el número de judíos asesinados. Más tarde se supo que los judíos estadounidenses habían arrancado esta "confesión" a Ohllendorf bajo tortura. Oswald Pohl y Berger, ambos jefes de grupo de las S.S., fueron torturados de forma similar. También se utilizaron declaraciones juradas falsificadas para apoyar esta cifra sin precedentes de "mártires" judíos. Esta cifra también la da el Dr. Wilhelm Hoettl, una persona bastante extraña al servicio del C.I.C. americano, autor de varios libros escritos bajo el seudónimo de Walter Hagen. Compareció en Nuremberg como testigo de la acusación estadounidense. Según *Der Weg* (3 número, 1954, p. 203), su testimonio fue la única "prueba" en relación con la suposición del asesinato de seis millones de judíos. *También fue contratado por los soviéticos para el espionaje,* trabajando con dos emigrantes judíos de Viena, Perger y Verber, como oficiales estadounidenses durante las investigaciones preliminares de los juicios de Nuremberg.

Normalmente se supone que la intención de exterminar a los judíos se demuestra haciendo referencia al anuncio que hizo Hitler en el transcurso de uno de sus discursos previos a la guerra:

> "¡Si la judería desata esta guerra, los tratados de paz no encontrarán más judíos en Europa!"

Pero la pregunta sigue siendo: ¿cómo pretendía resolver la cuestión judía?

En 1939, Sven Hedin presentó a Goering un plan para la *expatriación* de los judíos de Europa.

"El plan es muy interesante y práctico", dijo Goering, "y tengo el placer de darle mi apoyo. Si llega a ser práctico estaré encantado a su disposición". (Sven Hedin: *Ohne Auftrag en Berlín.)*

El otro proyecto, publicado en forma de panfleto por el partido, consistía en asentar a los judíos en Madagascar. A una nación sin patria hay que proporcionarle una patria. Palestina no podría acoger y alimentar a todas las masas de judíos europeos, y el renacimiento de Israel, continuaba el panfleto, sería una fuente perpetua de problemas, incidentes y guerras en el mundo árabe. Así ha sido, en efecto, hasta el día de hoy.

El New York Times produjo la prueba más fiable sobre la política hitleriana cuando, después de la guerra, publicó estadísticas sobre la población judía mundial y admitió que Hitler permitió que 400.000 judíos emigraran del Reich. Si hubiera abrigado la intención de exterminar a los judíos, nunca se habría permitido a estos emigrantes abandonar Alemania.

El Congreso Judío Mundial admite en su publicación *Unidad en la Dispersión* (página 377) que: "*La mayoría de los judíos alemanes lograron abandonar Alemania antes de que estallara la guerra...*".

El judaísmo mundial sabía y preveía claramente que la Segunda Guerra Mundial, especialmente en el caso de una derrota bolchevique, se cobraría un alto precio en vidas judías, pero no hizo absolutamente nada para fomentar la emigración mientras aún había tiempo de sobra para ello. La judería mundial necesitaba urgentemente víctimas para estar en condiciones de chantajear al mundo con la historia de seis millones de mártires judíos. Era evidente para los judíos que aquí tenían una oportunidad única de obtener una excelente arma psicológica para silenciar el "antisemitismo" y capturar el poder mundial. Tras los sucesos de la Kristallnacht (noche de cristal) en Alemania, cuarenta y ocho estados, encabezados por Estados Unidos, Francia y Gran Bretaña, celebraron una conferencia cuyo único tema era cómo salvar a los judíos amenazados en Alemania. Aunque todas las partes implicadas tenían claro que en caso de guerra la situación de los judíos europeos sería precaria, la conferencia terminó sin ningún resultado positivo. Gran Bretaña no estaba dispuesta a acoger a los judíos alemanes. Aunque Estados Unidos estaba dispuesto a conceder la admisión a los judíos alemanes, ciertas fuerzas judías que trabajaban entre bastidores sabotearon esta solución. Sabían muy bien que esto habría significado el fin de la propaganda antinazi. Puede sonar paradójico, pero el carácter antijudío del nacionalsocialismo alemán le vino muy bien a la judería mundial. La judería mundial necesitaba una Segunda Guerra Mundial, a pesar de saber que esto costaría un cierto número de vidas judías.

Tras el estallido de la guerra, todos esos planes de expatriación se volvieron impracticables. Pero, ¿deseaban realmente los alemanes destruir a los judíos que tenían en sus manos? Esto es poco creíble. Tras la ocupación de Polonia, la revista alemana *Signal* publicó fotografías de los guetos polacos. Que estos judíos vivieran separados, por razones de seguridad, es *bastante comprensible en tiempos de guerra*. Pero si la intención de los alemanes hubiera sido exterminarlos, en ningún caso sus fotografías habrían sido publicadas por las agencias oficiales de propaganda alemana, mostrándolos trabajando en diversas tareas, como empaquetar y realizar otros trabajos ligeros para el ejército alemán, y ganando así un salario regular. The *Signal* también publicó una reproducción de los billetes especiales introducidos en los guetos para evitar la especulación. La administración interior de los guetos estaba en manos de consejos judíos elegidos por ellos mismos. Puede ser una cuestión de opinión si esta disposición era correcta o incorrecta. El gueto es quizás un establecimiento social humillante, pero no es una barbarie. No es una organización para la destrucción de una raza. No olvidemos que Estados Unidos internó a ciudadanos alemanes y japoneses, mientras que Inglaterra metió a los fascistas de Mosley y a muchos otros en campos de internamiento. Este número de *señalados se* podía obtener en toda Europa en aquella época.

La "conciencia mundial" no planteó entonces ninguna objeción contra estos guetos. ¿Qué significaba hablar de una solución para la cuestión judía? El libro *Nuremberg ou la Terre Promise*,[5] de Maurice Bardèche, responde a esta pregunta al hablar de los juicios de Nuremberg:

---

[5] *Nuremberg ou la Terre Promise*, Maurice Bardèche, Omnia Veritas Ltd, www.omnia-veritas.com.

"De los documentos de los juicios se desprende claramente que la solución de la cuestión judía, tal como fue aprobada por el líder del nacionalsocialismo, significaba simplemente concentrar a todos los judíos en un lugar apartado para ellos y *este lugar sería conocido como la reserva judía.*

> "Este habría sido un tipo especial de gueto europeo, y esta intención puede reconocerse por varios decretos ejecutivos ministeriales y por órdenes interdepartamentales emanadas de las autoridades superiores del Reich. ¡No hay nada más! Los acusados en Nuremberg pudieron declarar repetidamente con la conciencia tranquila que durante toda la guerra no supieron nada de ejecuciones en masa ni de Auschwitz o Treblinka, y que oyeron hablar de ellos por primera vez al Fiscal General."

¿Cómo nacieron entonces los campos de concentración alemanes? Según relatos del *Munchen Illustrierte* aparecidos en 1958, en los juicios de Núremberg se dio una respuesta muy interesante a esta pregunta. Raymond H. Geist, judío y primer secretario de la embajada americana en Berlín, cuando el nacionalsocialismo tomó el poder en 1933, hizo una declaración bajo juramento. En esta declaración dijo que durante los primeros días que siguieron a la toma del poder, las víctimas de la Gestapo alcanzaron la cifra de *varios cientos de miles.*

Pero Hermann Goering, el principal acusado en los juicios de Nuremberg, al ser interrogado al respecto, respondió al juez estadounidense:

> "Al principio hubo naturalmente ciertos abusos de poder y, por supuesto, a veces sufrieron personas inocentes, pero a la luz de la magnitud, tanto de la acción emprendida como de todo el movimiento, este impulso alemán hacia la independencia constituyó la *revolución* más *incruenta y más disciplinada de la historia."*

Al principio sólo los dirigentes comunistas eran enviados a campos de concentración. Después de enterarse de que Thalman, el líder del Partido Comunista Alemán, había sido maltratado en "detención preventiva", Goering dio órdenes de que Thalman fuera llevado ante él y luego le dijo:

"¡Mi querido Thalman! Si hubieras tomado el poder, no te habrían golpeado, pero por otro lado, no dudo que habrías ordenado mi pronta ejecución."

"¡Naturalmente!", replicó el líder comunista.

Este incidente demuestra mejor que ninguna otra cosa que al principio no había judíos en los campos de concentración alemanes y que los propios dirigentes nacionalsocialistas impidieron los malos tratos a los internados.

El verdadero objetivo era el establecimiento de un territorio especial para los judíos en el Este. Este era el proyecto al que se hacía referencia, y los diarios y revistas que contenían propaganda de guerra alemana publicaban imágenes que lo ilustraban. Eran los guetos modernos y en cada uno de ellos vivía y trabajaba la población judía de todo un distrito. Los alemanes estaban convencidos de que ganarían la guerra y entonces quisieron expatriar a los judíos de Europa. Los guetos del Este, por tanto, no representaban la patria judía permanente, sino sólo una reserva temporal. ¿Hasta qué punto esto era correcto o incorrecto? La mejor decisión la pueden dar los británicos, que durante la guerra de los Boers internaron a todas las mujeres y niños de la población, de modo que perecieron más mujeres que hombres.

Sin embargo, en ningún caso se puede acusar a los británicos de querer exterminar a los bóers. Simplemente pusieron en práctica ciertas medidas de seguridad. Es aún más comprensible que los alemanes quisieran llevar a cabo tales medidas de seguridad, ya que los judíos nunca negaron que se oponían a los alemanes con odio fanático y que no tenían escrúpulos en resistirse a ellos mediante la guerra de partisanos o mediante actos de sabotaje. Además, estas medidas tenían amplia base en el derecho internacional, ya que los judíos se declaraban parte beligerante.

¿Han tenido alguna vez los alemanes intención de exterminar a los judíos orientales? Existen pruebas indirectas de que los alemanes nunca tuvieron tal intención. Durante los bombardeos aéreos y los "bombardeos de saturación" de barrios residenciales, iglesias, hospitales y asentamientos de trabajadores, los irresponsables de la población en guerra solían expresar la exigencia de que todos los trabajadores judíos del Reich fueran considerados rehenes. El "hombre de la calle", a su manera sencilla y decente, argumentaba que si los judíos occidentales ordenaban ataques aéreos contra mujeres y niños inocentes, entonces este ultraje hacía justificable que se enviara a mujeres y niños judíos inocentes a perecer también bajo el bombardeo de alfombras. Pero el partido y los dirigentes nunca cedieron a estas demandas, aunque la ejecución de esta política sólo habría requerido avisar por radio de que los internos de los campos judíos serían trasladados a los distritos residenciales y objetivos no militares más frecuentemente bombardeados, para que perecieran primero en el bombardeo de saturación.

En los territorios orientales, es decir, en Polonia, Ucrania y Lituania, los judíos sufrieron sus mayores pérdidas. Pero hasta 1943 nadie sabía nada de los llamados asesinatos en masa. Estas pérdidas se produjeron en la guerra partisana ucraniana, cuando los alemanes se vieron obligados a tomar rehenes. Entre estos rehenes había un buen número de judíos, ya que era comúnmente sabido que los judíos estaban del lado de los partisanos. La gran cuestión era si un ejército en campaña tenía derecho a tomar rehenes durante una guerra espantosa y asesina contra los partisanos. Desde el punto de vista de la humanidad esto es muy dudoso. En cualquier caso, en el transcurso de los juicios de Nuremberg varios testigos declararon que en las montañas de Harz se encontró una orden escrita y firmada por el general Eisenhower. Esta orden ordenaba que por cada soldado americano muerto debían ser asesinados veinte rehenes alemanes. También es digno de mención que durante la guerra de Corea los estadounidenses se vieron obligados a adoptar "métodos alemanes" contra los partisanos. Pueblos enteros fueron arrasados de la faz de la tierra porque se sospechaba que allí podían esconderse partisanos. En la página veinticinco de la revista *Colliers* del 26 de agosto de 1950, se publicaron varias fotografías en las que aparecían partisanos capturados y rehenes. El pie de foto dice: "Los acontecimientos de la guerra demuestran que en Asia se tiene muy poca consideración por la vida humana. Los surcoreanos sospechosos de traición eran cargados en camiones para llevarlos al lugar de ejecución. (En algunos casos les rompían la espalda antes de fusilarlos)".

En estas imágenes, los partisanos coreanos están custodiados por soldados estadounidenses. Así puede verse que Eisenhower, al igual que McArthur, consideraba justificable la toma de rehenes. Sin embargo, miembros de las fuerzas de seguridad alemanas fueron condenados a muerte por obedecer órdenes exactamente de la misma naturaleza.

Es muy interesante comparar los acontecimientos de hoy con los de la Segunda Guerra Mundial. Podemos leer casi a diario en cualquier periódico cómo los británicos están matando a los Mau Mau sin el menor sentimentalismo. Un día mueren 130 y otro son ejecutados 34 miembros de Mau Mau. Pero la "conciencia mundial" a estas alturas se limita a ignorar estos horrores reconociendo con indiferencia que Gran Bretaña tiene que emplear estas medidas drásticas para establecer el orden. Pero no cabe duda de que los rebeldes del gueto de Varsovia eran al menos tan despiadados y fanáticos como los asesinos miembros de Mau Mau, y la judería se había declarado parte beligerante y actuaba como tal en toda Europa. Pero las cadenas de radio occidentales y soviéticas no perdían ocasión de atizar el fanatismo de la judería europea. Los locutores judíos de las diversas emisoras berreaban al espacio desde la seguridad de los refugios a prueba de bombas, invocando, de hecho, el destino sufrido por los judíos en manos alemanas.

Las vidas humanas perdidas en la guerra partisana no prueban ninguna intención de exterminar a los judíos. Los campos estuvieron bajo la supervisión constante de las autoridades sanitarias y fueron inspeccionados regularmente hasta el momento de la invasión de Europa, es decir, hasta junio de 1944. Se calculó un espacio mínimo de cuatro metros cúbicos para cada recluso. El campo de Belsen, cerca de Bremen, albergaba a 15.000 internos. Este campo era en realidad un sustituto de una prisión. Los internos recibían atención médica regular. Los enfermos graves eran trasladados al hospital. Los casos más leves eran tratados médicamente en el campo. Los internos de origen extranjero también podían recibir paquetes, al igual que los alemanes. La fiscalía realizaba investigaciones exhaustivas en cada caso, y los que eran declarados inocentes eran devueltos a su país. Pero los declarados culpables eran condenados a muerte por los tribunales militares y ejecutados. La media de muertes naturales fue de 200 al mes en 1944. Pero cuando los bombardeos de saturación paralizaron el sistema de transportes y comunicaciones del Reich, el sistema de racionamiento se volvió cada vez más caótico y, en consecuencia, estallaron las epidemias. El comportamiento de los guardas del campo con los internos se volvió más estricto y la tasa de mortalidad aumentó. Pero a pesar de todas las desventajas, Belsen no era un campo de exterminio. ¿Por qué, entonces, se mostró como un foco de terror en la película propagandística preparada por los judíos estadounidenses? ¿Qué tipo de propaganda de terror era ésta? ¿Quién es responsable si, como consecuencia directa de los bombardeos aliados, se produjo una hambruna? ¿Fueron los alemanes o los aliados? ¿Cuál de ellos causó más bajas en los campos?

Shem, el periódico clandestino de los nacionalistas judíos en Francia, publicó el 8 de julio de 1944 un artículo digno de mención en el que describía las condiciones en los campos de internamiento del este de Alemania. Debemos considerar estos informes como fuentes fiables de información, ya que fueron dados por judíos a judíos y se basaban en la experiencia directa. Tratan en detalle las condiciones en los campos de Byslowitz, Chrszno, Kattowitz-Birkenau-Wadowitz, Meisso, Lager Oberlagenbielau, Waldenburg y Theresienstadt. La vida en un campo podía parecer bastante dura para los internos, mientras que en otro parecía más tolerable y en un tercero podía haber condiciones bastante buenas. En general, en todas partes los internos recibían un trato estricto pero justo. Las mujeres tenían que realizar tareas domésticas ligeras. Los hombres trabajaban en la construcción de carreteras. No hay ni una palabra en el informe de este periódico judío sobre exterminio o maltrato de los internos. Tampoco hay una palabra en estos relatos sobre cámaras de gas, campos de exterminio o infanticidios. Al contrario. *Shem* informa de que los niños más pequeños, de entre dos y cinco años, eran enviados a varios jardines de infancia de Berlín para que disfrutaran de los cuidados de la Cruz Roja Alemana y del Departamento de Bienestar Público.

¿Cómo, entonces, se engañó al mundo con la ficción del exterminio de seis millones de judíos? ¿Dónde se fotografiaron realmente las escenas de las cámaras de gas y los cadáveres mostrados en la película propagandística *Todesmuhle* (Molino de la Muerte)?

A finales de 1945 aparecieron nuevos internos en el campo de concentración de Dachau. Pero ya no se trataba de judíos, sino de algunos de los alemanes derrotados: los "criminales de guerra". A continuación se les ordenó construir con la mayor celeridad posible diversos edificios auxiliares adicionales. Pero, en primer lugar, había que destruir las bellezas hortícolas de los campos porque sería bastante difícil para el público estadounidense que iba al cine creer que los judíos estaban sufriendo en medio de bonitos jardines y parterres, especialmente cuando acudían al cine con la expectativa de ver horrores. Así, los trabajadores recibieron órdenes de cavar un pozo de sangre con un desagüe para drenar la sangre, porque debía parecer que aquí la sangre judía corría a raudales. Las duchas, los vestuarios y las salas de recepción debían reconstruirse para que parecieran cámaras de gas. Para conseguir esta apariencia se construyó una estructura especial de hormigón separada con pequeñas aberturas en forma de ojos de buey, y estos artilugios todavía se exhiben hoy en día pretendiendo demostrar que el "gas de la muerte" que mataba se dejaba entrar a través de estos ojos de buey. Los trabajadores cautivos también recibieron órdenes de construir "*un patio de ejecución especial que supuestamente mostraba el lugar donde se disparaba a las víctimas a través de la nuca*".

Philip Auerbach, que llegó a ser Subsecretario de Estado del Gobierno de Baviera, así como líder y jefe en funciones de los judíos alemanes liberados de los campos de concentración, tuvo la brillante idea de que también en el campo hubiera un "árbol colgante". Se arregló y embelleció un gran abeto que había en el parque, y además, para gran suerte de Auerbach, este árbol tenía una rama robusta que sobresalía horizontalmente. Así que se cortó el extremo de esta rama y se frotó el tronco restante con cuerdas durante mucho tiempo hasta que pareció muy pulido y capaz de proporcionar pruebas de que cada día cientos de judíos ejecutados habían sido colgados de este árbol.

Los judíos convirtieron este campo en una cámara de los horrores y se descubrió una placa conmemorativa cuya inscripción dice que 238.000 personas fueron incineradas aquí. Pero el crematorio sólo tenía dos hornos. Para incinerar los supuestos 238.000 cuerpos, estos hornos tendrían que haber estado funcionando durante tres años sin parar nunca, y en este caso se habrían recuperado unas 530 toneladas de cenizas humanas.

Basándose en la información recibida de un polaco sobornado en 1949, un oficial judío americano del C.I.C. inició excavaciones a gran escala en el huerto del campo. Pero a pesar de todos sus incansables esfuerzos y gastos no se encontraron cenizas ni cuerpos judíos. No es de extrañar. Ya que uno de los dos hornos del crematorio había sido construido *después de* la guerra para rodar las escenas de *Todesmuhle*.

El cardenal Faulhaber, arzobispo alemán, informó a los estadounidenses de que, durante los bombardeos aéreos de Munich en septiembre de 1944, murieron treinta mil personas. El propio arzobispo pidió a las autoridades alemanas de la época que incineraran los cuerpos de estas víctimas en el crematorio de Dachau. Pero, desgraciadamente, este plan no pudo llevarse a cabo. El crematorio, *al disponer de un solo horno, no daba abasto para los cuerpos de las víctimas, ni tampoco hubiera podido albergar los supuestos cuerpos judíos.* Los únicos cuerpos incinerados fueron los de los reclusos que fallecieron de forma natural.

Para completar la historia de Auerbach, en 1952 fue declarado culpable y condenado a una pena de prisión por falsificar documentos que pretendían demostrar que había pagado enormes sumas en concepto de indemnizaciones a judíos inexistentes.

Las otras "pruebas" fueron igualmente inventadas. Judíos con uniforme del ejército estadounidense mostraron al Jefe de Policía de una gran ciudad alemana una fotografía y le dijeron: "¡Mire aquí, tenemos entendido que fue usted quien ordenó el asesinato de casi 20.000 judíos cuyos cuerpos pueden verse en esta fotografía!". La fotografía mostraba un espectáculo macabro, hecatombes de cuerpos humanos horriblemente deformados. Pero el Jefe de Policía replicó secamente: "*No son cuerpos judíos. Son los cuerpos de los habitantes de esta ciudad asesinados en los bombardeos aéreos. Son todos alemanes. Por* cierto, puedo demostrar que yo mismo ordené hacer esta foto cuando era jefe de la policía".

Hoy se pueden presentar miles y miles de pruebas similares que demuestran los fantásticos métodos y trucos utilizados para difundir la historia ficticia de seis millones de judíos exterminados, inventada por propagandistas, productores de cine, periodistas, oficiales del C.I.C. y torturadores judíos.

¿Qué les ocurrió realmente a esos seis millones de judíos, para los que se proyecta erigir un monumento conmemorativo en Manhattan?

El *Baseler Nachrichten* del 12 de junio 1946, publicó la noticia de que se había celebrado en Ginebra una conferencia de prensa de destacados miembros del Congreso Mundial Judío, en la que el Dr. M. Perlzweig, delegado de Nueva York, hizo la siguiente declaración: "El precio de la caída del nacionalsocialismo y del fascismo es el hecho de que siete millones de judíos perdieron la vida gracias al cruel 'antisemitismo'. El número de judíos que sobreviven hoy en Europa es de un millón y medio".

Pero en su siguiente número, el *Baseler Nachrichten* se vio obligado a dar espacio al informe de un corresponsal americano, que cuestionaba la autenticidad de esta cifra propagandística en los términos más enérgicos. Este informe señala en primer lugar que si esta cifra fuera correcta, las *pérdidas de los judíos en la guerra serían mayores que las pérdidas totales de Gran Bretaña, América, Australia, Canadá, Nueva Zelanda, Francia, Bélgica, Holanda y Dinamarca sumadas.*

Lo más notable de todo esto es que, en 1933, el número total de judíos europeos, exceptuando los de la Unión Soviética, era de 5.600.000. Esta cifra era bien conocida por el Congreso Judío

Americano a partir de las estadísticas publicadas en el *New York Times* el 11 de enero de 1945. De estos 5.600.000 hay que deducir un millón por el número de judíos que quedaban en Polonia oriental más allá de la línea Molotov-Ribbentrop, a los que no les pasó nada hasta el 21 de junio de 1941, cuando estalló la guerra germano-soviética. Según las estadísticas del *Baseler Nachrichten*, en Europa vivían cinco millones de judíos, sin contar los que se encontraban en la Rusia soviética. Pero de estos cinco millones *hay que deducir el número de judíos que vivían en países neutrales, ya que nunca les pasó nada*. Según las cifras estadísticas del Almanaque Mundial de 1942, el número de judíos que vivían en Gibraltar, las Islas Británicas, Portugal, España, Suecia, Suiza, la República Irlandesa y Turquía ascendía a 420.000.

El número de judíos, por tanto, al alcance del nacionalsocialismo nunca fue superior a 4.500.000. La misma fuente neutral de información, el *Baseler Nachrichten,* al referirse a los datos estadísticos judíos disponibles, establece que entre 1933 y 1945 emigraron 1.500.000 judíos a Gran Bretaña, Suecia, España, Portugal, Australia, China, India y Palestina, por no hablar de Estados Unidos, donde el ochenta por ciento de los inmigrantes llegados con pasaporte alemán, australiano, polaco o checoslovaco eran judíos. Según el informe del *Baseler Nachrichten,* medio millón de judíos escaparon a Siberia antes de que los ejércitos alemanes lanzaran su ataque contra la Rusia soviética. Por lo tanto, el número de judíos que quedaban en la esfera de influencia de Hitler no podía ser superior a 2.500.000. Pero en 1946, exceptuando de nuevo a Rusia, ¡todavía había 1.559.600 judíos viviendo en Europa!

> "Pero hoy una cosa es cierta: *la presunción de que las pérdidas judías* fueron de entre cinco y seis millones (presunción adoptada incluso por el Comité Palestino) es absolutamente absurda. El número máximo concebible de víctimas judías podría estimarse entre un millón y un millón y medio, ya que no había más judíos al alcance de Hitler y Himmler, y podemos estimar razonablemente que las pérdidas reales de la judería están muy por debajo de esta cifra."

Las autoridades estadounidenses de ocupación en Alemania llevaron a cabo una investigación de posguerra para determinar el número de personas que perecieron en los campos de concentración. Según su informe publicado en 1951, 1,2 millones de personas murieron en estos campos durante todo el periodo de su existencia. Esta cifra incluye a judíos, gitanos, ucranianos y de todas las demás nacionalidades, es decir, a todos los prisioneros que murieron de muerte natural en los campos de concentración. Por lo tanto, en la estimación más alta posible, el número de judíos que perecieron no puede ser superior a 500.000 o 600.000 personas. En comparación con esto, las naciones cristianas sufrieron pérdidas inconmensurablemente mayores. Consideremos la pequeña nación húngara, cuya población total es aproximadamente la misma que la de los judíos del mundo. Las pérdidas de guerra de Hungría en muertos, incluyendo las víctimas de los ataques aéreos y los congelados o muertos de hambre en los campos de exterminio siberianos, alcanzan al menos un millón. ¿Y cuáles son las pérdidas de Alemania? Tres millones seiscientos mil soldados alemanes murieron en combate en la guerra impuesta al Reich por la judería mundial. Un millón doscientos mil civiles murieron en los bombardeos de saturación, mientras que dos millones cuatrocientos mil alemanes orientales, junto con seiscientos mil alemanes de los Sudetes y otras doscientas mil personas de origen alemán fueron masacrados al final de la guerra. Un millón cuatrocientos mil alemanes perecieron o fueron asesinados en las cárceles, campos de prisioneros de guerra y campos de internamiento de los Aliados y la Unión Soviética.

Contra la horrible verdad demostrada por estos hechos y cifras, los verdaderos criminales de guerra tuvieron que construir una leyenda de martirio judío, y esta gigantesca propaganda mentirosa contó con la ayuda de todas las organizaciones oficiales judías, de todos los periódicos judíos del mundo como el *New York Times*, etc., y de todos los judíos, ya fueran importantes hombres de estado o pequeños traficantes en negro de las turbias calles laterales. El New *York Times, en* su edición del 1 de mayo de 1946, publicó sus tristemente célebres estadísticas, según las cuales el número de víctimas judías superaba los seis millones.

En *Die Neue Zeitung* del 4 de febrero 1946, órgano semioficial de las fuerzas de ocupación americanas, el Joint Distribution Committee publicó sus estadísticas y según éstas el número de judíos que perecieron durante la Segunda Guerra Mundial se estima en 5.012.000. Ambas estadísticas son obras maestras del malabarismo y el resultado de una colección de falsedades. Al parecer, sus compiladores se basaron en la ignorancia del resto del mundo.

Churchill ha dicho que hay dos tipos de mentiras: las mentiras descaradas y las *estadísticas*. Pero estas mentiras representan y combinan ambos tipos. Es revelador que para alcanzar el resultado requerido, los judíos simplemente aumentaron su número viviendo en Europa en 1939.

Pero la cuestión principal que queda por resolver es si el número de supervivientes es comunicado correctamente por los judíos. Los diversos periódicos judíos escritos en húngaro y editados en diferentes partes del mundo subrayan continuamente que seiscientos mil judíos perecieron en Hungría. En contraste con esto, las estadísticas del *New York Times* sitúan la cifra de los judíos que murieron en Hungría en doscientos mil, mientras que la Oficina Central de Estadística de Budapest, que a partir de 1946 estuvo bajo el control exclusivo de la judería y los demócratas populares, afirma que las pérdidas de judíos húngaros fueron de ciento veinte mil. Pero incluso las cifras de la Oficina Húngara de Estadística se obtuvieron únicamente comparando los datos de las declaraciones legales de defunción con las declaraciones de los judíos que regresaron a Hungría. Llama la atención que en el apartado relativo a Hungría aparezca una línea de puntos sin cifras frente a los desplazados húngaros. De ello se deduce que en Austria o Alemania no quedó ningún desplazado judío húngaro. Pero lo cierto es que 35.000 judíos húngaros nunca regresaron a la Hungría dominada por los soviéticos. Así que si se tiene en cuenta esta cifra las pérdidas de judíos húngaros no serían de 120.000 sino de 85.000. El *New York Times* señala que 25.000 judíos húngaros que llegaron a Rusia como miembros de divisiones de trabajo y fueron capturados allí más tarde, no se tienen en cuenta en la lista de judíos húngaros perdidos. Todos ellos regresaron más tarde a Hungría en buen estado de salud. Por lo tanto, una estimación más justa de las pérdidas de judíos húngaros sería de unas 60.000 personas.

También pueden detectarse fraudes estadísticos similares en relación con los judíos franceses. El fiscal que representaba la parte de la acusación relativa a Francia durante los juicios de Nuremberg, afirmó que 120.000 judíos fueron deportados por motivos raciales. El *New York Times afirma* que de 320.000 judíos franceses sólo hubo 180.000 supervivientes. Por tanto, 140.000 perecieron. Pero, ¿cómo? se preguntará el lector, cuando, según el propio fiscal francés, fueron 120.000 los deportados. Además, un gran número de ellos también sobrevivió. Podemos leer en el libro *Your France*, de Bradley, los horrores cometidos contra el pueblo francés por los judíos liberados de los campos de concentración.

Pero mayores y aún más flagrantes fraudes se observan en las estadísticas relativas a los mayores bloques de judíos, es decir, en Polonia y Rusia. Según los relatos del Joint Distribution Committee y del *New York Times,* de tres millones doscientos cincuenta mil judíos polacos y rusos sólo hubo ochenta mil supervivientes. El fraude más flagrante es que según la columna "Polonia" *no queda ningún judío polaco D.P.S. en Alemania Occidental o Austria..* Al contrario, ¡allí pululan por miles en los mercados negros! Pero, desgraciadamente, una sorpresa muy desagradable vino a estropear la creencia mundial de que sólo quedaban ochenta mil supervivientes de la judería polaca. Ciento cincuenta mil judíos polacos llegaron de repente a Occidente huyendo de los pogromos polacos. Fueron llevados a toda prisa a Palestina y América. Su emigración se llevó a cabo en un tiempo récord.

He aquí otro punto notable. En las estadísticas del Joint Distribution Committee, la Rusia soviética no se menciona en absoluto. ¿Cuál es la situación de los judíos rusos? El Comité sólo da la siguiente información: "Otros países del Continente" - "Pérdidas: 139.000 personas". Pero el *New York Times* corrige esta cifra y dice que, incluyendo la población judía de Estonia, Letonia y Lituania, de 3.550.000 judíos rusos sólo sobrevivieron

2.665.000. Esto significa que 885.000 judíos bálticos y rusos perecieron.

No hay duda de que en estos territorios los judíos sufrieron pérdidas considerables y no sólo en la guerra de partisanos. Las tropas alemanas en el Este no cometieron atrocidades contra los judíos. *La población ucraniana mató a unos cuantos miles de judíos, pero no los mataron como judíos sino como opresores y atormentadores bolcheviques.* En Odessa las tropas rumanas organizaron una masacre como represalia por un intento de ataque a su cuartel general. Pero la intervención de las tropas alemanas reprimió estos incidentes.

Como demostró el periódico *Der Weg*, los llamados "interrogadores" fueron enviados a Europa a principios de 1945. Estos "interrogadores" estaban formados hasta en un cien por cien por judíos estadounidenses y por judíos alemanes que habían emigrado para escapar de Hitler. Comenzaron sus pesquisas en 1945 y cuando se resumieron sus registros, resultó que doce millones de judíos fueron asesinados por los alemanes en las cámaras de gas. Al parecer, este resultado fue demasiado incluso para el judío Walter Lippman, quien advirtió a los judíos en las columnas del *New York Herald Tribune* que al utilizar cifras tan manifiestamente falsas sólo se perjudicarían a sí mismos. Como resultado de su artículo, la cifra de judíos "asesinados" por los alemanes se redujo repentinamente a seis millones.

Siempre cabe preguntarse si habría sido físicamente posible destruir a tantos judíos como los propagandistas afirman que fueron destruidos. ¿Tenían los alemanes tiempo suficiente para ello? ¿Disponían de instalaciones adecuadas para ello? Y entonces, ¿por qué fue necesario construir crematorios adicionales tan rápidamente para rodar escenas en las películas de propaganda? ¿Es posible que los judíos construyeran estos crematorios adicionales para hacer más creíbles sus estadísticas increíblemente altas? ¿Era necesario que los alemanes destruyeran sistemáticamente a los judíos, cuando en todo momento carecían de mano de obra y podían utilizar muy bien a los judíos para fines de producción bélica?

El supuesto "exterminio" no habría comenzado antes de principios de 1944. ¿Es creíble que durante este corto período de tiempo, es decir, desde principios de 1944 hasta el final de la guerra, los alemanes pudieran destruir a seis, cinco o incluso tres millones de judíos, como afirman las diversas "fuentes"? Después de todo, es un hecho bien conocido hoy en día que la población alemana no sabía nada de la existencia de los campos judíos. Por lo tanto, es impensable que los alemanes pudieran haber organizado masacres de la magnitud de las cometidas por sus enemigos en las plazas públicas de Praga. En los campos sólo había pequeñas unidades de guardia, que más tarde fueron sustituidas por la policía de campo, a menudo formada en parte por unos pocos judíos, que mantenían el orden y vigilaban a los prisioneros. Difícilmente puede concebirse una concentración tan enorme de judíos, igual en número al total de las fuerzas armadas alemanas. En un momento en que los alemanes se enfrentaban a los problemas más difíciles en relación con el transporte de municiones, alimentos y gasolina, ¿es probable que hubieran transportado y concentrado sólo a judíos? ¿Se puede suponer razonablemente que la destrucción masiva de millones de personas a tan gran escala podría haberse mantenido en secreto? ¿Por qué guardó silencio la radio rusa? ¿Y por qué los propagandistas occidentales no dijeron nada sobre estos exterminios en potencia? Puesto que conocían los secretos más íntimos del Estado Mayor alemán y del partido nacionalsocialista a través de espías y traidores, seguramente habrían sabido de estos "exterminios". ¿Por qué no empezaron a hablar de estos horrores hasta el final de las hostilidades?

Por lo tanto, la verdadera verdad sobre el exterminio de seis millones de judíos debe encontrarse tras el Telón de Acero y tras las cortinas púrpuras de felpa de la política estadounidense de 1945.

¿Cómo fue posible que en el otoño de 1945 y la primavera de 1946 aparecieran multitudes de judíos tan grandes en Checoslovaquia, en Polonia, en Hungría y en Bulgaria que las poblaciones de estos países tuvieron que enfrentarse a una segunda ocupación?

Un testigo judío aparentemente auténtico da la respuesta correcta a muchas de estas preguntas. Se trata de Louis Levine, presidente del American Jewish Council for Russian Relief, que realizó una gira de posguerra por toda la Rusia soviética y posteriormente presentó una relación completa de la situación de los judíos en ese país.

"Al comienzo de la guerra", dijo Levine en Chicago el 30 de octubre 1946, "los judíos estuvieron entre los primeros evacuados de las regiones occidentales amenazadas por los invasores hitlerianos, y enviados a un lugar seguro al este de los Urales. Así se salvaron dos millones de judíos".

He aquí, pues, los dos millones de judíos dados por muertos e inscritos entre los seis millones de mártires para publicidad mundial y para "pruebas" en los juicios de Nuremberg. Tras la ejecución de los "criminales de guerra", estos dos millones de refugiados judíos salieron de sus escondites detrás de los Urales y de otros lugares seguros de la Unión Soviética. Surgieron como bolcheviques de clase dirigente hechos y derechos para hacerse con el poder en los países empujados tras el Telón de Acero.

¿Qué pasó con el resto? ¿Dónde están los otros judíos "muertos"? El crecimiento increíblemente rápido de la población judía en América, Canadá y Sudamérica da otra respuesta a esta pregunta. Ya nos hemos referido a los judíos, alrededor de un millón y medio, que emigraron de Europa en 1945. También sabemos que cuarenta y un mil judíos, con la ayuda de relaciones influyentes y declaraciones juradas, lograron emigrar de Europa directamente a América antes de que se aprobara la Ley de Personas Desplazadas. También hemos mencionado que antes y durante la Segunda Guerra Mundial, entre el veintisiete y el cincuenta por ciento, e incluso a veces hasta el ochenta por ciento, de los inmigrantes en EE.UU. eran judíos. Durante los cinco años inmediatamente posteriores a la Segunda Guerra Mundial, otra oleada de inmigración judía se extendió por Estados Unidos. Llegaron como D.P.s o como inmigrantes ordinarios de Inglaterra y Francia, o quizás como pasajeros de lujo de detrás del Telón de Acero. Llegaban con distintivos de organizaciones cristianas como la Conferencia Católica de Bienestar o el Servicio

Eclesiástico Mundial. Algunos venían con los papeles en regla, otros con pasaportes falsos. La cuota de judíos en el D.P. era mayor que la de todas las demás naciones juntas. Pero esto no satisfizo a Herbert H. Lehman, senador de Nueva York, que declaró que la Ley de Desplazados era "antisemita". Pero las autoridades de inmigración de los puertos de Nueva York y Boston y los funcionarios de los consulados estadounidenses estaban lejos de ser "antisemitas", ya que eran, casi exclusivamente, judíos.

Según las últimas estadísticas, el número total de judíos en el mundo es de unos quince millones. Pero si este es el caso es absolutamente imposible que seis millones, o incluso un millón, de judíos hayan sido "destruidos". El número de judíos americanos ha aumentado en casi dos millones desde la guerra. Antes de la guerra las sinagogas judías sólo tenían 4.081.242 miembros activos. Los ateos, agnósticos, conversos y comunistas que se consideraban judíos por motivos políticos pero no religiosos no están incluidos en esta cifra que, en cualquier caso, debe considerarse poco fiable, ya que se elaboró con el único fin de favorecer los intereses judíos. Pero podemos demostrar el tremendo aumento de la población judía estadounidense a partir de las cifras contenidas en las estadísticas lingüísticas, que, en cualquier caso, son más fiables que las relativas al credo y la religión. Según éstas, 2.270.000 personas hablan yiddish sólo en Nueva York, y las estadísticas de 1950 del Congreso Mundial Judío nos dicen que el número total de judíos en el mundo sólo asciende a 11.473.353 personas. Pero a pesar de esta cifra estadística parece bastante seguro que la población judía de los Estados Unidos ha alcanzado la cifra de siete millones. Es probable, sin embargo, que el Dr. Cecil Roth, historiador judío y lector en la Universidad de Oxford, haya llegado a la conclusión más acertada. Este valiente historiador y líder judío leyó una conferencia en la sinagoga B'nai B'rith Jehuda de Kansas City el 18 de marzo de 1952, en la que afirmaba que *dos tercios de la población judía mundial vivía en Estados Unidos. Según Cecil Roth, el total de la población judía mundial, incluidos los miembros secretos, es de diez millones.* (Edmondson: *I Testify*, página 57.)

Los "muertos" judíos representados por las cifras falsas de las falsas estadísticas de Nuremberg están, de hecho, viviendo detrás del Telón de Acero soviético o detrás de las cortinas de felpa púrpura de la política rooseveltiana. Así, estas estadísticas fraudulentas multiplican por diez la *cifra real* de judíos que perecieron en la Segunda Guerra Mundial. La ONU nunca se atrevió a llevar a cabo una investigación imparcial sobre el caso de los supuestos seis millones de víctimas judías, y Alemania, mientras vivió bajo ocupación militar, no tuvo oportunidad de publicar las estadísticas oficiales en manos alemanas relativas a los campos de concentración a partir de las cuales se podrían averiguar los hechos reales. Sin embargo, las listas con los nombres de los prisioneros de los diversos campos de concentración, junto con todas las demás pruebas, están ahí, en los archivos del Gobierno Federal Alemán. *¿Por qué los alemanes no se atreven a publicarlas? Porque si lo hicieran, los conquistadores del mundo provocarían de inmediato el hundimiento de la fantástica recuperación financiera de Alemania.*

Esta figura propagandística era necesaria para asegurarse la simpatía del mundo. Aumentando el número de mártires se facilitaba la conquista del mundo y se podía aterrorizar más a los pueblos gentiles. Si el judaísmo mundial hubiera dicho la pura verdad y dado las cifras correctas de las víctimas judías, se habría anotado una victoria moral en este debate. Pero con sus mentiras, ha disipado su mayor activo moral y se ha jugado la simpatía del mundo. Cientos de miles de personas fueron torturadas en un frenesí de venganza por los malos tratos infligidos a los judíos. Sin *embargo, el número de víctimas judías en la Europa actual es mucho mayor que el número de mártires judíos bajo el régimen de Hitler.* Llegará un día en que la historia decidirá quiénes fueron los verdaderos verdugos de los judíos y quiénes los trataron con mayor barbarie.

El 6 de abril 1951, en *Aufbau*, el periódico judío de Nueva York, se publicó el siguiente llamamiento en alemán bajo el título: "Israel busca testigos". "El Ministerio de Justicia israelí en Jerusalén busca testigos en los casos de varias personas investigadas por haber cometido graves crímenes contra la humanidad y contra la nación judía durante la Segunda Guerra Mundial. Casi todos ellos están acusados de crímenes cometidos contra internados (judíos)." Y se dieron los siguientes nombres Andre Banek, Mordechai Goldstein, Ria Regina Hanzova, Jacob Honnigmann, Pinkus Pshetitzky, Moses Puesitz, Dr. Joshua Sternberg y Trenk Elsa. De estas ocho personas, siete son judíos.

"¿Cómo es posible?", puede preguntarse el hombre de la calle, que sólo ha sido informado de las supuestas atrocidades de las S.S. "¿Cómo podían los judíos cometer atrocidades contra otros judíos en los campos de concentración? ¿No será una patraña de los nazis?".

El Daily Journal húngaro (Magyar Jovo), periódico comunista judío de Nueva York, reimprimió el 27 de abril de 1951 un artículo de la pluma de Sandor Grossman, publicado originalmente en el periódico sionista *Hatikva*, editado en Buenos Aires, que decía lo siguiente:

"La atención de la prensa mundial está ocupada por informes publicados en periódicos israelíes. Según estos informes, el tribunal de Tel-Aviv dedica largas sesiones a arrojar luz sobre las actividades de ciertos miembros de la policía del KZ (KZ = campo de concentración). Así se supo que un médico judío de Chedera había tratado con gran crueldad a personas deportadas. *Mató a judíos aplicándoles inyecciones letales.* Se negó a prestar ayuda médica en muchos casos, con el comentario: En cualquier caso, perecerás como un perro". De otro médico los testigos dijeron cosas aún peores en sus declaraciones. Un tercer ex miembro de la policía del KZ maltrató y torturó a sus hermanos judíos y causó la muerte de muchos de ellos.

"Estos últimos cargos presentados contra ex-miembros de la Policía KZ sacaron a la luz muchos actos de violencia increíblemente crueles y horribles.... Es el crimen de una década de liderazgo oficial judío que se haya permitido el desarrollo de una clase social cuyos miembros están dispuestos a emprender cualquier cosa, por inescrupulosa que sea, *superando incluso las aberraciones mentales más horribles de los matones fascistas, y a gratificar sus instintos egoístas torturando y mutilando a sus propios hermanos y hermanas de sangre.* No tenemos que ir muy lejos ni en Hungría ni en ninguno de los otros países fascistas para encontrar a los principales culpables: los educadores de la Policía KZ y sus predecesores. Estos hombres siempre estuvieron al frente de las comunidades y oficinas religiosas judías y de las organizaciones sociales judías."

No lo escribe ningún "antisemita" tendencioso, sino un nacionalista judío en las columnas de un periódico judío. Y aunque la lista completa de casos similares no está en nuestras manos, valdrá la pena que señalemos aquí uno o dos de ellos.

En la página cuatro del número de diciembre de 1946 del periódico socialdemócrata *Nepszava* de Budapest aparecía el siguiente artículo. Se titulaba "Los horribles hechos de la flagelación de Nelly" y continuaba: "El fiscal del pueblo acusó a la señora Mor Klein, secretaria del tribunal popular. Según la información recibida como resultado de la investigación realizada por el fiscal del pueblo, la acusada, la Sra. Mor Klein, era conocida por las ochocientas desafortunadas personas a su cargo en Bergen-Belsen por el apodo de 'Flogging Nelly'. Siempre tuvo buen cuidado de ocultar tanto su nombre como su origen y causó la muerte de todos aquellos que pudieron desenmascararla. Según la acusación, "Flogging Nelly" era comandante de bloque y cometió sus atrocidades como tal. En pleno invierno, ordenó a las mujeres que se pusieran en fila desnudas delante de la casa de baños y las hizo esperar varias horas antes y después de bañarse. Esta exposición causó la muerte de muchas mujeres a su cargo. Maltrató a una de las deportadas -una chica llamada Magda Lowi, que no estaba en su bloque y, por tanto, no estaba a su cargo- azotándola y golpeándola durante media hora sin parar, hasta que la chica apenas era reconocible, ya que estaba cubierta de heridas por todo el cuerpo. Nelly a menudo vertía bebidas hirvientes sobre los desafortunados internos, que sufrían quemaduras graves. En lugar de distribuir la comida que le daban para su bloque, la robaba, por lo que el número de las que morían de hambre era varias veces mayor que en cualquiera de los otros barracones. No distribuyó las provisiones más necesarias durante el frío invierno de 1945, sino que las destinó a su propio beneficio".

La Sra. Mor Klein fue condenada a muerte por el tribunal popular y fue así *la única criminal de guerra real que pagó la pena por sus crímenes*. Otro periódico de Budapest, *Vilag* (El Mundo), dio cuenta en 1947 de un caso similar bajo el título: "Azotó a sus camaradas en Auswitz". El periódico relata que la "Tigresa Klara" fue capturada en uno de los restaurantes de moda. El relato continúa: "Esta sádica mujer era la comandante del barracón nº A/7 del campo de Auswitz. Según las declaraciones de varios testigos, esta mujer, de veinticinco años de edad, se paseaba con un garrote en una mano y un látigo en la otra. Azotaba sin piedad a las mujeres deportadas y por la menor falta les ordenaba que se postraran y que les cargaran un montón de ladrillos en el pecho o en la espalda. También obligó a cientos de niñas y mujeres mayores a permanecer de rodillas durante horas hasta que se desmayaron".

Como se demostró en Nuremberg, los guardias de las SS fueron separados de los campos de internamiento a finales de 1943 y principios de 1944. En los campos, aparte del personal personal del Comandante, sólo quedaron la policía judía del KZ y los comandantes de bloque. Si alguna vez llega el momento en que se diga la verdad, el mundo sabrá quiénes fueron los verdaderos torturadores de la judería y qué ocurrió con los seis millones de judíos "errantes".

CAPÍTULO XII

Persecución espiritual y económica

SEIS millones de fantasmas, una grandiosa leyenda de judíos asesinados, sirvió como una gran inversión de capital para los conquistadores del mundo. No queremos blanquear a nadie ni a nada, y reconocemos de buen grado que aunque el número de judíos que perecieron durante la Segunda Guerra Mundial fuera sólo de 600.000, esto constituiría un crimen tan grande como si la cifra hubiera sido de seis millones. Pero entonces, los asesinatos en Praga de los alemanes de los Sudetes, la matanza de los rumanos de Moldavia, de los griegos y de los húngaros, etc., etc., también fueron grandes crímenes.

Estos crímenes se volvieron realmente siniestros cuando se utilizó un cuento propagandístico que multiplicaba por diez la cifra real de las víctimas judías, no sólo para llevar a cabo una venganza del Antiguo Testamento, sino también para servir de excusa para un renovado terror mundial. Para que este terror se estableciera firmemente no bastaba con matar cuerpos físicos en Nuremberg, porque *también había que asesinar el espíritu*. No sólo el espíritu del "nazismo" alemán, sino también el espíritu del cristianismo. En el "Nuremberg espiritual", los verdaderos acusados no fueron Goering Rosenberg y los demás dirigentes, sino la persona *misma de nuestro Señor Jesucristo*.

En 1946 se celebró en Suiza una conferencia judía en cuyo orden del día figuraba, entre otras cosas, la propuesta de modificar el Nuevo Testamento en aquellas partes en las que retrataba desfavorablemente a los judíos, y se sugería confiscar todas las copias disponibles en el mundo. (Maurice Bardéche: *Nuremberg o la Tierra Prometida.*) Al mismo tiempo, los judíos de

Amsterdam querían escenificar un nuevo juicio a Cristo ante el tribunal de Jerusalén para "rehabilitarlo". Y justo en ese momento se preparaba una nueva atracción en Hollywood. La prensa mundial informaba de que se estaba rodando una nueva película de Cristo con Charlie Chaplin en el papel principal. Mientras tanto, los rabinos judíos exigían que se prohibiera cantar canciones religiosas cristianas en las escuelas de Estados Unidos porque herían su sensibilidad. Anna Rosenberg, Subsecretaria Adjunta de Guerra, no permitía que se colocaran cruces sobre las tumbas de los soldados muertos en combate durante la guerra de Corea si en esos cementerios había algún muerto judío.

El sordo y medio ciego Knut Hamsun, uno de los más grandes escritores europeos de nuestra era, fue una víctima típica del terror espiritual. A pesar de sus ochenta y cinco años, este hombre célebre y ampliamente respetado fue silenciado mediante el confinamiento en un manicomio. Knut Hamsun no se alineó tanto con el nazismo como con la ideología alemana, pues él mismo descendía de pura ascendencia germánica. Pero el mero hecho de que una autoridad intelectual de fama mundial respaldara las concepciones del nacionalsocialismo era intolerable para los judíos. En cualquier caso, no era posible presentar al mundo a Knut Hamsun como un patán inculto e ignorante, y del mismo modo no se podía hacer pasar al otro gran genio alemán, Sven Hedin, por un hombre de las S.S. o por un soplón de alcantarilla. Por lo tanto, el canoso Knut Hamsun, de ochenta y cinco años, fue llevado ante el tribunal "noruego" acusado de "traición". Fue condenado a treinta días de cárcel, junto con su esposa, sólo para marcarlo. Quien no es siervo de los conquistadores del mundo es culpable. Es culpable porque detrás de él se cierne la sombra de seis millones de mártires judíos. Pero el gran escritor, impertérrito, hablando en nombre de la *élite* cristiana europea procesada y ahorcada, declaró desafiante:

> "Puedo esperar a otra ocasión y a otro tribunal. El día puede llegar mañana o, tal vez, dentro de cien años, pero puedo esperar. Tengo tiempo suficiente. No importa si estoy vivo o muerto. Pero puedo esperar y esperaré".

Y cuando, medio ciego, aún intentaba escribir y ganarse el pan de cada día para ayudar a sus nietos, lo encerraron en un manicomio.

"¡Puedo esperar!", resuena su voz desde las alturas de la inmortalidad, vibrando con la fe inquebrantable de una Europa desmembrada.

Similar, casi en detalles a la de Knut Hamsun, es la tragedia de Ervin Guido Kolbenhayer, uno de los más grandes escritores alemanes, autor de la Historia de Paracelso. Fue desahuciado de su casa, y un judío emigrado presidió el tribunal "alemán" que lo sentenció. Se le prohibió seguir su "vocación", como si a un escritor se le pudiera prohibir, en nombre de la libertad y la democracia, cumplir su misión divina utilizando el talento que Dios le ha dado. Sin embargo, frente al espíritu de persecución y destrucción de Morgenthau, Kolbenhayer también dijo la verdad:

> "¡Todo aquel que intente defenderse o excusarse es considerado culpable!"

Es un hecho bien conocido hoy en día que las listas negras compiladas contra los intelectuales fueron llevadas a Alemania mucho antes que las listas relativas a los hombres de los EE.UU. citados como criminales de guerra. Aquellos conquistadores del mundo que regresaron de los Estados Unidos y que en su mayoría eran comunistas fanáticos, compilaron y trajeron consigo estas listas cuando llegaron en calidad de oficiales de prensa y entretenimiento teatral del ejército estadounidense. Aunque llevaban uniformes americanos no representaban la America de Jefferson, ya que solo retrataban el espíritu intolerante y vengativo del chauvinismo judío. Esta turba, formada por fanáticos intelectuales judíos, era un regalo nefasto de la tierra de la libertad, y repudiaba todas las doctrinas anteriores del judaísmo relativas a la humanidad, la filantropía y el progresismo, es decir, todos aquellos principios propuestos como máscara mientras el judaísmo se ponía antes el manto de la democracia. Esta gente sólo tenía un objetivo: destruir toda competencia de las clases sociales intelectuales y de las profesiones, y eliminar la intolerable superioridad del punto de vista cristiano.

Se decía que tanto en los campos de batalla como en los niveles de propaganda se estaba librando una lucha por la libertad de la humanidad y del espíritu humano. Sin embargo, ahora, las listas negras, las censuras, la prohibición de ejercer profesiones, el amordazamiento de la verdad y las amenazas de terror, se traían de la América de Roosevelt al continente europeo, donde se encontraba el centro de la cultura humana.

Este terror espiritual, llevado a cabo bajo el escudo de la bandera americana, deshonró a América y desacreditó para siempre los eslóganes de la libertad americana, ya que hasta el día de hoy *América no ha hecho ninguna enmienda oficial por permitir esta persecución.*

En la lista negra figuraban los nombres de Sauerbruch, el mayor genio de la medicina europea del presente siglo, y Wilhelm Furtwängler, el mayor director de orquesta del mundo occidental. Estas listas negras de judíos contenían además nombres como Richard Strauss, Luise Ulrich, Emil Jannigs, Herbert von Karajan, Clemens Krauss, Julius Patzak, Walter Gieseking, el violinista mundialmente famoso, Vasa Prihoda, Paul Linke, Werner Krauss y cientos más. Fredl Weiss, el célebre cómico, que a menudo hacía bromas a costa de Hitler, también fue llevado ante el tribunal. Este terror judío no dudó en tachar de "sospechoso" a un genio intelectual como Gerhardt Hauptmann, porque se atrevió a escribir unas tristes líneas sobre las ruinas de Dresde. Leo Slezak fue tachado de "nazi", y Max Schmerling fue descrito como jefe de un campo de concentración. Incluso algunos de los muertos fueron incluidos en estas listas, como Heinrich George, que murió en un campo de trabajos forzados soviético, y Paul Linke, el gran compositor, que estaba muerto mucho antes de que se produjera la "liberación de Hollywood".

Gerhard Eisler era el líder de esta banda de exterminio espiritual. Era una figura típica del chovinismo judío, en realidad un comunista a quien la Sra. Eleanor Roosevelt introdujo de contrabando en América, y de donde regresó más tarde para entrar ilegalmente en la Zona Oriental de Alemania. Con él regresaron también un gran número de oficiales de prensa y de teatro con uniforme estadounidense. Los emigrantes citados en *Aufbau*, el periódico judío de Nueva York, junto con una turba de asesinos de carácter, se establecieron en Alemania Occidental. No estaban satisfechos con el exterminio de la *élite* del nacionalsocialismo alemán. Querían responsabilizar colectivamente a toda la vida espiritual de Alemania. Simultáneamente comenzó a extenderse el comunismo. La receta es tan antigua como las colinas: un uniforme democrático americano para aparentar, con el bolchevismo rampante entre bastidores. Es el judío oriental en una máscara occidental. Según los archivos de la comisión de investigación McCarthy, Cedic Henni Belfrage, agente del Servicio de Inteligencia de Nueva York, era jefe de prensa. Era, por supuesto, un cripto-comunista. James Aaronson, otro comunista, prescribió a los periodistas alemanes lo que debían hacer para construir la democracia alemana. Este hombre elaboró un programa de prensa para el general Eisenhower, quien, con la experiencia política de un soldado, firmaba todo lo que el excelente Aaronson o, más tarde, Kagan, le proponían sin hacer ninguna pregunta.

Pero no sólo en el estrangulamiento de la vida espiritual europea se manifestó esta conquista del mundo espiritual. En el lado positivo, siguió lo que se llamó reeducación. Oficiales de prensa judíos llenaron las bibliotecas de las "Casas Americanas" en Alemania con obras comunistas, escritas, por supuesto, por judíos para la reeducación del pueblo nazi alemán. En nombre de la libertad y la democracia se restringió la publicación de periódicos mediante licencias. Pero al principio sólo a los inmigrantes perseguidos racialmente y a los comunistas alemanes se les concedieron licencias para publicar diarios. El judío occidental que habia establecido tantos contactos con el judío bolchevique oriental (como mostramos antes), ahora intentaba, envolviendose en las barras y estrellas, "reeducar" al pueblo aleman, es decir, hacerlo comunista. Los conquistadores del mundo sintieron que la democracia americana no era suficiente seguridad para ellos. El subfusil soviético con su terror abierto sería más satisfactorio para encubrir los crímenes que habían cometido contra la humanidad. Los judíos trataron de *establecer* un estado de cosas excepcional en el que un judío pudiera hacer lo que quisiera. Este proceso comenzó de hecho con los juicios de

Nuremberg, donde no se castigaron "crímenes de guerra" sino que se vengaron actos cometidos contra judíos. La judería mundial declaró aquí casi abiertamente que *los judíos se consideraban los únicos vencedores de la última guerra*. Esta perspectiva se puso de manifiesto en los códigos, la jurisdicción y los procedimientos de los llamados tribunales populares en los diversos Estados sometidos al dominio bolchevique. El Código y la Ley de Enjuiciamiento Criminal de Hungría fueron redactados por un abogado judío, István Ries, Ministro de Justicia, y por su subsecretario, Zoltán Pfeiffer, casado con una judía, y según estas leyes *hasta las cosas más pequeñas y mezquinas contra los judíos constituían delitos contra el Estado y el pueblo*. El Código del Pueblo y la Ley de Enjuiciamiento Criminal establecen que todos los miembros de cualquier unidad de las fuerzas armadas son responsables si uno de sus miembros hace algo contra los judíos. De este modo, cientos y miles de personas inocentes fueron ahorcadas o encarceladas. Un individuo fue llevado a juicio por la "grave acusación" de que supuestamente sonrió cuando deportaron a un judío. Fue condenado a dos años de prisión. Según el Código, "si una persona no impedía" los preparativos para agredir a judíos, o los agredía activamente, la pena era la muerte en ambos casos.

El establecimiento de derechos y privilegios especiales para los judíos es especialmente evidente en Austria y Alemania. A este respecto se instituyeron las medidas más graves contra los alemanes. *De al menos sesenta millones de víctimas de la Segunda Guerra Mundial, sólo los judíos disfrutan de reparaciones personales. Los* bienes judíos, aunque ya habían sido rescatados y comprados en efectivo por el régimen de Hitler, tuvieron que ser pagados de nuevo por los alemanes después de la Segunda Guerra Mundial. Ni uno solo de esos doce millones de personas expatriadas y expulsadas por la Convención de Potsdam recibió reparaciones; tampoco ningún miembro de las naciones que fueron asoladas, violadas y saqueadas por los bolcheviques rusos, por no hablar de los intelectuales que se convirtieron en apátridas. Millones fueron despojados de sus bienes, tierras y casas. Millones fueron expulsados de sus patrias llevándose sólo cien libras de equipaje. Pero nadie, ni la ONU ni la Liga de Derechos Humanos, sugirió nunca que esas víctimas fueran indemnizadas. Los árabes expulsados de sus hogares en Israel tampoco recibieron nunca ninguna reparación. Los prisioneros de guerra que, en contra de todas las convenciones, fueron mantenidos en cautiverio o como mano de obra esclava ordinaria durante ocho, diez o más años después del final de la guerra, tampoco recibieron ninguna reparación. En contraste con esto, la I.G. Farben Industrie fue cerrada y el heredero de Krupps fue castigado por tener en sus nóminas, con salarios normales, a los llamados trabajadores desplazados, entre ellos algunos judíos, a los que tuvieron que emplear en su fábrica por orden del Gobierno alemán.

Pero la judería recibió compensación en abundancia, no sólo mediante el reembolso múltiple de las pérdidas realmente sufridas, sino mediante el saqueo sistemático de los pueblos vencidos. La leyenda de los seis millones de judíos muertos dio a Shylock los derechos a su trozo de carne, pero éste iba a ser cortado una y otra vez del cuerpo y de las finanzas nacionales de las naciones derrotadas. Aquellos judíos liberados de los campos de concentración habían ocupado las casas del pueblo alemán ya en 1945. Saquearon y malgastaron el contenido de estos apartamentos modelo en los hermosos Asentamientos Obreros Alemanes. Luego, basándose en la Ley de Reparaciones, extorsionaron al pueblo alemán, sumido en la pobreza, por un múltiplo de los costes de sus propios pisos. Recogieron las subvenciones en metálico de la O.I.R., de la U.N.R.R.A., de las naciones vencidas y de las naciones vencedoras, que se pagaron a los perseguidos. La mayor parte de los costes de la guerra israelita contra los árabes se sufragó mediante la venta de las existencias de U.N.R.A.A. e I.R.O. en el mercado negro. Así defraudaron a los refugiados ucranianos, rusos y polacos no judíos que, como ellos, también eran desplazados.

Pero con todo esto no han llegado al final del chantaje al mundo. El Gobierno israelí obligó al Gobierno de Alemania Occidental a comprometerse a pagar como reparación tres mil quinientos millones de marcos a Israel, *un Estado inexistente durante la Segunda Guerra Mundial*. El Comité de Reparaciones israelí exigió inflexiblemente la redención de los bienes judíos confiscados antes y durante la guerra. Posiblemente los propios alemanes no sepan *cuántas veces se redimieron y pagaron estos bienes judíos.*

Schäffer, ex Ministro de Finanzas del Gobierno Federal de Alemania Occidental, dijo recientemente en una reunión pública celebrada a principios de 1958, que *los judíos habían presentado una nueva reclamación de veintisiete mil millones de marcos alemanes en* concepto de reparaciones contra el Estado de Alemania Occidental. Si Alemania pagara esta enorme suma, continuó, sin duda arruinaría su sistema monetario y, en consecuencia, se produciría la bancarrota. En este caso, Alemania Occidental caería en la trampa soviética.

Pero tal vez éste sea el verdadero objetivo de los conquistadores del mundo.

Pero Schäffer dijo algo más que lo puso en evidencia. Dijo que como aparentemente entre el cuarenta y el cincuenta por ciento de las reparaciones que se pagaban sólo cubrían los gastos legales, casi la mitad de las reparaciones iban a parar a los abogados. Toda esta cuestión llegó a un punto crítico en relación con la indemnización de 41.000 D.M. concedida a Sarah Katz. Uno de sus abogados, el Sr. Greve, recibió de esta suma 9.069 D.M. en concepto de honorarios. El problema empezó porque el Sr. Greve no sólo era uno de los abogados del caso, sino también el presidente de la "Comisión de Reparaciones" del Parlamento de Bonn. Pertenecía al Partido Socialdemócrata (S.D.P.). Jakob Diel, diputado demócrata-cristiano, comenzó a investigar las actividades del Sr. Greve, y así salió a la luz que este valiente patriota marxista había cobrado hasta entonces 30.000 D.M. en concepto de honorarios, en relación con los casos de reparación de judíos tramitados a través de su despacho. En todo el mundo y especialmente en América, ciertos abogados se confabularon formando sus propios "koljoses", con el objetivo de exprimir más dinero del Estado de Alemania Occidental. Todos estos abogados y procuradores contaban con el apoyo de organizaciones judías mundiales y, por tanto, estaban en condiciones de infundir terror y ejercer presión sobre las autoridades alemanas.

El resto de este escándalo consiste en que los judíos podían reclamar reparaciones simplemente firmando una declaración jurada bajo juramento, por lo que gracias a muchas declaraciones juradas falsificadas se está robando al Estado de Alemania Occidental muchos miles de millones de marcos.

Cuando un periodista preguntó a uno de los principales funcionarios de la Comisión de Reparaciones qué tipo de lesión, enfermedad o duelo había que sufrir para que una persona pudiera recibir, digamos, 10.000 D.M. en concepto de reparaciones, el funcionario respondió

> "Incluidos los trastornos hemato-circulatorios, pagamos por todas las enfermedades posibles incluso cuando los enfermos no han sido perseguidos en absoluto".

Jakob Diel, diputado demócrata-cristiano, descubrió en el curso de sus investigaciones que *incluso se pagaban indemnizaciones a los comunistas y delincuentes profesionales que habían sido enviados a prisión por delitos comunes.*

Ahora será difícil silenciar este escándalo, ya que Jakob Diel también subrayó que el Partido Socialdemócrata de Alemania desea desviar el dinero destinado a cubrir el entrenamiento y equipamiento de las divisiones que Alemania Occidental se comprometió a aportar a la Organización del Tratado del Atlántico Norte.

De este modo, el plan de la judería mundial se hace claro y comprensible: chantajear al Estado alemán occidental con falsas declaraciones juradas y, mediante elevadísimos honorarios legales, robar a los alemanes los fondos que deberían servir para el rearme de las nuevas divisiones. Así, el trabajador alemán se convertirá en un eterno pagador de impuestos a la judería mundial, se impedirá la unificación de Alemania Oriental y Occidental, y se allanará el camino para la inflación y el bolchevismo.

Naturalmente, la judería mundial no perdió tiempo en tachar a Jakob Diel de "antisemita" por desenmascarar el mayor chantaje de todos los tiempos.

El chantaje de las "reparaciones" no es el único tipo de extorsión que se practica; hay muchos otros.

El periódico alemán *Der Weg*, editado en Argentina, en su número 6 de 1954, proporciona espeluznantes detalles estadísticos sobre los horribles robos cometidos en perjuicio de Alemania. Hasta mayo de 1945, los aliados destruyeron bienes y propiedades por valor de 320 mil millones de D.M. , y la población alemana sufrió una pérdida de 15 mil millones de D.M. a causa de los saqueos. Bajo el pretexto de la desnazificación, se confiscaron diversos bienes por valor de 108.500 millones de D.M. , mientras que mediante las múltiples formas de confiscación indirecta, así como a través de las actividades de una organización exportadora estadounidense conocida como J.E.I.A., Además, con la reforma monetaria, la población alemana sufrió una pérdida de 198.000 millones de D.M. Los "billetes de banco de ocupación" emitidos por las potencias aliadas representaron una pérdida adicional de 46.000 millones de D.M. que tuvieron que asumir los contribuyentes alemanes. En los territorios anexionados las pérdidas de los ciudadanos alemanes alcanzaron la suma de 457.000 millones de D.M. , el desmantelamiento de las fábricas alemanas representó una pérdida de 10.000 millones de D.M. , mientras que la despiadada deforestación de los bosques alemanes por parte de los franceses supuso una pérdida de 14.000 millones de D.M. El precio artificial fijado para el carbón supuso una pérdida para los alemanes de otros 84.000 millones de D.M. Pero el daño infligido más característico fue el robo de patentes. Los inventos alemanes cayeron casi exclusivamente en manos de los judíos, y las empresas judías americanas hicieron un botín de 78.500 millones de D.M. explotando las especificaciones de las patentes alemanas, cuyos archivos llenaban 2.000 vagones. El importe de los salarios debidos a los prisioneros de guerra se estima en 11.500 millones de D.M., Durante el período de la ocupación nacieron 305.000 niños mestizos cuya manutención ha costado hasta ahora al contribuyente alemán 135.000 millones de D.M. Los bienes alemanes confiscados en el extranjero representan una pérdida de 18.000 millones de D.M., y aunque los alemanes tuvieron que devolver varias veces los bienes judíos confiscados por ellos,

Estados Unidos, por intervención directa de los judíos, se negó recientemente a devolver los bienes alemanes confiscados. Al actuar así, Estados Unidos repudió sus principios profesados relativos a la "inviolabilidad" de la propiedad privada. Los alemanes tuvieron que pagar también más de 15.000 millones de D.M. por viejas deudas originadas en los tratados de Versalles y se les cobraron 8.600 millones de D.M. por el Plan Marshall. El Estado alemán occidental ha pagado hasta ahora a los judíos 9.500 millones de D.M. de "reparaciones".

Los grandes capitalistas judíos americanos se embolsan anualmente un beneficio de 2 a 3 mil millones de dolares solo de las ganancias de las patentes alemanas. Más de 100.000 (en su momento medio millón) judíos recibieron 300 marcos mensuales por permanecer en campos de concentración durante la época hitleriana. Como demostró el proceso contra Aurbach, esta indemnización se pagó en muchos miles de marcos a judíos que de hecho no existían en absoluto.

Este chantaje y saqueo de las naciones bajo una apariencia de legalidad, continuará mientras el Estado parásito de Israel necesite dinero, y mientras las naciones gentiles se nieguen a restaurar el derecho internacional tal como se practicaba en 1945 y antes.

Pero no es sólo con respecto a las leyes relativas a la propiedad privada que la judería ha creado precedentes peligrosos. Desea establecer a todos los niveles un *estatus supranacional y privilegiado para los judíos.* Esto se puso de manifiesto en las llamadas actividades de "bienestar" después de la última guerra. La U.N.R.R.A. apoyó casi exclusivamente a judíos y comunistas, y cualquiera que se atreviera a pronunciar una palabra contra esta discriminación era silenciado o amordazado como "nazi". La U.N.R.R.A. no se preocupaba por el bienestar de los gentiles que habían estado en el mismo campo que los judíos. I.R.O. normalmente hacía depender la emigración de los apátridas de lo que pensaban de los judíos. Los reglamentos de I.R.O. se hicieron al servicio de preguntas como: "¿Ayudó a los judíos perseguidos?" "¿Saboteó el trabajo de su propio Gobierno?" "¿Ha hecho alguna vez alguna declaración 'antisemita'?" o "¿Ha escrito algún artículo 'antisemita'?". El control de los emigrantes lo realizaban sobre todo los cónsules judíos y el personal de las oficinas consulares. Hacían todo lo posible por mantener el número de inmigrantes gentiles en Estados Unidos lo más bajo posible. El trabajo de la O.I.R. era la manifestación de una perfecta colaboración entre judíos orientales y occidentales. Más tarde se descubrió que varios oficiales que actuaban en calidad de ejecutivos en los centros del I.R.O. eran en realidad agentes soviéticos secretos del M.V.D. El I.R.O., en nombre de la "humanidad", entregó a manos soviéticas a varios refugiados contra los que no había ningún cargo, pero cuyo único "crimen" era que pertenecían a una *élite intelectual* que debía ser exterminada.

El judaísmo ha establecido un estado de cosas de lo más peligroso en relación con los derechos cívicos y las leyes de naturalización, especialmente desde que Israel surgió como Estado independiente. En los Estados derrotados de Alemania, Hungría, Eslovaquia y Rumania, etc., a los judíos se les concedió rápidamente la plena ciudadanía, sin satisfacer ninguna condición legal en absoluto. Muchos nunca habían pertenecido a estos Estados y no tenían absolutamente ningún derecho legal a solicitar la ciudadanía. En los Estados situados tras el Telón de Acero, sólo los judíos recibieron permisos de salida que les permitían emigrar a Israel. Estos mismos Estados se veían obligados a readmitir a estos judíos emigrantes si decidían regresar, bien para evitar el servicio militar, bien porque no estaban satisfechos con las condiciones del nuevo Estado judío. En las Leyes de Inmigración estadounidenses, así como en las leyes y reglamentos de varias otras naciones, hay un intento definido *de establecer una ciudadanía mundial supranacional para los judíos.*

El tribunal de Nuremberg también creó precedentes peligrosos. Maurice Bardeche señala que se *descartó el concepto de tener un país de origen.* Todo el mundo, o más correctamente, todo judío, es ciudadano del mundo. El emigrante judío de Zhitomir es tan ciudadano de tu país como tú. Tiene los mismos derechos sobre vuestra tierra. Vosotros, los trabajadores agrícolas, debéis respetar los derechos de los negros sobre la tierra y debéis hacerle sitio en vuestra mesa. Marchará y ocupará cargos en el ayuntamiento de tu ciudad o en el consejo rural, para que te familiarices con la "conciencia mundial" exterior. Sus hijos se convertirán, tal vez, en amos sobre ti y *podrán sentarse a juzgar a tus hijos*. Gobernarán en tu propia ciudad y te revenderán tu propia tierra, porque la "conciencia mundial" les da derecho a hacerlo.

No es ninguna broma. El Dr. Levy, médico judío, deseaba fijar su residencia en la ciudad alemana de Offenbach, aunque nunca había sido ciudadano alemán. Cuando las autoridades cívicas se negaron a nombrarle para el puesto de funcionario de Salud Pública, los periódicos llamados "democráticos" amenazaron al Ayuntamiento con la intervención de las autoridades de ocupación. En América, la información ficticia presentada por un solo judío es suficiente para impedir la inmigración de una persona. Si el judío dice que el futuro inmigrante es un "antisemita", el Fiscal General de Estados Unidos puede declarar que ese inmigrante es una persona indeseable que "pondría en peligro la seguridad nacional". Y esto significa que Estados Unidos depende de la opinión de los judíos en cuanto a quiénes serán aceptados como ciudadanos de Estados Unidos.

Pero los países del mundo occidental, aunque quizás a menudo no sean conscientes de ello, han adoptado de hecho el sistema soviético mediante el establecimiento de privilegios judíos como parte de sus constituciones. Como hemos señalado antes, ningún ciudadano soviético puede ser calificado con el adjetivo "judío". Esto sería castigado con la muerte o con la deportación. Immanuel Birnbaum mencionó este asunto con gran satisfacción en *Aufbau* el 17 de marzo 1950, y su artículo subrayaba que esta ley está vigente en la actualidad. En el Soviet, donde supuestamente nadie tiene privilegios, las leyes comunistas aseguran que los judíos puedan ejercer sus poderes y protegerse de ser señalados como judíos. "El *secreto es el carácter de nuestro poder*", dicen los *Protocolos de los Sabios de Sión*. Así que se puede discutir el origen de Malenkov, ¡pero no el de Khaganovich!

Con la ayuda de la O.N.U. se elabora una nueva ley internacional para preservar el estatus supranacional de los judíos. Esta nueva ley inmortaliza Nuremberg. Se llama "*Convención sobre el Genocidio*", *es decir,* la ley relativa al exterminio sistemático de grupos raciales y nacionales. El momento parece muy oportuno para introducir esta ley cuando millones de personas, incluso naciones enteras, están desapareciendo en los campos de trabajos forzados de los soviéticos. Pero la ley de genocidio no está hecha para castigar esos crímenes en particular.

La ley califica de asesinato racial el hecho de provocar el exterminio parcial o total de una nación o de un grupo étnico, racial o religioso, o incluso tener la intención de hacerlo. Pero esta convención también establece que la violación física o espiritual de los miembros de cualquiera de los grupos mencionados, o el insulto a los mismos, se considera asesinato racial. Por supuesto, era natural que la O.N.U. se hubiera olvidado de aplicar esta nueva ley en relación con el levantamiento húngaro y la lucha por la libertad del 23 de octubre de 1956.

Con esta convención genocida se suprimió toda libertad, incluida la libertad de expresión y el derecho a celebrar reuniones públicas. Si alguien se opone al terrorismo del líder comunista judío o no tiene una buena opinión del gobierno mundial de los judíos o de las actividades públicas de Mendes France, Frankfurter o Morgenthau, puede ser condenado rápidamente en virtud de la convención sobre el genocidio por violación espiritual o insulto al grupo étnico o racial respectivo. Esto se denomina asesinato racial y se castiga con cinco años de prisión en cualquier parte del mundo. Esto, por supuesto, supone que es la protección de los judíos lo que está en cuestión, pues naturalmente *chinos, ingleses o árabes, etc., pueden ser violados o insultados "espiritualmente"* con impunidad. Esta ley ofrece posibilidades ilimitadas al terrorismo. La ciudad de Cincinnati (Ohio, EE.UU.) adoptó Munich como ciudad hermana. El judaísmo estadounidense protestó inmediatamente por ello, afirmando que Múnich era un semillero de hitlerismo. Así pues, la acción benéfica de las organizaciones benéficas de Cincinnati equivaldría a una "violación de la judería". Por lo tanto, según la convención sobre el genocidio, Cincinnati debe ser borrada de la faz de la tierra como Sodoma y Gomorra, o quizás como Dresde e Hiroshima.

Sobre la base de la convención sobre el genocidio, Ahasuerus y Shylock pueden ser prohibidos en la literatura y la historia de Oliver Twist de Dickens, tanto en su forma de libro como de película, debe ser prohibida, ya que incita al asesinato contra los "usureros" e insulta "espiritualmente" la sensibilidad de los nacionalistas judíos. Auerbach, el comisario judío, con el que se ensañó el pueblo alemán y que, al ser desenmascarado, se refugió en el suicidio para escapar de los crímenes que cometió, había prohibido la historia de Asuero en los libros escolares alemanes, por su "antisemitismo". La razón aducida fue: "Después de Auschwitz, esta insostenible leyenda bíblica judía no puede tolerarse". A los niños gentiles sólo se les puede enseñar lo que la censura judía considera apropiado.

La convención sobre el genocidio, aunque apoyada por Felix Frankfurter y Robert M. Kempner, el fiscal judío de Nuremberg, fue objeto de graves críticas. Ciertas personas lúcidas de la vida pública estadounidense llamaron la atención en reuniones públicas sobre el hecho de que la convención sobre el genocidio *no sólo era tiránica y traicionera, sino que también constituía una especie de guerra permanente contra el pueblo estadounidense.* Mervin K. Hart señaló que, con convención sobre el genocidio o sin ella, los sionistas palestinos asesinaron a todos los hombres y mujeres de la aldea árabe de Dair Yassin y salieron impunes sin que se formulara acusación alguna porque eran judíos. Subrayó que, una vez promulgada la convención sobre el genocidio, "la más mínima referencia a un solo miembro de una determinada minoría racial o religiosa constituiría un acto criminal". James Finucane, delegado del Consejo Nacional para la Prevención de la Guerra, afirmó que: *"Quebec, Yalta y Potsdam fueron asesinatos raciales bajo la bandera estadounidense".*

El hecho de que la convención sobre el genocidio fuera obra del grupo Morgenthau es la mejor prueba de que esta Ley de Asesinato Racial no pretendía ser otra cosa que un privilegio exclusivo para la judería, así como un medio, aprobado por la

O.N.U., de ejercer el terror mundial. "¡Una guerra permanente contra el pueblo americano!" Agnes Wather lo describió. Una lucha permanente contra la libertad espiritual. Un privilegio a la sombra del cual se puede asesinar impunemente a árabes, franceses, alemanes, rumanos, etc.

La convención sobre el genocidio -que no se aplica, por supuesto, contra los dirigentes de los países que se encuentran detrás del Telón de Acero y que están dirigidos por los judíos- debe considerarse en el siniestro contexto de los acontecimientos que muestran cómo los judíos intentan silenciar toda opinión disidente. Hoy en día es de conocimiento general que las listas negras compiladas por la judería se alojan incluso en las llamadas editoriales gentiles. Así, ninguna obra puede ser publicada por un autor "cuyo nombre no sea bueno" desde el punto de vista del nacionalismo judío. Cualquiera que aparezca en una película o en una obra de teatro que no guste a los judíos no podrá volver a aparecer en ningún papel, por muy artista de talento que sea.

Veit Harlan, director de "Jew Süss", fue absuelto por todos los tribunales. No obstante, las organizaciones judías siguen impidiendo la proyección de películas sociales que puedan perjudicarles. Muchas organizaciones judías protestaron contra la proyección de la película inglesa "Oliver Twist". Al mismo tiempo, los judíos acusaron a ciertas organizaciones religiosas estadounidenses de "antisemitismo", porque querían prohibir la proyección de la película blasfema de Ingrid Bergman y Rosellini sobre Cristo. Las organizaciones judías volvieron a protestar porque una editorial estadounidense editó ensayos políticos de Dostoievski. Entre ellos se encuentran algunas obras maestras que tratan el problema judío. Gieseking fue expulsado del "país de la libertad" por dar conciertos durante la época hitleriana. Ernst Dohnanyi, el compositor, no pudo aparecer durante años en el Carnegie Hall porque los veteranos de guerra judíos le proclamaron "fascista". Heinrich Gulda, el pianista mundialmente famoso, fue enviado a la isla de Ellis por haber sido miembro de las Hitler-Jugend ¡cuando tenía diez años!

Aquí podemos reconocer el terror del mundo espiritual en su totalidad. Consistente y persistente, se remonta hasta el mismo

Cristo. Escritores alemanes cuyas obras no eran ni "antisemitas" ni nazis recibieron sin embargo condenas en los tribunales alemanes. Bastaba con que fueran sospechosos de tener inclinaciones "antisemitas", para ser castigados con la prohibición de ejercer su profesión o con la confiscación de sus bienes, independientemente de que fueran personas políticamente inofensivas, como artistas, escritores o actores. Lajos Docvenyi Nagy, autor de la novela *Los jaganoviches*, fue condenado a prisión en Hungría. Alfons Luzsénszkya, traductor del Talmud, fue encarcelado durante cinco años. Lajos Méhely, uno de los principales biólogos europeos, fue enviado a prisión durante siete años a la edad de noventa y tres. También fue encarcelado Aloysius Dolány-Kovács, cuyo delito fue la preparación de unas cuantas estadísticas secas que mostraban la distribución de la riqueza nacional en Hungría. Se dictaron sentencias similares en Rumania, Checoslovaquia y los demás países del Telón de Acero.

El recién formado Estado de Israel contribuyó en gran medida al establecimiento del terror mundial en el hemisferio occidental. Cinco años después de la guerra, el Parlamento israelí aprobó una resolución que otorga a Israel el derecho a castigar a los "criminales de guerra" y a exigir su extradición de cualquier otro Estado. *Esto va mucho más allá del límite de cualquier tipo de justicia legal.* Un Estado reclama aquí el derecho a ser juez de los llamados "crímenes de guerra" que se dice que fueron cometidos antes de que ese Estado existiera. No sólo estamos ante *un derecho post facto*, sino ante un Estado que se beneficia directamente de él. Cualquier forma de crítica o actividad literaria puramente teórica puede ser perseguida. Israel tiene derecho a extraditar y ahorcar a intelectuales suecos. chinos o argentinos.

La característica especial de esta ley es el hecho de que *mientras intenta colocar a todos los gentiles bajo la ley judía, pretende eximir a todos los judíos de las leyes de los Estados gentiles.*

En el libro de Henry Ford *El judío internacional* podemos recoger mucha informacion sobre tribunales especiales judíos en Nueva York, y de hecho en la actualidad conocemos casos que solo podian ser vistos por tribunales especiales judíos. En 1950 un tal Mayer Mittelman fue acusado en Nueva York de matar a golpes a un compañero judío llamado Benjamin Krieger, en uno de los campos de concentración alemanes durante la guerra. El judaísmo neoyorquino se encargó de que este desagradable caso no fuera llevado ante un tribunal estadounidense. El Congreso Judío Americano convocó un tribunal especial para juzgar este caso de asesinato. El juicio terminó con la absolución del acusado y la conclusión de que, después de todo, no había cometido ningún asesinato.

De nuevo nos enfrentamos a una doble moral impuesta por el terror. El periódico argentino *Der Weg* publicó un artículo muy interesante de Felix Schwartzenborn, bajo el título: "¿Tiranía mundial a partir de 1955?", que describe los planes relativos a la instauración del reino mundial judío. La ONU es considerada como el organizador supremo de este terror mundial. El semanario americano *Common Sense* también confirma la existencia de tales planes.

"Los planes para el establecimiento de la dominación mundial judía están progresando bien hacia su realización", escribe. "Es probable que el futuro gobierno mundial sea lo que actualmente se conoce como la Organización de las Naciones Unidas". El mundo está ahora dividido en dos hemisferios por dos grandes grupos de poder opuestos. Uno está gobernado por judíos moscovitas bajo el "sello de Salomón" (la estrella de cinco puntas), mientras que el otro está bajo la bandera de la ONU. Bernard M. Baruch recibió el encargo de llevar a cabo la unificación de las fuerzas económicas de los EE.UU., lo que en realidad significó la entrega del poder y los recursos económicos estadounidenses en manos de los judíos de Wall Street. La internacionalización de las materias primas, el Ejército Europeo, el Parlamento Europeo en Estrasburgo, y el Plan Schuman (elaborado en realidad por David Lilienthal), todo ello destinado a conducir al mundo no comunista bajo el terror económico de los judíos. Y ahora sólo falta una cosa: la soldadura de los dos bloques gigantes, gobernados bajo la estrella roja y la bandera azul y blanca de la O.N.U., en un "super-Estado", es decir, un Estado sobre todos los Estados. Una vez logrado esto, las barras y estrellas americanas y la estrella roja moscovita serán sustituidas por la estrella de seis puntas del rey David. Según los últimos planes, todas las bombas atómicas, las bombas de hidrógeno, los ejércitos, las flotas y las fuerzas aéreas deben ser entregados a la ONU ya que, como se dice, "sería demasiado peligroso dejarlos en manos de una sola potencia o grupo de potencias". Finalmente, las fuerzas armadas de la ONU y el poder atómico de la ONU, con su centro operativo en Jerusalén, podrán reprimir con facilidad todos los "levantamientos" de los gentiles. La ONU, gobernada por los judíos, será el poder supremo del mundo, y sobre la base de la convención sobre el genocidio, redactada por el judío polaco Raphael Lemkin, profesor de la Universidad de Yale, todo lo que pueda llamarse "antisemita" será castigado con la muerte o la cárcel.

La humanidad vive ahora bajo una amenaza como nunca antes se había conocido. En efecto, el terror mundial ha comenzado a marchar y la siniestra sombra de la tiranía mundial envuelve al globo.

Los planes de los conquistadores del mundo se ven facilitados en gran medida por un proceso en parte natural y en parte artificial que puede describirse como la reducción de las masas al nivel de rebaños de ganado.

CAPÍTULO XIII

Clase Biológica - Guerra contra todas las naciones

ORTEGA Y GASSET escribió su libro *La Rebelión de las Masas* en 1929, y puede considerarse una obra básica relativa a la naturaleza y el problema de las masas de la sociedad humana. Pero la importancia de las masas fue reconocida mucho antes de que el gran sociólogo español escribiera su obra. Los *Protocolos de los Sabios de Sión* mencionan ya en 1897 que habían "sustituido al gobernante por una caricatura de gobierno", es decir, "por un Presidente, sacado de la masa, de entre nuestras criaturas títeres, nuestros esclavos".

"¡Nuestras criaturas títeres, nuestros esclavos!" Esta definición tiene una importancia decisiva para evaluar el problema de la conquista del mundo por los judíos.

No cabe duda de que el capitalismo, con su mayor nivel de vida, la mejora de las condiciones sociales, la prolongación de las expectativas de vida, la reducción de la tasa de mortalidad, etc., ha incrementado enormemente el número de las masas. Hegel, Malthus y Marx se dieron cuenta de este aumento de las masas y de la amenaza de la superpoblación, que en sí misma no es más que un simple hecho biológico y estadístico. Ni el judaísmo ni el bolchevismo tienen nada que ver con este fenómeno biológico, que puede considerarse como un ejemplo de la fecundidad natural de la vida. Luego, primero Marx, y más tarde los *Protocolos*, reconocieron la siniestra posibilidad de "fundir" grandes multitudes de personas para formar una masa sin carácter. *Convertir al pueblo en un rebaño es el camino más seguro no sólo para lograr el poder mundial judío, sino para lograr el poder de cualquier grupo minoritario.*

"Sin un despotismo absoluto no puede haber existencia para la civilización..." afirman los *Protocolos*, pues: "A lo que tenemos que llegar es a que en todos los Estados del mundo, además de nosotros, sólo existan las masas del proletariado, unos pocos millonarios dedicados a nuestros intereses, policías y soldados."

"La división de la sociedad en masas y élite", escribe Ortega y Gasset, "no es tanto una diferenciación social como una clasificación de las personas en categorías que no coinciden necesariamente con los rangos de las clases sociales superiores e inferiores. En *rigor, cada clase social tiene sus masas y sus élites*".

No es difícil reconocer ese esfuerzo incesante por aumentar las masas a expensas de la *élite, que ha* estado en marcha durante todo el siglo. A este resultado contribuyeron, sin duda, ciertos factores biológicos y hereditarios. De ellos se ocupa el profesor norteamericano Lothropp Stoddard en su libro *Rebelión contra la civilización.* Él atribuye la crisis actual de la humanidad a la degeneración biológica de las diversas razas y al aumento desproporcionado de la población mundial, especialmente de los especímenes más bajos e inútiles. *Pero la judería mundial hizo todo lo posible por acelerar este proceso* durante el siglo transcurrido desde el manifiesto marxista. Proletarios como los que componían las tropas de asalto de Béla Kun o Sidney Hillman, que nunca se molestaron en considerar cuáles eran las aspiraciones reales de sus líderes, se convirtieron en tropas de asalto naturales de las masas. La teoría de la lucha de clases, una invención judía típicamente destructiva, tiende en sí misma a aumentar el número de la turba. Nivela hacia abajo y corta cabezas por encima de la media. La prensa y, más tarde, la radio y la televisión, reforzadas por la mentalidad judía de la industria cinematográfica de Hollywood, también contribuyeron a la producción de hombres con mentes de robot. Además, el espíritu mercenario no educará a las masas ni elevará su nivel intelectual. Al contrario, al descender al bajo nivel intelectual de la persona media, mejorará las condiciones de los mercaderes. En los países ya conquistados por el bolchevismo, la cría de masas incoloras y sin líder, bajo el control exclusivo de los "elegidos", se está llevando a cabo según planes cuidadosamente elaborados. La aristocracia rusa, las clases medias, la *élite* intelectual, el campesinado terrateniente y los obreros que podían considerarse la *élite* de la clase obrera fueron ejecutados. El campesinado terrateniente independiente fue despojado de sus tierras y deportado a Siberia. Los minifundios individuales e independientes fueron sustituidos por el sistema de koljoses, y los proletarios "liberados" fueron alistados en las divisiones obreras de las fábricas, donde *ya no tenían dirigentes, sino sólo señores y amos.*

Los judíos que formaban parte del grupo de cerebros de Stalin siempre fueron conscientes de que el "despotismo despiadado" de los *Protocolos* sólo puede ejercerse sobre masas similares a rebaños. La mayor amenaza del bolchevismo es su creación de una mentalidad de rebaño en el pueblo, que piensa en términos de los niveles intelectuales más bajos, que destruye toda iniciativa en el individuo y mata toda diferenciación de gusto y personalidad. No queda pueblo ruso sino masas rusas, y dentro de treinta años la misma afirmación se aplicará a todos los demás Estados esclavizados tras el Telón de Acero. Sólo habrá masas desde Vladivostok hasta Stettin. El color de su piel podrá ser generalmente blanco, a veces amarillo, pero su característica distintiva será la negativa de pertenecer a las masas. Será una pulpa humana producida en masa, homogénea y sin carácter, que ha sido fabricada en las cadenas de montaje de los campos y en las retortas de la propaganda educativa comunista. Esta es la juventud producida por el comunismo y entrenada para no tener pensamientos o ideas propias. Sólo tienen consignas prefabricadas, acuñadas por la propaganda. Es un rebaño de seres antropomorfos, pastoreados por comisarios judíos armados con pistolas. Ya no se ven los miles de millones de brillantes gotas de agua, sino aguas turbias y fangosas.

El llamado hombre civilizado del mundo occidental sigue sin ser consciente del significado y la importancia de estas masas antropomorfas que han perdido todo conocimiento del mundo exterior, de las bellezas de la vida y del valor de la personalidad. El telón de acero las aisló herméticamente de los pensamientos e ideales vivos. Poseen menos conocimientos del mundo exterior que los pueblos de la Edad Media. No saben nada de la historia, la cultura o la vida actual en Occidente. Viven en un mundo de ensueño distorsionado, producido y proyectado para ellos por Ilia Ehrenburg y David Zaszlavszky.

Pero, por desgracia, los orgullosos ciudadanos de Occidente no están mucho mejor en este sentido. Sus conocimientos, su perspectiva general y sus ideas políticas son igualmente producidas en masa, controladas y dirigidas por sus monopolios judíos del entretenimiento. La personalidad del hombre occidental se ha atrofiado y sus héroes nacionales han caído en el olvido. Su lugar fue ocupado por la figura más ridícula de la democracia occidental, *el "hombre de la calle"*, es decir, por el ser humano medio culto e ignorante que es incapaz de pensar por sí mismo. Hoy en día, esta persona expresa su opinión en la prensa, responde a las preguntas de la encuesta Gallup y representa a la opinión pública y a la *"conciencia mundial", en nombre* de la cual se montó el escándalo de Nuremberg y se silenció la masacre de Katyn. ¿Qué sabe este individuo "avispado", este lector constante de tebeos y novelas policíacas, sobre los "Ancianos Estadistas" que actúan tras la pantalla de los partidos políticos, sobre los planes de los "iniciados", sobre las decisiones de las logias y sobre las mentiras de la Prensa? Se limita a reiterar todo lo que le martillean en la cabeza los periodistas y los reyes de los periódicos de origen judío gallego. Y los columnistas de los órganos democráticos y republicanos, por supuesto, sólo difunden las "opiniones" que favorecen a los conquistadores del mundo.

Así se comprende fácilmente que los llamados estadistas que parecen gobernar el mundo sean, por una parte, marionetas de poderes ocultos y, por otra, esclavos del populacho. Los políticos ya no actúan según las reglas del sentido común, sino que se ven obligados a confiar en el gusto y el humor de las masas. Piensan en términos de masas y se dejan llevar por ellas. El estadista de antaño, tras elaborar un programa inteligente, lo presentaba a los electores con la esperanza de convencerles de que hicieran lo correcto, es decir, que adoptaran sus propuestas. El político actual trata primero de conocer la tendencia general de la opinión pública y luego adapta a ella sus propios puntos de vista. Pero cuando el judaísmo, disponiendo de todos los medios modernos de propaganda, hizo de las masas su caja de resonancia, los estadistas dependientes de las masas cayeron víctimas fáciles de la voluntad del judaísmo.

El político de más éxito en estos días de "paz" es el que puede llevar a las urnas a las mayores multitudes, para apuntalar con votos la política que ha difundido previamente por radio y televisión.

Incluso la propia guerra ya no sirve como último recurso en la búsqueda de ideales más elevados; tiene un único propósito, que es el exterminio de grandes masas de personas. Las bombas-A, las bombas-H y las bombas-alfombra ya no son armas de guerra entre naciones, sino entre *masas*. Un asesinato escabroso, o un escándalo social relacionado con una estrella de cine, son noticia hoy en día, pero 300.000 muertos en Dresde o 70.000 en Hiroshima pueden ser ignorados o quizás tratados en una pequeña noticia de cinco líneas.

Ya hemos mencionado que la judería mundial, para aumentar el número de masas indigentes, utiliza el impulso natural de venganza de la humanidad. Después de la última guerra, mucha gente pensó que el aumento del número de masas indigentes era obra del bolchevismo, y por ello Yalta y Potsdam se cargaron a la cuenta de Stalin. Sin embargo, al cabo de cierto tiempo, se supo que durante la conferencia de Potsdam, celebrada bajo el triunvirato de Stalin, Truman y Attlee, la judería mundial bajo la forma del Plan Morgenthau y del Plan Gomberg se mantuvo todo el tiempo a la expectativa, ya fuera bajo un disfraz democrático o bolchevique. El propósito de ambos era el exterminio de la *élite* y la reducción del pueblo a masas indigentes, como rebaños y sin carácter.

El Acuerdo de Potsdam convirtió en apátridas a entre doce y dieciséis millones de personas. El campesinado terrateniente independiente de Europa del Este y los artesanos cualificados de los Sudetes quedaron reducidos a una masa proletaria indigente arrojada al otro lado de las fronteras con cien libras de equipaje por cabeza. Los profesores nazis fueron obligados a hacer el trabajo de barrenderos y los barrenderos nazis fueron expulsados de sus puestos de trabajo. Los sajones de Transilvania fueron llevados a Siberia, mientras que los colonos alemanes altamente cultivados del sur de Hungría y el norte de Yugoslavia fueron enviados a los campos de exterminio de Tito, donde se mezclaba polvo de vidrio con su comida. Dieciséis millones de personas fueron arrancadas de su país y convertidas en una turba desarraigada, apátrida, indigente y hambrienta. Fueron conducidos como ganado hacia Alemania Occidental en nombre de la humanidad.

Anteriormente, Beria había liquidado a los intelectuales y líderes nacionales polacos en los bosques de Katyn. Once mil oficiales, en su mayoría médicos, profesores y artistas, fueron llamados de sus profesiones civiles, fueron exterminados, y más de un millón de polacos fueron llevados a Siberia. ¿Quiénes fueron los responsables? Según las actas oficiales de la Comisión Investigadora del Congreso de Estados Unidos, el padre Braun informó sobre sus aventuras rusas (Reports of Investigations, página 197) que había visto trabajar a la policía secreta entre 1936 y 1937, durante la época de los camaradas Jeshov, Jagoda y, más recientemente. Beria (los tres judíos - AUTOR). Fueron jefes sucesivos de la policía secreta. Él también había visto a los rusos (judíos) asesinar a sangre fría a sus propios compatriotas. Teniendo en cuenta que en los campos de concentración de la Unión Soviética se asesinaba por millares a los internados y que estas atrocidades se consideraban un trabajo meramente rutinario y no digno de mención, se puede entender que el exterminio de polacos influyentes como médicos, escritores, profesores, maestros y funcionarios, etc., se considerara de forma similar. El informe añade que *esto no era más que una parte de su plan general, que consistía en el exterminio sistemático de grupos raciales y nacionales.*

¿Son Jeshov, Jagoda-Herschel y Beria los únicos culpables que rondan las fosas comunes de las víctimas del bosque de Katyn? Goriczki, un testigo polaco que escapó de las ejecuciones en masa, dijo al Comité Americano que investigaba la matanza de prisioneros polacos en Katyn: "... cuando los grupos estaban listos para marchar, dos oficiales de la policía política, el coronel Urbanovitz y un judío moscovita, el comisario Sirotky, estaban de pie cerca de mí. Oí por casualidad que Sirotky le decía a Urbanovitz: "Sí, ahora están contentos y se ríen, pero si supieran lo que les espera..." (Informes de las investigaciones, página 176).

Así pues, parece que los judíos no sólo organizaron y llevaron a cabo los asesinatos en masa del bosque de Katyn, sino que, a través de Robert Kempner, el fiscal estadounidense en Nuremberg, intentaron ocultar la verdad al mundo.

Así, en pocos días o quizás en pocas horas, exterminaron a la *élite* de la nación polaca y con ella a la mayor parte de la clase intelectual.

La variopinta y libre *élite* húngara, tan individual en sus perspectivas, fue igualmente aniquilada en 1945 con la ayuda de la Ley del Tribunal Popular, cuando la lista de "criminales de guerra" fue entregada a los estadounidenses.

Y así, la *guerra de clases biológica*, basada en los mandamientos talmúdicos, progresa implacablemente. La teoría marxista ha alcanzado ahora un peldaño más alto de la escalera. Para el exterminio físico de la *élite cristiana*, existen las prisiones soviéticas, así como los campos de buscadores de oro en el Círculo Polar Ártico, donde, según prisioneros de guerra recientemente regresados, cinco millones de personas son obligadas a trabajar como esclavos. La judería mundial, cuya fuerza total es de unos 15 millones, es claramente consciente de que puede convertirse en la única clase dominante de todas las naciones, una vez que logre exterminar a aquellas capas sociales cuya vocación, en razón de sus facultades intelectuales e integridad de carácter, es ser los líderes de sus respectivas naciones. Con este fin, las masas ignorantes, los intelectuales "rosas" y otros personajes sobornables son invitados a servir a los fines de los conquistadores del mundo hasta el punto de traicionar a su propia raza y nación. Las condiciones que prevalecen tras el Telón de Acero muestran más claramente que cualquier otra cosa que los quince millones de judíos podrían convertirse pronto en una clase media supranacional, gobernando naciones enteras y continentes enteros. Una clase dirigente que ya no necesita realizar ningún trabajo inferior o subordinado. Su próxima generación podrá ocupar con seguridad los puestos dirigentes de todos los Estados. Desean sin duda repetir la hazaña lograda en la Rusia soviética, donde los judíos ascendieron desde lo más bajo a lo más alto de la escala social.

Y para alcanzar esta aspiración basta con cumplir el mandamiento talmúdico:

"¡Maten al mejor de los Goyim!"[6]

Gunnar D. Kümlien ha escrito un artículo muy interesante sobre la guerra de clases biológica en el *Rheinischer Merkur* del 4 de octubre 1957. Este artículo está estrechamente relacionado con el canciller Adenauer. En este artículo recoge una conversación que mantuvo recientemente en Moscú con un intelectual ruso recién liberado de uno de los campos de trabajo esclavo de Siberia. Sólo pudo hablar en el mayor secreto con este hombre intimidado y asustado, porque se trataba de los cuarenta años de la "revolución" bolchevique.

"Ese sector de la sociedad que conservaba una independencia ideológica", dijo el ruso, "hoy ya no cuenta. Su fuerza hace veinte años llegaba al veinte por ciento de la población. Hace unos diez años era todavía el diez por ciento. Suponiendo que se hubiera reducido un uno por ciento al año, puede imaginarse cuánto queda de ella."

Un periodista sueco que informó recientemente sobre el nivel de vida en el Soviet, dio una imagen espeluznante de las masas proletarias hacinadas en barrios marginales. El partido las

---

[6] "Matar a los mejores gentiles", de James Von Brunn, Omnia Veritas Ltd, www.omnia-veritas.com.

mantiene en tal pobreza y en condiciones de vida tan bajas que toda su vida consiste en una lucha incesante por mantenerse con vida, por lo que no les queda tiempo para ocuparse de los problemas políticos ni para tener pensamientos propios.

Si la lucha de clases biológica se aplicara a los líderes espirituales de la judería, los judíos lo llamarían "antisemitismo" de inmediato. Sin embargo, la matanza a sangre fría y sistemática de la *élite* del pueblo ruso y de las naciones situadas detrás del Telón de Acero no es antirrusa, ni antihúngara, ni antichina. Sin embargo, las consecuencias de esta lucha de clases biológica seguirían siendo características permanentes incluso después de la caída del bolchevismo.

Porque el exterminio sistemático de las *élites* conlleva un buen número de consecuencias alarmantes. Debido al hecho de que los individuos más cultos, los trabajadores más capaces, los agricultores más inteligentes y los comerciantes y artesanos más hábiles fueron destruidos en los países situados detrás del Telón de Acero, *la calidad de la producción en todos los oficios se ha hundido en consecuencia*. No hay gusto ni "acabado" en los diversos productos fabricados. La habilidad ornamental se ha convertido en un lujo; las patas de las sillas no se cepillan ni se les da una superficie lisa, y los bienes de consumo más comunes ya no están disponibles. Los "nuevos intelectuales", producidos en serie mediante cursos "de maceta", no son más que esclavos de las masas y, por tanto, incapaces de dirigir el comercio, las finanzas o la agricultura. El nivel de las ciencias se reduce al mínimo; el médico se convierte en un mero curandero, y el científico ordinario tiene poco más conocimiento que un capataz. En el suelo de Ucrania, la tierra más fértil del planeta, el rendimiento del trigo es ahora más bajo que nunca (ocho quintales por acre); los viñedos de Tokaj, famosos en todo el mundo, están en ruinas y las plantas secas, el nivel de la fruticultura ha retrocedido 100 años. Los campos de trigo del Banato (en el sur de Hungría y el norte de Yugoslavia), donde, gracias a la industria y la habilidad de los colonos alemanes, floreció la mejor agricultura del mundo, están hoy cubiertos de maleza, y las casas de los Sudetes están en ruinas. La población vive y muere de hambre en la miseria. Las botas de fieltro sin forma y las chaquetas acolchadas estándar son las únicas prendas de vestir de que disponen las masas esclavizadas. Quien puede mirar hacia delante no puede sino visualizar un futuro espantoso: la civilización enterrada bajo las arenas movedizas del desierto o cubierta por la jungla. Debido al exterminio de las *élites*, esta amenaza se cierne sobre la civilización de todas las naciones cristianas, así como sobre la cultura de todas las razas.

El gran patriota húngaro mártir, Lászlö Endre, profetizó desde su prisión: "La Europa proletarizada se enfrentará a ellos [los judíos] con unos instintos tan envilecidos y embrutecidos que habrá que utilizar los medios más salvajes, necesarios para reprimir la revuelta más salvaje de los esclavos, para mantener al pueblo en la esclavitud."

Ya no habrá revoluciones ni guerras de independencia, sino sólo levantamientos de esclavos. ¡Qué futuro!

En esta coyuntura, alguien puede señalar que cuando se haya alcanzado esta etapa, entonces, con toda probabilidad, el poder y los privilegios de los conquistadores del mundo también llegarán a su fin. Tal vez sea así. Pero a los conquistadores del mundo no les gusta mirar hacia el futuro. Se sientan en los asientos de los poderosos.

CAPÍTULO XIV

Los judíos tienen la bomba atómica

EL 6 de agosto de 1945, Harry Truman, Presidente de los Estados Unidos, sorprendió al mundo con el siguiente anuncio:

"Hace 24 horas un bombardero de la U.S.A.F. lanzó una sola bomba sobre Hiroshima. El efecto de esta bomba fue mayor que el de 20.000 toneladas de trinitrotoluol (T.N.T.). Se trataba de una bomba atómica". Dos años más tarde, el rabino Korff, de treinta y un años, uno de los líderes de la organización terrorista Stern, dirigió una marcha de 600 rabinos fanáticos a Washington, donde, en calidad de portavoz, exigió que, a causa de los acontecimientos en Palestina, Estados Unidos lanzara otra bomba atómica, sobre Londres. El rabino Korff amenazó abiertamente al sucesor de Washington con el poder de la judería mundial. *(Los judíos tienen la bomba atómica,* página 3, editado por Gerald K. Smith).

Dos años más tarde, el Presidente Truman hizo otro anuncio. El 23 de septiembre dijo:

"Tenemos pruebas en nuestro poder de que durante las últimas semanas se llevó a cabo una explosión atómica en la Unión Soviética".

Poco después de este anuncio, llegó de Gran Bretaña la noticia de que las autoridades habían detenido a Klaus Fuchs, físico atómico judío e íntimo amigo de Einstein. *Los judíos habían pasado el secreto de la bomba atómica a la Unión Soviética.*

La fórmula de la bomba atómica cayó en manos de los judíos en sus primeras fases, poco después de iniciarse la investigación. En el momento de su llegada a América, Einstein estaba en posesión de información completa tanto sobre la teoría de la fisión atómica del profesor Otto Hahn como sobre los resultados obtenidos hasta la fecha por el Instituto Kaiser Wilhelm. Aconsejó al Presidente Roosevelt que siguiera adelante con estos experimentos con el objetivo último de producir la bomba atómica para EE.UU. A partir de este momento, los judíos no dejaron de pulular en torno al secreto del átomo. Entre ellos, cabe mencionar especialmente a Lise Meitner, una científica judía, que fue quien transmitió a Estados Unidos los resultados de los experimentos del profesor Otto Hahn a través de un físico atómico danés, también judío. Leo Sziárd, otro judío de Budapest, también apareció en escena, y desde entonces el mayor secreto de nuestra era actual ha estado rodeado por un extraño y misterioso equipo de protegidos de Einstein. De repente, el judío alemán Robert Oppenheimer, graduado de la Universidad de Göttingen, se unió a este equipo de judíos. Era comunista con conexiones comunistas, porque *veía una realización más verdadera, despiadada y fanática de los intereses judíos en el comunismo que en el sistema democrático.* Robert Oppenheimer era por encima de todo un judío. Es uno de los representantes más característicos y venerables del chovinismo judío conquistador del mundo. Mientras el profesor Otto Hahn vacilaba sobre si debía fabricar o sabotear la bomba atómica para Hitler, o bien presentarla a su propio clan y nación, Robert Oppenheimer volcó todo su conocimiento, imaginación creativa e inteligencia inspirada en la carrera por inventar primero la bomba atómica. Trabajó día y noche sin descanso ni tregua. Se volvió delgado y ojeroso; su peso bajó a siete piedras. Logró resultados científicos casi fantásticos con el único propósito de destruir a los alemanes, los enemigos de los judíos.

Naturalmente, inmediatamente se vio rodeado por los presidentes de los diversos bancos y casas financieras judías del mundo, que veían en la producción de la bomba atómica no sólo un espléndido beneficio sino también una misión nacional. L. Strauss, uno de los directores de Kuhn, Loeb and Co., había sido anteriormente asesor financiero de David Lilienthal. Así, J. Robert Oppenheimer fue puesto al frente de la investigación atómica y de experimentos respaldados con enormes fondos financieros. Einstein permitió a Klaus Fuchs acceder a los secretos experimentales y de producción de la bomba atómica. Las fábricas y oficinas dedicadas a la producción pronto se llenaron de judíos de diversos países. Refugiados poco fiables, inmigrantes sospechosos, judíos alemanes, ucranianos, polacos y húngaros ocuparon no sólo los puestos clave, sino también los pequeños trabajos. Julius Rosenberg, David Greenglass y los de su calaña ocupaban todos los puestos en Los Álamos.

Sin duda hay muchas buenas razones para ello. Siempre ha habido buenos matemáticos entre los judíos. Además, la investigación atómica parece más bien adecuada a la mentalidad judía. La fisión atómica es una ciencia típicamente judía. Hasta ahora sólo podía destruir, y todavía no creaba nada.

Todo lo demás que siguió no fue más que la consecuencia natural del chovinismo judío. Si un judío consigue ocupar cualquier puesto clave, inmediatamente tratará de emplear al mayor número posible de judíos. Esto es en realidad lo que ocurre durante la judaización de cualquier institución, sector de la sociedad o profesión. Los judíos que consiguen establecerse ayudarán y asistirán a más judíos para que se establezcan también, ya que a sus ojos sólo se puede confiar en los de su propia especie para el fomento de las aspiraciones nacionales judías. Y así, en torno a la persona de J. Robert Oppenheimer se formó un grupo de judíos fanáticos chovinistas. Según fuentes estadounidenses, sólo los trabajadores de los laboratorios de Los Álamos y Honmouth no eran judíos. Los nombres de Julius Rosenberg, Martin Sobell, Harry Gold y David Greenglass se conocieron más tarde durante los juicios de los espías atómicos más notorios. El profesor Pontecorvo, el profesor húngaro Jánosi, inventor de la bomba de hidrógeno, y Edward Teller, pertenecían a esta secta atómica.

La bobina de la serpiente simbólica se cerró estrechamente alrededor de la producción de la bomba atómica. El gran secreto de América, guardado, producido y administrado por los judíos, era considerado por la judería como su propia propiedad nacional. *Por lo tanto, los judíos consideraban muy natural compartir este secreto con la Unión Soviética.* Las relaciones entre el judío oriental y el occidental se renovaron también en este campo.

Aunque los miembros, o los padres y abuelos de los miembros de la secta atómica habían emigrado hacía mucho tiempo para escapar de los pogromos rusos, *consideraban a la Rusia bolchevique mucho más fiable que América*. Los bolcheviques lucharon contra Hitler fanáticamente. Pero en Estados Unidos había gente como Lindbergh, Taft y los aislacionistas. Por lo tanto, había que entregar la bomba atómica a la Unión Soviética, a la que consideraban más despiadada y decidida que Estados Unidos.

Sólo era de importancia secundaria que hubiera algunos comunistas entre los científicos atómicos estadounidenses. Tenían sus ojos fijos todo el tiempo en los judíos soviéticos más salvajes, despiadados, fanáticos y vengativos, y no confiaban en nadie más que en ellos. Los judíos del Este eran muy conscientes de ello. David Zaszlavszkij e Ilia Ehrenburg se referían constantemente en *Pravda* a Albert Einstein como uno de los seis mejores amigos de la Unión Soviética en Estados Unidos, y como amigo personal de Stalin. Y para hacerse más dignos de la confianza de los judíos estadounidenses, nombraron a Salomón Abrahamovich Rebach, uno de los principales organizadores de la policía secreta bolchevique, para el puesto de Alto Comisario de la investigación atómica soviética, y el camarada Abrahamovich sigue ocupando este puesto en la actualidad. Al otro lado del Atlántico, los representantes de Kuhn, Loeb, los banqueros internacionales, desempeñaron un papel importantísimo en la producción de la bomba atómica. Los mismos grandes capitalistas occidentales que financiaron la revolución bolchevique en 1917 y que tenían tan espléndidas conexiones con Trotsky (Bronstein), esta vez nunca se molestaron en ocultar sus sentimientos respecto a la judería oriental. El propio Albert Einstein nunca negó que, como demócrata acérrimo, estaba entusiasmado con el Soviet. John Rankin, congresista estadounidense, *acusó públicamente a Einstein de tener conexiones con los bolcheviques*. Así pues, no debe sorprendernos el testimonio del mayor George Racey Jordan, de la U.S.A.F., en el que afirmaba que ya en 1943, *manos misteriosas iniciaron y mantuvieron una entrega constante al Soviet de materias primas, equipos y secretos necesarios para la producción de la Guerra.* Durante las investigaciones sobre el caso del espionaje de radar, *bomba atómica, es decir, en las horas más críticas del Segundo Mundo* que estaba estrechamente relacionado con el espionaje atómico, salió a la luz que veintiséis de los desaparecidos cincuenta y siete archivos más secretos del Cuerpo de Señales de EE.UU. de Monmouth fueron recuperados en el Este de Alemania. [sic] Todos aquellos "científicos" suspendidos a raíz de estas investigaciones pertenecían sin excepción a la raza de los conquistadores del mundo.

Finalmente, durante los juicios en el tribunal de Nueva York se hizo evidente que el *espionaje atómico no era tanto obra de comunistas como de judíos.* Los acusados admitieron haber entregado secretos atómicos a los soviéticos ya en 1943. Transmitieron esta información vital gratuitamente, es decir, sin esperar nunca ninguna recompensa por ello, simplemente impulsados por el celo de su chovinismo judío. La característica más notable en el caso de los espías atómicos fue que ninguno de los acusados exigió dinero alguno a la Unión Soviética a cambio de sus servicios. Julius Rosenberg sólo recibió 500 dólares para sufragar sus gastos. Completamente obsesionados por el chovinismo judío más fanático, estaban perfectamente convencidos de que traicionar a América y ayudar así a la Unión Soviética, era el *deber* más sagrado *de los judíos.*

Todos los acusados en los juicios por espionaje atómico, sin excepción, eran judíos. Y veremos que detrás de ellos estaba todo el judaísmo mundial. Durante los juicios Estados Unidos tuvo que evitar la más mínima apariencia de tendencias "antisemitas", a menos que quisiera ser declarada en bancarrota o sufrir una crisis económica. Asi que el caso contra Julius y Ethel Rosenberg tuvo que ser asignado a un juez judío - el juez Irving Kaufmann - a quien todo el judaismo mundial consideraba un destructor, oportunista traidor a la raza judia. Sypol, el fiscal del distrito de Nueva York, también era judío. Finalmente, además del acusado, un judío llamado Bloch era el abogado defensor.

Detrás del secreto del átomo se encuentra entronizada una de las personalidades más misteriosas y poderosas de la judería mundial en la persona de Bernard Baruch, "el filántropo" banquero que, en las circunstancias más oscuras amasó una fortuna personal durante las dos guerras mundiales. En la imaginacion del pueblo norteamericano, tal vez no sin razon, Bernard Baruch aparece como el "Presidente no oficial de los EE.UU." e incluso Churchill tiene que visitar primero a Baruch, antes de llamar a Washington para ver al Presidente oficial de los EE.UU. Cuando Roosevelt se convirtio en Presidente, el poder y la influencia de Baruch se multiplico. Mientras que los soldados de los E.E.U.U. perdían sus vidas en el frente durante la segunda guerra mundial, Bernard Baruch, en control de 351 de las ramas más importantes de la industria en los E.E.U.U. y de dos tercios de las materias primas del mundo entero, utilizó cada esfuerzo para quitar autoridad sobre la bomba atómica del presidente y del ejército de los E.E.U.U.. En este caso *la judería se quitó casi por completo la máscara*. Si no de palabra, sí con hechos y propaganda declaró enfáticamente que consideraba la bomba atómica como *su propia propiedad nacional* y el medio por el cual esperaba establecer su poder supranacional. Como admiten varios escritores y publicistas estadounidenses, el Congreso cometió alta traición cuando, bajo el látigo de Baruch, aprobó la Ley que arrebató al Presidente y al Ejército el control sobre la bomba atómica y su secreto de producción, y creó la Comisión de Energía Atómica de Estados Unidos. El Presidente Truman, inconsciente de las consecuencias, firmó esta Ley.

Esta comisión es más poderosa que el Presidente de los EE.UU. Puede actuar independientemente de cualquier gobierno del mundo, incluso del Gobierno de los EE.UU. Según declaraciones de círculos oficiales estadounidenses, esta comisión posee más poder que Hitler, Roosevelt y Stalin juntos.

Cuando todo había sido cuidadosamente planeado y preparado, se nombró a los miembros de la Comisión de Energía Atómica. De los cinco primeros miembros, tres, o quizás incluso cuatro, eran judíos. Eran: David E. Lilienthal (judío), Lewis L. Strauss (judío), Robert F. Bacher (judío), William Wymack (?) y Sumner T. Pike (?). Cabe señalar que, aunque se produjeron ciertos cambios en Estados Unidos, donde las investigaciones del comité McCarthy llamaron la atención de la opinión pública estadounidense sobre un buen número de cosas, la estructura de la Comisión de Energía Atómica no pudo modificarse. A raíz del caso Oppenheimer, David E. Lilienthal fue destituido de la presidencia de la A.E.C., pero Lewis L. Strauss ocupó su lugar. Durante este tiempo, el profesor Pontecorvo, el judío italiano, se convirtió en jefe de la investigación atómica en la Unión Soviética. Bajo sus órdenes trabajan los científicos atómicos alemanes secuestrados, mientras que sobre todos ellos ejerce un control supremo Salomón Abrahamovich Rebach, comisario atómico jefe de la policía secreta comunista.

La bomba atómica cayó enteramente en manos de los judíos. Así tuvo lugar la mayor tragedia de la historia, y la amenaza más amenazadora se cierne sobre la humanidad. La bomba atómica, incluso en manos de estadistas democráticos debidamente elegidos, es un arma peligrosísima. Pero la marcha a Washington del rabino Korff y sus 600 compañeros rabinos dio al mundo un recordatorio de lo peligrosa que puede llegar a ser la bomba atómica en manos de un grupo nacionalista tribal fanático. Con el uso de la bomba atómica, no sólo podría destruirse la civilización, sino que la libertad de la humanidad podría perderse para siempre. La bomba atómica en manos de la judería mundial es una amenaza permanente para la democracia, para la independencia de todas las naciones y para todo movimiento espiritual o político desfavorable a los conquistadores del mundo. Aquellas naciones desobedientes a la judería mundial, o que consideren que la tasa de interés fijada por Kuhn, Loeb es demasiado alta, pueden ser fácilmente borradas de la faz de la tierra. En manos del judaísmo la bomba atómica representa el terror y una horrible amenaza aunque nunca llegue a ser lanzada. La psicosis atómica, el miedo a ser destruido por la explosión atómica o la radiación, puede ser explotada en detrimento de naciones enteras. *"¡Renuncien a su libertad e independencia, abandonen su fe cristiana, porque tenemos la bomba atómica sobre sus cabezas como la espada de Damocles! En el momento de* la explosión de la primera bomba de hidrógeno, los *judíos lograron crear la impresión de que si* Estados Unidos iniciaba una guerra contra la mitad oriental de su reino-mundo, probablemente todo el universo volaría también por los aires.

No se trata sólo de una posibilidad política, sino de la materialización de la visión del Apocalipsis de San Juan, relativa al poder de la bestia *"sobre todos los linajes, lenguas y naciones" (Apocalipsis xiii. 7)* y que predice el exterminio de dos tercios de la humanidad. Ni siquiera los Sabios de Sión, los autores de los *Protocolos,* se atrevieron a contemplar semejante visión hace cincuenta o sesenta años:

> *"De nosotros procede el terror que todo lo engulle".*

La bomba atómica es el agente horrible de este terror que lo envuelve todo y, al mismo tiempo, es la prueba más horripilante de que las aspiraciones de dominación y conquista del mundo existen realmente. Desde 1934 hasta 1948 la propaganda judía proclamó constantemente que la democracia americana junto con la libertad de la humanidad podían coexistir en un entendimiento de buena vecindad con la tiranía soviética. Desde el final de la Segunda Guerra Mundial su programa global comprendía el reparto del poder mundial entre el judío occidental y el judío oriental. En realidad, ¡se trata de repartirse el globo entre ellos! Es el gobierno del oro en Occidente y de la metralleta en Oriente. *El objetivo supremo es evitar la guerra y el enfrentamiento con el bolchevismo. Como hemos señalado antes, ésta es la razón por la que Morgenthau organizó la "Sociedad para la Prevención de la Tercera Guerra Mundial".*

Marcel de Briançon, autor francés, lo ve claro cuando escribe:

> "Estos dos conceptos de poder aparentemente opuestos, antagónicos e irreconciliables, que en realidad se complementan, se dicen a sí mismos: 'Si el Soviet derrota a los EE.UU., el poder mundial se establecerá en forma de un Estado mundial comunista mediante la organización de un Soviet mundial. Si ocurre lo contrario y los EE.UU. derrotan a la Unión Soviética, se establecerá inevitablemente un nuevo Estado mundial pluto-democrático tras la victoria estadounidense. Al fin y al cabo, poco importa que los judíos detentemos el poder político mundial por nuestra sola posesión de capital privado concentrado, o que ejerzamos el mismo poder político mundial desde una posición clave en el capitalismo de Estado. Para nosotros no importa cuál de estos dos conceptos salga victorioso, pues en cualquiera de los

dos casos la única victoria al final será la nuestra. En estas circunstancias, ¿hay necesidad de un enfrentamiento?"'.

Pero más tarde, cuando el judaísmo mundial vio que después de todo era posible un enfrentamiento, y cuando la opinión pública estadounidense había empezado a darse cuenta poco a poco de que la coexistencia codo con codo del bolchevismo y la libertad no era posible, Klaus Fuchs fue arrestado de repente por entregar cada detalle del secreto atómico a la Unión Soviética. Dos nombres salieron de repente de la oscuridad: los de J. Robert Oppenheimer y Julius Rosenberg. Ambos, como veremos más adelante, pueden considerarse figuras simbólicas del nacionalismo judío conquistador del mundo.

Mientras el nacionalsocialismo alemán tuvo que ser destruido, J. Robert Oppenheimer trabajó con la abnegación de un asceta y la inspiración de un genio para producir la bomba atómica. Era un judío occidental en el pleno sentido de la palabra, *pero aun así, sólo confiaba en la crueldad, la sed de sangre y el fanatismo de sus hermanos orientales, ¡y en nada más!* Según las acusaciones que pesan sobre él, entre 1940 y 1942 apoyó con grandes sumas de dinero las actividades subversivas bolcheviques antiamericanas en Estados Unidos. Se casó con una comunista. Su hermano y su cuñada también eran comunistas. El primer marido de su esposa comunista también era un bolchevique duro y fue asesinado durante la Guerra Civil española. Oppenheimer había empleado a comunistas en Los Álamos durante la Segunda Guerra Mundial.

En aquel momento volcó todos sus conocimientos y su talento en el problema de resolver la producción de la bomba atómica. No tenía remordimientos, ni le remordía lo más mínimo la conciencia, pues sabía que sólo los nazis serían destruidos por la bomba atómica. Pero cuando la derrota del nazismo era un hecho consumado, y cuando la bomba H debería haber sido inventada y producida para frenar la tiranía real del sistema soviético, el gran hermano occidental se volvió de repente tímido y poco dispuesto a hacer nada contra los conquistadores del mundo oriental. Él, más que nadie, sabía muy bien que esos déspotas y represores bolcheviques, aunque fueran mil veces peores que Hitler, eran sin embargo sus hermanos. Con él podían recitar al unísono: "¡Todos somos la misma nación! ¡La misma tribu! ¡La misma raza! No somos judíos rusos, portugueses o americanos, sino *sólo judíos y nada más que judíos"*.

K. D. Nicholson, director general de la Comisión de Energía Atómica, escribió:

> "Oppenheimer en su capacidad oficial como presidente del Comité Asesor General de la Comisión de Energía Atómica, en 1949 se opuso firmemente al desarrollo de la bomba H e hizo todo lo posible para persuadir a los demás también a ir despacio con este proyecto, incluso después de que el presidente Truman diera instrucciones definitivas para proceder con los experimentos." *(American Hungarian Voice*, 19 de abril 1954, página 7.)

La bomba H debería haber sido lanzada en ese momento sobre la mitad oriental del reino mundial judío. Y el judío occidental no quería la destrucción de la mitad oriental de su dominio. Él, la mente maestra matemática, el mago de la física con el cerebro satánico, percibió claramente que las *condiciones más favorables para la conquista del mundo consistían en la bisección del globo en dos hemisferios, ambos poseedores de la bomba atómica, y ambos en posición de amenazarse constantemente.*

Las otras figuras simbólicas de este nacionalismo conquistador del mundo fueron el matrimonio Rosenberg. Son personas típicamente pequeñas y sin importancia que quizá no ayudaron a la Unión Soviética tanto como muchos observadores creían. Entregaron el secreto atómico por pura convicción racial, es decir, lo hicieron como parte de su deber hacia su propio pueblo. Entregaron todo a la Unión Soviética y, lo más característico, dijeron en su defensa que Estados Unidos era su aliado.

Pero las llamas sulfúricas del "nazismo" supranacional ardieron con un calor más intenso y violento cuando el matrimonio Rosenberg estaba a punto de ir a la silla eléctrica. Según la ley, los Rosenberg eran espías; eran traidores a América. Sin embargo, el 99% de los judíos del mundo se solidarizaron con ellos. Los millones de judíos del mundo, los capitalistas y los proletarios, los residentes de las lujosas villas de Sea Gate y de los barrios bajos del Bronx, los judíos del West End de Londres así como de todas las capitales del mundo, se unieron sólidamente en manifestaciones para obligar al "nazi-fascista-hitleriano" Eisenhower a ejercer su prerrogativa presidencial de clemencia. A los ojos de los decentes ciudadanos patrióticos americanos, toda esta campaña, con sus piquetes, parecía una manifestación comunista. "Si Use Koch, la *asesina de judíos*, pudo ser indultada" -decían las pancartas que portaban los manifestantes- "¿por qué deben morir los Rosenberg?". "¡Los profesores Urey y Einstein exigen el indulto!" y: "¡Los distinguidos líderes de Israel piden el indulto!" se podía ver escrito en otras pancartas.

En cinco continentes, capitalistas y comunistas, intelectuales muy cultos y simples talmudistas unieron sus fuerzas para salvar a dos espías comunistas. Toda la nación de conquistadores totalitarios del mundo se alineó para apoyar a los traidores. En Londres, los correligionarios de los Rosenberg se arrodillaron y se tumbaron en las calles y gritaron pidiendo perdón en una manifestación que retuvo el tráfico durante kilómetros. En Moscú, Budapest y Bukarest, y en otras capitales de todo el mundo, se escribieron conmovedoras historias en la prensa nacional sobre la carrera de estos traidores. En Union Square, en Nueva York, los policías irlandeses apenas podían hacer frente a la situación provocada por el desmayo de las judías fanáticas cuando se enteraron de que su país de adopción, Estados Unidos, había ejecutado a los traidores de acuerdo con la sentencia del Tribunal.

"Fue interesante escuchar la radio de Nueva York después de las ejecuciones", escribió la *Voz Húngara Americana*. "Había locutores que casi sollozaban al dar la noticia. Otras emisoras después de anunciar la noticia empezaron a tocar música fúnebre. En Union Square las mujeres judías se arrojaron al pavimento, llorando y lamentándose histéricamente, e incluso algunos de los hombres comenzaron a llorar, gritando: '¡Los mataron... los mataron!' *(American Hungarian Voice,* 29 de junio 1953, página 8.)

Y por último, en Church Avenue, Brooklyn, el "nazismo" conquistador del mundo celebró un mitin notable por su fanatismo. Decenas de miles de personas confesaron y demostraron su solidaridad con los criminales en nombre de su "nazismo" tribal, ya que, al igual que los judíos orientales, también consideraban a los espías ejecutados mártires de su causa.

En el funeral, Emanuel Bloch, abogado defensor del matrimonio Rosenberg ejecutado, dijo:

> "Atribuyo la culpa del asesinato de los Rosenberg al Presidente Eisenhower, al Fiscal General Browell y a Edgar Hoover, director del F.B.I. Ellos dieron las órdenes para que se pulsara el botón de la silla eléctrica. Estas dos personas queridas, sensibles, tiernas y cultas fueron víctimas de un asesinato deliberado a sangre fría. Lucharon contra el despotismo. América gime hoy bajo el despotismo de una dictadura militar, vestida de civil".
>
> (*American Hungarian Voice*, 19 de junio 1953.)

A partir de ahora, el presidente Eisenhower, último sucesor de Washington y uno de los ejecutores del Plan Morgenthau, podía contar con que también su nombre figuraría en la lista negra de "criminales de guerra" y "enemigos del pueblo". La horca de Nuremberg miraba ahora hacia la Casa Blanca y proyectaba sus sombras sobre ella. El "nazismo" supranacional ha declarado la guerra a Estados Unidos y a su fiel servidor, el presidente Eisenhower. Posiblemente no sólo se oyó la voz de Emanuel Bloch sobre los ataúdes de los Rosenberg, sino también el eco de las palabras de Julius Streicher en Nuremberg:

> "... ¡serás ahorcado por los bolcheviques!"

CAPÍTULO XV

La traición de Estados Unidos

Al traicionar finalmente a Estados Unidos, la judería mundial se quitó definitivamente la máscara. Puede que la judería sienta que tiene un agravio contra todos los países del mundo. Sin embargo, Estados Unidos dio a los judíos todo lo que un país puede ofrecer: dinero, negocios, riqueza, seguridad, una vida pacífica, una libertad sin restricciones que se convirtió en desenfreno e incluso en influencia política. América fue a la batalla dos veces, sacrificando a sus hijos en aras de los intereses comerciales, la especulación y la influencia política del nacionalismo judío; porque éstas fueron las fuerzas que la empujaron a ambas guerras mundiales. Estados Unidos derrotó a Hitler y también dio once mil millones de dólares a la Unión Soviética para ayudar a liberar a los presos judíos de los campos de concentración.

Asumió su parte del odio resultante de los juicios de Nuremberg y del baile de asistencia al deseo de venganza de los judíos.

Los judíos tardaron apenas setenta años en adquirir y controlar la mayor parte de la vida empresarial y financiera estadounidense. El pequeño judío indigente que había huido de los pogromos rusos disfrutaba del lado soleado de la vida en Estados Unidos, gozando de derechos cívicos y muchos privilegios. Durante la presidencia de Roosevelt, ocupó puestos clave en la vida política. Se convirtió en el dueño de un paraíso terrenal: de gran parte de las riquezas y riquezas de Miami, Florida y California. Para él, la Tierra Prometida no era Palestina, sino los Estados Unidos de América. Palestina, o Israel como se llama hoy, fue restablecida con el único propósito de recibir a esos indeseables tipos de judíos indigentes y caducos que asustan a los millonarios neoyorquinos, porque llevan consigo a todas partes los gérmenes del "antisemitismo".

Durante el gobierno de Roosevelt, Estados Unidos se convirtió en tierra de judíos. Por lo tanto, uno esperaría que los conquistadores del mundo permanecieran fieles a América de todos los países, y no se volvieran contra los Estados Unidos cuando llegó el momento de luchar contra el comunismo. Pero los judíos han demostrado también en el caso de América que *se sienten seguros sólo mientras sean gobernantes; y serán fieles a un país sólo mientras los intereses de ese país sean idénticos a los suyos.*

A falta de conocimiento de la cuestión judía, Estados Unidos podría haber tenido derecho a esperar que el judaísmo mundial se pusiera de su parte en la guerra fría que siguió a la Segunda Guerra Mundial. Pero ocurrió exactamente lo contrario. En algún lugar detrás de la privacidad velada de las logias B'nai B'rith el destino de los Estados Unidos fue decidido por la judería mundial. Seguramente los políticos gentiles de Estados Unidos, aunque en manos judías, no querían ganar la Segunda Guerra Mundial sólo para los judíos, excluyendo a todos los demás. Quizás, con la excepción de Roosevelt, nunca creyeron en la posibilidad de un acuerdo duradero con la Unión Soviética. El senador Truman, que sucedió a Roosevelt, dijo el 21 de junio, 1941, el día del estallido de la guerra entre Alemania y la Rusia soviética: "Si vemos que Alemania va a ganar ayudaremos a la Rusia soviética, pero si es al revés, tendremos que ayudar a Alemania. *Dejémosles solos para que se debiliten mutuamente lo más posible".*

La amistad con los soviéticos no era de interés para Estados Unidos, como tampoco lo fue la guerra fría después de 1945. Ambas cosas sirvieron únicamente a los intereses de la judería mundial y a nadie más. Los intereses de la judería mundial jugaron un papel decisivo en el desencadenamiento de ambas guerras mundiales. Pero una tercera guerra mundial para derrotar y liquidar a los soviéticos y liberar a las naciones esclavizadas *no está en los intereses de los judíos.* Al contrario, en Yalta y Potsdam se repartieron el poder mundial.

Como nos dicen los *Protocolos*:

"De nosotros procede el terror que todo lo engulle".

Según el conocido eslogan, Estados Unidos es la "tierra de la libertad", y en el estuario del río Hudson la Estatua de la Libertad sostiene en alto la antorcha simbólica. Pero en realidad, más allá de Ellis Island reina un "terror total" desde la llegada de Roosevelt a la Presidencia. Felix Frankfurter, uno de los jueces del Tribunal Supremo de Estados Unidos, dijo que *"los verdaderos gobernantes de Washington son invisibles y ejercen el poder entre bastidores"*. El ciudadano estadounidense tiene derecho a votar al Partido Republicano o al Demócrata, pero quienes están entre bastidores saben muy bien que el poder real permanece en sus manos gane quien gane las elecciones. Cualquiera que se atreva a rebelarse, a protestar o a pronunciar una sola palabra esclarecedora sobre esta *mano oculta* será asesinado, amordazado, empujado al suicidio o "untado" públicamente.

Gerald K. Smith, el valiente líder de la Cruzada Cristiana Americana, da en su libro un relato espantoso del terror provocado por esta *mano oculta,* así como de aquellos americanos patriotas que cayeron víctimas del "terror que todo lo engulle" de los conquistadores del mundo. Damos aquí un relato abreviado, tomado de su libro *Suicidio,* de cómo los poderes entre bastidores exterminaron a aquellos americanos que se interpusieron en el camino del bolchevismo y de una segunda guerra mundial y, en consecuencia, se opusieron a las aspiraciones de los conquistadores del mundo.

La reputación de *James Forrestal,* Secretario de Guerra en la administración de Truman, fue arruinada por Drew Pearson y Walter Winchell (Lipsitz), los dos locutores de radio, exponentes del "M.V.D." judío y de la Liga Antidifamación. Hicieron imposible la posición de Forrestal tachándole de "antisemita" por oponerse a la política exterior estadounidense en la cuestión de Palestina. Forrestal, después de haber anunciado públicamente en una ocasión que "estos judíos arruinarán América", fue internado en un hospital, y más tarde encontró misteriosamente la muerte una mañana al "caer" desde la ventana de un decimosexto piso.

Joseph Kennedy, embajador de Estados Unidos en Gran Bretaña, tuvo que soportar que lo silenciaran junto con una especie de internamiento local en Florida, ya que a su regreso a Estados Unidos antes del estallido de la Segunda Guerra Mundial declaró: "Sólo sobre mi cadáver irá este país a la guerra". El sucesor de Kennedy, *John Winant,* después de familiarizarse con las circunstancias que falsamente sirvieron para involucrar a América en la Segunda Guerra Mundial, tuvo que elegir entre el silencio ignominioso o el suicidio. Este honesto diplomático estadounidense optó por el suicidio. *Henry Wallace,* que era miembro de una extraña secta oriental y creía que con la ayuda de algún suero salvaje viviría 150 años, se convirtió en vicepresidente de Roosevelt. Pero cuando resultó ser difícil y poco complaciente con los poderes entre bastidores, murió repentinamente y muy joven. El *general Patrick J. Harley* dijo en 1947 que "todavía hay varios miles de comunistas sentados en el Departamento de Estado". *Por ello,* fue silenciado por la misteriosa Mano Negra de Washington, que lo llevó al exilio, deshonrado. *La esposa del Generalísimo Chiang Kai-Shek,* hija de Sun-Yat-Sen, vivía con un miedo mortal cada vez que visitaba Estados Unidos durante la Segunda Guerra Mundial, porque sabía que agentes secretos de la "Gestapo" de los conquistadores del mundo planeaban su asesinato. Salió a la luz que el discurso pronunciado por Stettinius, Secretario de Estado, en la inauguración de las Naciones Unidas, fue escrito en realidad por una estrella de cine comunista de Hollywood llamada Dalton Trumbo. *Morton Kent* se suicidó cortándose una vena. Sabía quién robaba archivos muy secretos para la Unión Soviética. Sabía bien que poco importaría que hablara o callara; en cualquier caso, sería asesinado.

Whittaker Chambers, Louis Budenz y Tyler Kent siguen vivos, pero con cierto peligro de muerte. *Budenz,* que antes era uno de los principales miembros del Partido Comunista y que desenmascaró a varios judíos comunistas, buscó refugio en la Universidad Católica de Fordham. Si saliera de los muros protectores de los edificios universitarios no viviría ni veinticuatro horas. Lo mismo puede decirse del otro ex dirigente comunista no judío, *Chambers, que desenmascaró a* Alger Hiss.

Tyler Kent, que descifró los telegramas secretos intercambiados entre Roosevelt y Churchill -algunos enviados antes de que Churchill fuera Primer Ministro- y se convirtió así en uno de los testigos más importantes de cómo el mundo había sido empujado a la guerra, fue encarcelado durante cinco años en Gran Bretaña, en la isla de Wight.

Ese benigno y correcto anciano caballero, *el general Vaughan, se* había mantenido ocupado eliminando a judíos y comunistas del Departamento de Estado en cantidades considerables. Adoptó una postura firme contra David K. Niles, que fue la "eminencia gris" de la Casa Blanca durante las administraciones de Roosevelt y Truman. En su juventud, Niles había sido condenado en Boston a varios años de prisión por delitos sexuales. Más tarde escribió discursos para presidentes estadounidenses. El general Vaughan se opuso firmemente a que un personaje del tipo de Lombroso viviera en el entorno del Presidente de los Estados Unidos. Sin embargo, fue silenciado, destituido y arruinado socialmente con el pretexto del "antisemitismo".

El general Frederick Morgan, jefe de la U.N.R.R.A. en la zona americana de la Alemania ocupada, era inglés de nacimiento, y se tomó la libertad de declarar por escrito que los judíos que vivían en Alemania estaban bien provistos tanto de dinero como de alimentos, por lo que no sufrían necesidad alguna. A petición de Herbert H. Lehman, senador por Nueva York y jefe de la U.N.R.R.A. en aquella época, el general F. Morgan fue destituido de su cargo, a pesar de que en un primer momento el Gobierno británico no quiso ceder a la presión de los judíos americanos.

El Sr. Earle, embajador de Estados Unidos en Bulgaria, fue igualmente silenciado. Von Papen le había entregado en Sofía un memorándum secreto en el que el Gobierno de Hitler hacía una oferta para mantener a Estados Unidos fuera de la guerra. Después de transmitir este memorándum a Roosevelt, Earle fue llamado a Washington, llamado al servicio militar y enviado a una isla del Pacífico para el resto de la guerra. El pueblo estadounidense no debía enterarse bajo ningún concepto de que los odiados "nazis" deseaban la paz con Estados Unidos.

El asesinato de *Huey P. Long*. Senador de Luisiana, fue un caso de lo más misterioso. Long era uno de los rivales de Roosevelt con más posibilidades de ser elegido Presidente de EE.UU. Alegó en el transcurso de un discurso ante el Senado el 9 de agosto de 1935, que la "Mano Negra" estadounidense, dirigida por judíos, había ordenado su asesinato durante una reunión en un hotel de Nueva Orleans. El Senado se rió entonces del viejo luchador. Pero un mes más tarde fue asesinado a tiros por un judío llamado Karl Weiss.

Según el libro de Gerald K. Smith, un buen número de oponentes de Roosevelt perecieron en circunstancias igualmente misteriosas. Entre ellos se encontraban *el senador Cutting, de Nuevo México, el senador Shawl, de Minnesota,* y *el Sr. John Simpson,* presidente del Sindicato de Agricultores de Oklahoma.

¡Guardar silencio o morir! - esta fue igualmente la orden al *Almirante Kimmel,* que conocía la verdadera historia de Pearl Harbour. Y el Almirante permaneció en silencio, no dispuesto a arriesgar su vida.

El Dr. William Wirt, profesor universitario de Gary, Indiana, aparentemente como resultado de un error, recibió una invitación a una reunión social muy exclusiva donde oyó explicar los planes y preparativos de los judíos y comunistas para tomar el poder en los Estados Unidos. Informó de lo que había oído a la prensa y, en consecuencia, fue convocado a uno de los "comités de actividades antiamericanas" del Senado, presidido por el senador O'Connor. El comité tachó a Wirt de mentiroso. Wirt murió poco después de estas audiencias en las circunstancias más sospechosas. Pero en el primer aniversario de la muerte de Wirt. el senador O'Connor visitó la tumba de esta víctima y rezó pidiendo perdón.

Gerald K. Smith, el líder del movimiento antijudío estadounidense, fue envenenado una vez con arsénico y los médicos sólo le salvaron la vida a duras penas. Este mismo Gerald K. Smith escribe que Gerhard Eisler, un judío alemán comunista que emigró a América y luego, tras ser tachado de importante agente de Stalin, escapó de las autoridades americanas a la zona soviética de Alemania, ordenó el asesinato de varios miles de ciudadanos americanos. *Westbrook Pegler,* uno de los publicistas estadounidenses más conocidos, vivió temiendo permanentemente por su vida. Los periódicos en los que se publican artículos de Pegler exponiendo las actividades subversivas de los comunistas (judíos) son constantemente amenazados por la judería con el boicot y el terror.

La historia de Charles Lindbergh, el valiente piloto que voló el Atlántico, es ya bien conocida. Lindbergh se opuso a la guerra, y en el transcurso de uno de sus discursos pronunciados en Des Moines, Iowa, pronunció la palabra "judío" en un tono de voz no "muy halagador". Inmediatamente se inició una campaña tan intensa para su destrucción moral que, incluso hoy en día, en los círculos de la Liga Antidifamación, la mención del "tratamiento Lindbergh" conlleva el asesinato del carácter, la carrera y la posición social de una persona. Estos círculos saben muy bien que la eliminación de Lindbergh de la vida pública fue obra de los judíos. Martin Dies fue silenciado también por métodos similares al Lindbergh-tratamiento, porque fue el primero en tratar de arrastrar a los comunistas ante el Senado y así en el centro de atención de la publicidad. Hubo intentos de secuestrar a su hijo y su mujer fue constantemente amenazada. Eleanor Roosevelt y sus amigas asistieron a las sesiones de la Comisión del Senado para burlarse de su presidente. La prensa recibió instrucciones confidenciales de boicotear los trabajos de la comisión. Sin embargo, aunque Dies fue silenciado, el trabajo de su comité fue llevado a cabo por el senador *Joseph McCarthy* sobre quien se declaró el anatema de la judería mundial y que también puede ser asesinado en cualquier momento. *(Desde la publicación del libro de Gerald K. Smith, el senador McCarthy ha muerto en las circunstancias más misteriosas y sospechosas. Varios periódicos americanos insinuaron abiertamente que fue asesinado -* AUTOR).

Este fue también el destino del diputado canadiense Norman Jacques, uno de los miembros más populares del Parlamento canadiense. Antes de morir escribió a varios de sus conocidos que: "En mi próximo discurso en el parlamento voy a abrir los ojos de mi audiencia y me propongo desenmascarar toda la conspiración nacionalista judía". Pero antes de poder pronunciar su discurso murió de "insuficiencia cardíaca".

Gerald K. Smith señala que *la muerte de Franklin D. Roosevelt es en sí misma un gran misterio. Parece casi seguro que Roosevelt no murió de muerte natural.* Según algunas versiones, sufría de remordimientos de conciencia a causa de Pearl Harbour, o a causa de aquella descabellada amistad soviética que se tradujo en la promesa de entregar a los soviéticos cinco millones de personas entre alemanes, italianos, húngaros, rumanos y búlgaros. Según otra teoría, deseaba ser proclamado Presidente de la República Mundial, simultáneamente con el establecimiento de la O.N.U., pero se vio obligado a darse cuenta de que el estado de su salud le incapacitaba para este cargo.

Sólo queda para la posteridad una única fotografía que muestra al Presidente de la República en su ataúd. En esta fotografía puede verse una flor blanca cubriendo una herida en la cabeza de Roosevelt. Cuando su hijo Jimmy Roosevelt llegó para el funeral, su madre y su familia no se atrevieron a abrir el ataúd para que pudiera ver a su padre por última vez.

Todos estos hechos y acontecimientos demuestran claramente que Felix Frankfurter tiene razón. El poder real en América no reside en el Gobierno visible, sino que está en posesión de individuos entre bastidores. Son las personas que representan al "nazismo" supranacional, cuyos intereses fueron tan bien servidos por la Segunda Guerra Mundial, *pero cuyos intereses no serían servidos por una tercera guerra mundial en la que la espada de América rasgara el Telón de Acero.* ¿Qué pasaría si se abrieran las cárceles soviéticas, o si los soldados estadounidenses vieran en los territorios liberados las mismas cosas que vieron después de 1941 en la Rusia soviética los guerreros de Europa? ¿Qué pasaría si los presos políticos fueran liberados junto con los esclavos de los campos de internamiento y de trabajos forzados? ¿No dirían todos ellos al mundo quiénes eran los verdaderos carceleros, torturadores, verdugos y usureros del régimen soviético? ¿No ha dicho el propio Lenin que "el 'antisemitismo' es el medio de la contrarrevolución"? Con la caída del bolchevismo seguiría un gran despertar de las naciones gentiles. Se abrirían los archivos secretos. *Entonces, ¡ay de los conquistadores del mundo!*

La judería mundial cambió sus tácticas después de 1945, porque vio claramente que un enfrentamiento entre los EE.UU. y los soviéticos debe ser evitado a toda costa. La politica ahora es debilitar a America de tal manera que no le quede fuerza para defenderse al final. Y así, el nacionalismo judío, después de haber establecido un poder financiero y político sin precedentes, a través de carreras armamentistas, inflación, desempleo, guerras mundiales y revoluciones, ahora se da la vuelta de repente y se vuelve "amante de la paz". Inicia la mayor campaña política de su historia con la ayuda de la O.N.U., la O.N.U.E.S.C.O., el Consejo Europeo de Estrasburgo y varios parlamentos que están bajo su influencia. Con la prensa mundial en sus manos, trabaja con el *único objetivo de debilitar y aislar a Estados Unidos, de dejarla sin aliados el día en que el reloj marque la hora y tenga que enfrentarse a los soviéticos.* El objetivo es hacer que la política de Estados Unidos sea impopular entre otros pueblos, en el momento en que debería estar reuniendo a su lado a las naciones cristianas y a otros pueblos no cristianos, como los mahometanos.

Los intereses de la judería residen en el gobierno mundial judío sobre los conceptos de Einstein, y el Estado judío totalitario. Y este nacionalismo, después de haber llevado a cabo la campaña de propaganda de guerra más sanguinaria contra Hitler, ahora hace un volte-face. Ahora, la mano oculta, actuando silenciosamente entre bastidores, está tomando medidas para obligar a Estados Unidos a arrodillarse, aumentando tanto como sea posible la fuerza de la Unión Soviética y, al mismo tiempo, *paralizando a las fuerzas que consideran inevitable la guerra contra el bolchevismo.*

Estas tácticas han tenido cierto "mérito" en el pasado. Pero en Europa sólo se utilizaron al final de guerras perdidas. Se conocen como sabotaje y como campañas de susurros que envenenan la mente. *"¡No luchéis más, pueblo! Los rusos también son humanos!"* era el susurro que asaltaba los oídos de los que estaban listos y dispuestos a defender su país contra la barbarie soviética.

La política de Morgenthau planea aplastar el poderío de Estados Unidos por medios casi idénticos.

"Después de todo", se dicen unos a otros los judíos triunfantes -los judíos que vencieron a Hitler-, basta con leer el Libro del Profeta Isaías y verás que no sólo los *Protocolos* nos prometieron el poder sobre el mundo, sino también el Profeta mismo:

> "Por tanto, tus puertas estarán siempre abiertas; no se cerrarán ni de día ni de noche, para que los hombres traigan a ti las fuerzas de los gentiles, y para que sean traídos sus reyes". *(Isaías lx. 11.)*

"Porque la nación y el reino que no te sirvan perecerán; sí, esas naciones serán totalmente devastadas". *(Isaías lx. 12.)* "Allá, al otro lado del Telón de Acero, 40.000 tanques soviéticos, 15.000 aviones y 175 divisiones del ejército soviético esperan preparados para invadir Europa y llevar a cabo el cumplimiento de nuestro poder mundial. Churchill dijo en 1949 que sólo la bomba atómica protegía a América y Europa de un ataque soviético.

Pero la bomba atómica, como sabes, *es nuestra"*.

> "Los que llevan el secreto de la bomba atómica a la Unión Soviética son todos nuestros hermanos de sangre. Es como si Einstein los hubiera seleccionado personalmente y los hubiera enviado a cumplir sus grandes misiones. Tales son Klaus Fuchs, cuya traición acelera la producción de la bomba atómica soviética en dos años, y Bruno Pontecorvo, el judío italiano, que llevó los secretos atómicos a los soviéticos en once grandes baúles. También hay muchos otros como Harry Gold, David Greenglass, Julius Rosenberg, Emmanuel Bloch, William Perl, profesor de la Universidad de Columbia, Abraham Brothmann, Mirijam Moskovich, Simson el judío ladrón de plutonio, Jánosi el judío húngaro que protegería el imperio de Lazar Khaganovich con una cortina de rayos cósmicos, John Vág-Weiszfeld, que fue cómplice de Harry Gold, David Boehm y Edwin David, todos ellos miembros de nuestra raza. ¿Por qué no hay un solo cristiano entre ellos? Porque los gentiles no son de fiar. El secreto es nuestro; no lo negamos. Julius Rosenberg admitió francamente ante el Tribunal de Nueva York que '¡La Rusia soviética es nuestra aliada y la consideraba, por tanto, con derecho a recibir de nosotros tal información!' ..."

América poseía armas ocultas que podrían haberla convertido en la principal potencia mundial antibolchevique. Eran los mayores secretos militares de la historia, con cuya ayuda podría haber liberado al mundo de la amenaza de la servidumbre. Estos secretos tuvieron que ser robados y vendidos, para que, como sustituto de las potencias conocidas como América y Rusia, quedara en el mundo una única potencia: la potencia mundial del nacionalismo judío que mantiene a raya tanto a América como a la Unión Soviética. Si no hace otra cosa, la traición a América demostrará mejor que nada que *existe un grandioso plan judío para dividir el mundo en hemisferios oriental y occidental y, en consecuencia, gobernar ambos, y que este plan se ha ejecutado hasta ahora con la más despiadada eficacia.*

El radar y el cohete intercontinental también estaban entre los secretos militares en manos de EE.UU., y éstos podrían haberle ofrecido la mayor seguridad, incluso después de la pérdida del secreto de la bomba atómica. Pero hoy está establecido por el F.B.I., que Julius Rosenberg era también el jefe del espionaje por radar. Después de las investigaciones, llevadas a cabo en el instituto de investigación militar de Monmouth, salió a la luz que los culpables que traicionaron los secretos del radar a los soviéticos eran casi exclusivamente todos judíos. El profesor H. Coleman y Morton Sobell, espía condenado a treinta años de prisión, Hyman Gerber Yavis, Carl Greenbaum y la señorita Glassman pueden mencionarse entre otros a este respecto.

La entrega de China a los rojos es uno de los capítulos más horribles de la traición a Estados Unidos. China era uno de los mejores mercados de América. Había que forzarla a entrar en el hemisferio rojo a cualquier precio. De lo contrario, en caso de enfrentamiento, los 500 millones de chinos, entre los cuales las ambiciones subversivas judías nunca pudieron encontrar un terreno favorable, habrían podido convertirse en un formidable aliado del lado de Estados Unidos. Hoy se sabe que Owen Lattimore, profesor estadounidense de origen dudoso, principal consejero de Roosevelt en cuestiones chinas, trabajaba contra Estados Unidos al servicio del espionaje militar soviético. Durante siete años fue editor de *Pacific Affairs,* un periódico publicado por el Instituto de Relaciones del Pacífico, del que la Unión Soviética recibía información de primera mano sobre China. Los agentes investigadores del F.B.I. encontraron 1.700 archivos muy confidenciales en las oficinas de Amerasia. El hecho de que las personas detenidas en relación con este caso fueran todas judías es importante. John Stewart Service, Larsen Mano, Andrew Roth, John Abt, Nathan Witt, Lee Pressmann, Philipp Jaffe, un ex-embajador, y Maria Bachrach, todos habian traicionado a America, el pais que les dio un hogar, para servir a su nacionalismo judío conquistador del mundo.

"El problema era cómo provocar la caída de China para que no pareciera causada por Estados Unidos", escribió Owen Lattimore. "Debido a Amerasia y a la extensión de la política del compañero de viaje, ¡665 millones de almas desaparecieron tras el Telón de Acero!", afirmaron más tarde algunos periódicos estadounidenses. América perdió su mayor mercado de exportación y uno de sus mejores socios comerciales. Y toda la posición en Extremo Oriente se tambaleó hasta sus cimientos. Los que dividieron el mundo en hemisferios oriental y occidental no pueden negar el objeto de su acción: *¡Divide et impera!* Divide a tus oponentes y así los gobernarás. Dominar tanto a América como a la Unión Soviética.

En la promoción de este objetivo, la mano oculta había desplegado a sus propios hombres en todas partes, en los que no confiaba para servir a América sino sólo a los intereses y aspiraciones de poder de la judería. 'Antes del estallido de la guerra de Corea un tal Lyman L. Lemnitzer, vistiendo el uniforme de general de división del ejército de los EE.UU., era el jefe militar en Corea del Sur, y sobre él recae la responsabilidad de descuidar sus defensas, como se declaró en el Congreso. Más tarde, el general medio judío Mark Clark, hijo de Rebecca Ezekiel, se convirtió en comandante en jefe en Corea. Este hombre, mientras comandaba las fuerzas de ocupación estadounidenses en Austria, entregó refugiados y desplazados por millares a los soviéticos. Tampoco es casualidad que durante la guerra de Corea un tal coronel A. C. Katzin fuera delegado jefe de la ONU ante el general MacArthur, mientras que otro judío llamado George Movahon dirigía la sección coreana del Centro de Información de la ONU. Durante la época de la crisis del petróleo persa, un tal Michael J. Lee era jefe de la División de Extremo Oriente del Departamento de Estado, y se supo que emigró de la Rusia soviética a Estados Unidos en 1932 y que su nombre original era Efraim Zinoy Liebermann.

Al igual que en el Lejano Oriente, también en Europa los exponentes del judaísmo mundial hicieron todo lo posible para arruinar el prestigio y el buen nombre de Estados Unidos, y para erradicar de los corazones de los pueblos de Europa aquellos ideales que la retratan como la tierra de la libertad. Ya nos hemos referido al hecho de que el Plan Morgenthau fue concebido realmente en Moscú. Harry Dexter White, un judío ruso, fue subsecretario del Departamento del Tesoro y adjunto de Morgenthau en la administración de Roosevelt. Fue una de las figuras más siniestras de los tiempos modernos, siendo al mismo tiempo líder de las células comunistas y de las redes de espionaje que llevaban a cabo sus actividades dentro del Departamento del Tesoro de Estados Unidos. Robó y entregó a la Unión Soviética las placas estereofónicas, el material de papel y los secretos de impresión de los llamados "Allie d Marks", los billetes diseñados para la ocupación aliada de Alemania, y causó así una pérdida financiera de unos 225 millones de dólares a los contribuyentes estadounidenses. Pero además de los bloques estereoscópicos originales de los billetes de la ocupación y de las fórmulas de impresión, había otros documentos sumamente confidenciales que el Soviet recibió de Harry Dexter White. En la célula comunista bajo su autoridad se encontraban nombres como Frank Cohen, Harold Glasser, Victor Perle, Irving Kaplan, Solomon Adler, Abraham George, Silverman y Ludwig Ullmann, etc., el presidente Truman nombró a White para la presidencia del Fondo Monetario Internacional, mientras que Harold Glasser se convirtió en director financiero de la U.N.R.R.A . Hay que atribuir a las actividades de esta red de espionaje judía que las reservas de oro y las letras de cambio del Banco Nacional Húngaro, estimadas en 42 millones de dólares, también fueron entregadas a la Unión Soviética.

Es imposible nombrar aquí a todos los cientos y miles de judíos que estaban activos en los puestos clave más importantes de las zonas de ocupación de Alemania, promoviendo secretamente la causa soviética y haciendo todo lo posible para bolchevizar Alemania, como propagandistas, agentes de la C.I.C. u O.S.S., oficiales de prensa y teatro, comandantes de ciudades, expertos financieros, etc. Los archivos del Comité de Investigación de McCarthy nos dicen más sobre estas cosas que el mejor thriller detectivesco y constituyen una documentación histórica de lo más sorprendente.

Y como si todo esto no fuera suficiente, el nacionalismo judío produjo de sus filas al traidor en jefe Alger Hiss, que entregó 110 millones de gentiles a la banda de Khaganovich en Yalta. Y el testigo de la defensa, que se presentó e intentó salvarlo, no fue otro que Felix Frankfurter, juez del Tribunal Supremo de los EE.UU. Y el protector de Alger Hiss tras su condena no fue otro que el gran senador, el rey sin corona de Nueva York, Herbert H. Lehmann, suegro de Buttenweiser, que intentó esconder en su piso al traidor en jefe de América.

Pero el rasgo más característico de la traición cometida contra América no tiene que ver con la bomba atómica, la red de espionaje por radar u otros escándalos de espionaje, sino con *el papel activo de los judíos americanos en los movimientos comunistas*. Una vez más se confirma el viejo dicho de que "*quizá no todos los judíos sean bolcheviques, pero sin judíos no habría bolchevismo*". La mayoría de la población judía de Estados Unidos procedía de países situados detrás del Telón de Acero. El mayor número de ellos huyó a América para escapar de los pogromos en Rusia. América no está gobernada por los zares, sino por un régimen supuestamente democrático. Lo dio todo a los judíos, incluso el privilegio de participar en la administración del país. Sin embargo, a pesar de toda esta generosidad, los judíos estuvieron, y están hoy, activamente a la cabeza de todos los movimientos subversivos antiamericanos y comunistas.

El Partido Comunista se ha plantado en América y está dirigido por el mismo tipo de personas que fueron líderes de la revolución bolchevique rusa. Los miembros del Politburó americano, popularmente conocidos como los "*Once Grandes*" son, sin tener en cuenta a los negros, casi exclusivamente judíos: Eugen Dennies, Henry Winston, John Hates, Irving Pothias, Gilbert Green, Carl Winter y Guss Holl. "Si un espía o un dirigente comunista es detenido en alguna parte", se jacta la voz del "nazismo" del Antiguo Testamento, "siempre procede de nuestras filas". Judith Coplon, la bella muchacha judía de Brooklyn, vendió los archivos más confidenciales del Departamento de Estado a Gubichev, un agente soviético. Y nos encargamos de que no sufriera ningún daño grave".

Una vez más percibimos la centelleante espiral de la serpiente simbólica en América, el emblema del nacionalismo judío, cuya red lo cubre y lo alcanza todo. Controla los bancos, la propiedad de las casas, la vida familiar, el Estado, la prensa, la sociedad y los sindicatos.

Cuando se detectó la conspiración comunista californiana, los mismos personajes conocidos fueron sacados de sus escondites clandestinos por el F.B.I. La raza de estos traidores está estampada en sus rasgos. El libro de Robert H. Williams, *Know Your Enemy*, muestra una serie de fotografías de los traidores estadounidenses. Bajo rostros característicos aparecen nombres característicos. Alexander Bittelman aparece en esta galería de fotos como uno de los miembros fundadores del Partido Comunista Americano, y los otros líderes que están con él son: Gerhard Eisler, Jack Stachel, Leon Josephson, Alex Trachtenberg y J. Peters (Goldberger). Los participantes en el reciente complot de Hollywood son: "Dr . Sidney Weinbaum, Dr. Jacob Dubnov, Philip Bart, director del *Daily Worker*, Alex Trachtenberg, V. J. Jerome, dirigente del Comité Cultural Bolchevique (cuyo verdadero nombre es Isaac Romaine), Simon, Gerson, Elisabeth G. Flynn, Alex Bittelman, Betty Gannet, Isadore Begun, Jacob Minden, Claudia Jones (negress), Israel Amter, W. Weinstone, George Charney, Fred Fine, Sid Steinberger, Louis Weinstock y Js. Jackson.

El *Reader's Digest* confirma que de los once principales dirigentes del Partido Comunista Americano, seis son judíos, dos son negros y sólo tres son ciudadanos nacidos en Estados Unidos.

Según el mismo periódico, los líderes bolcheviques más importantes son: Jacob Stachel, John Gates (alias Israel Regenstreif), editor del *Daily Worker,* Gill Green (alias Gilbert Greenburg), Gus Hall (alias Arvo Mike Hallberg de padres judíos lituanos), Irving Potiash, un judío ruso soviético, y Carl Winter (alias Philip Carl Weinberg).

¿Puede explicarse todo esto como algo accidental? ¿Es sólo una extraña coincidencia que los nombres de quienes dirigen las actividades subversivas en Estados Unidos sean los mismos que aparecen en la lista de dirigentes de los bolcheviques soviéticos y de los comunistas húngaros y rumanos? ¿Es otra coincidencia que los cinco primeros hombres expulsados del ejército estadounidense por actividades comunistas, a saber, Harry Specor[sic], Phil Weiss, Irving Specor Abraham Kotlechuk y Rheabel Mendelsohn, fueran también judíos? ¿No será casualidad que el noventa y cinco por ciento de las personas citadas ante el Comité de Investigación McCarthy por actividades antiamericanas y declaradas culpables fueran también judíos? ¿Y no será un sentimiento de culpabilidad que, según las Actas del Congreso del 17 de mayo de 1946, *todos los miembros judíos del Congreso votaron a favor de la interrupción de las audiencias del comité Dies que investigaba las actividades antiamericanas?* Además, ¿no informó el senador McCarthy al propio Bernard Baruch de que, como todas las cadenas de televisión de Estados Unidos estaban en manos de los judíos, no se le daría la oportunidad de desenmascarar a los traidores estadounidenses por medio del servicio de televisión?

Otra prueba decisiva de la existencia del "nazismo" judío es el hecho de que quienes participan en los movimientos comunistas norteamericanos nunca proceden del "proletariado", es decir, de la clase obrera o de los indigentes, sino de los judíos que ocupan los estratos más altos de la sociedad norteamericana. La publicación *Estrellas rojas sobre Hollywood* llama la atención sobre el hecho de que de las estrellas de cine de Hollywood cuyos ingresos ascienden a millones de dólares, cien son bolcheviques y todos ellos son judíos. A estas personas América les dio glamour, riqueza y éxito. Y a pesar de todo siguen siendo bolcheviques, o para decirlo más concisamente, nosotros pensamos que son bolcheviques.

Estas estrellas, encabezadas por Charlie Chaplin (alias Israel Thorstein) son, ante todo, judíos, que visualizan en el bolchevismo la realización perfecta del poder mundial judío, y ven al bolchevismo como un baluarte de ese dominio mundial totalitario judío del que ellos mismos serán la *élite intelectual*.

Los 3.500 profesores estadounidenses que participaron en diversas manifestaciones comunistas también pertenecían a las tropas de asalto de este nacionalismo del Antiguo Testamento. La inmensa mayoría de ellos son judíos. Los profesores comunistas contra los que se tomaron medidas disciplinarias a causa de sus actividades bolcheviques, también pertenecen a los pioneros de este "nazismo" supranacional. Entre ellos estaban Abraham Biedermann, Cellis Lewis, Citron, Mark Friedlander, Isadore Rubin, Abraham Feingold, David Friedman, Louis Jaffe, etc. Los primeros saboteadores detenidos al estallar la guerra de Corea fueron: Max Schnalzer, Minton Silverman, Samuel Zakkman y Samuel Kerr. En esa época, Nathan Ostroff vendió a los comunistas chinos caucho por valor de diez millones de libras para garantizar que los ejércitos de la China Roja marcharan con botas de goma contra los soldados de EE.UU. Entre la primera tanda de estrellas de cine y productores cinematográficos comunistas de Hollywood citados ante el Comité de Investigación se encontraban los siguientes: John Howard Lawson, Dalton Trumbo, Ring Lardner, Albert Malz, Alva Bessie, Herbert Bieberman y Samuel Ornitz, todos ellos judíos.

El mayor acto de traición de la judería mundial contra América es que minó la anterior buena voluntad y confianza de otros pueblos hacia América, especialmente en Oriente Próximo y en los países mahometanos. Y de poco sirve que los estadounidenses traten de buscar excusas. No fue un error de diplomacia "inexperta" porque formaba parte de *un deliberado plan mundial judío*.

La corrupción se generalizó en el Departamento de Estado y más tarde creció desmesuradamente durante las actividades antiamericanas de Roosevelt. Según cifras citadas por *El Imperio Oculto, el* ochenta y seis por ciento del personal empleado en el Departamento de Estado era judío. Y según el comité McCarthy, 5.000 homosexuales estaban entonces empleados en la Administración Pública. *Semejante corrupción y degradación demostraron ser el mejor aliado del bolchevismo en todas partes.*

Por grietas en la estructura de la administración, por defectos y debilidades de funcionarios deshonestos y corruptibles.

Espías, agentes y gángsters comunistas se infiltran en el Gobierno del país. Al mismo tiempo la propaganda comunista dirá a las masas ignorantes: "¡Miradlos! ¿Son estos hombres vuestros amos?". Pero esto no explica el punto más importante, es decir, que estos hombres, o en *todo caso la mayoría de ellos, son judíos.* Cuando *la democracia se hunde* a un nivel tan bajo que los judíos pueden comportarse como quieran, entonces la corrupción no puede ser controlada y el rápido progreso del bolchevismo está asegurado.

El programa de la juderia mundial desde 1945 ha sido debilitar a America tanto como *sea posible*. América debe ser socavada por la conspiración comunista y las prácticas corruptas. Su industria armamentística debe ser desorganizada para que el bolchevismo - *la forma más elevada y segura del sistema comunista y del poder mundial judío* - pueda obtener una victoria fácil.

Es cierto que las organizaciones judías americanas emitieron una declaración en 1950 contra el comunismo, ¡pero sólo se trataba de un engaño! De hecho, los judíos estadounidenses desean alcanzar objetivos muy diferentes de los que dicen. Una de las personalidades más influyentes entre los judíos americanos escribió en el artículo principal del *B'nai B'rith Messenger* del 1 de noviembre, 1948:

> "Se me revuelve el alma cuando oigo y tengo que digerir que fascismo y comunismo son conceptos de idéntica composición. Algunos hablan de comunismo.... Yo digo: ¡*esto es ideología judía!*".

Y siempre que el judaísmo se ha quitado la máscara durante uno o dos breves momentos en diversas ocasiones históricas, se ha transmitido prácticamente el mismo mensaje.

Con motivo de la Revolución bolchevique, la misma idea se expresó en el periódico parisino *Peuple Juif*, el 8 de febrero 1919:

> "La revolución mundial, que algunos de nosotros podemos vivir para ver, es y debe seguir siendo nuestra preocupación, y su preparación debe estar en nuestras manos. Por medio de esta revolución mundial *el poder de los judíos se establecerá sobre todas las naciones del mundo.*"

Zinovjev-Apfelbaum, el gran Hermano del Este, anunció lo mismo cuando recibió un Lend-Lease de once mil millones de dólares de la mano de La Guardia:

> "Exterminamos a los capitalistas y a los terratenientes en la Rusia soviética, e *iremos hasta donde sea para hacer lo mismo con la intelectualidad de Europa y América*".

Y el judío de Alemania, que hoy podría ser un inmigrante en Estados Unidos o un vicegobernador en Alemania o tal vez un funcionario de prensa estadounidense, dijo esencialmente lo mismo en su periódico alemán poco después de la Primera Guerra Mundial:

> Debemos continuar nuestra lucha no sólo por nuestra propia existencia, sino para lograr el poder mundial para los judíos en su conjunto; para ello hemos trabajado incesantemente durante los últimos 2.000 años". (*Israelitische Wochenblatt*, 5 de enero 1926, Leipzig.)

Todas las naciones, incluidos los EE.UU., deben desaparecer. Este es, después de todo, un programa del viejo mundo. Ese gran líder de los judíos, Adolph Crémieux, presidente de la Alliance Israélite Universelle, dijo hace casi cien años:

> Las naciones deben desaparecer y las religiones deben ser suprimidas. Sólo Israel no debe desaparecer, pues esta pequeña nación es el pueblo elegido de Dios'.

¿Por qué, entonces, creen los estadounidenses que entre los diversos grupos nacionales que emigraron a América y se establecieron allí, el grupo que compone la judería es igual que cualquiera de los demás? ¿Cómo puede el pueblo estadounidense imaginar que los judíos permanecerán leales a Estados Unidos cuando no fueron leales al Imperio Romano, ni a España, ni a Portugal, ni a ningún Estado del mundo? No hay duda de que el sueño más resplandeciente de la judería es convertirse en amo de los Estados Unidos y tratarla igual que se ha tratado a otras naciones.

¿Y por qué creen los estadounidenses que esto no es posible?

La proporción de comunistas en los Estados conquistados por el bolchevismo no superaba el tres o el cinco por ciento de la población al comienzo de la "acción directa". En Rusia nadie había oído hablar del bolchevismo antes de 1917, cuando el Estado Mayor Imperial del Káiser permitió a Lenin y su banda atravesar Alemania en su viaje de Suiza a Rusia. En Hungría no se encontró ni un solo bolchevique hasta 1919, es decir, hasta el efímero régimen de terror de Béla Kun. Los líderes fueron enviados por Lenin y su banda que operaba desde Rusia. Cuando en 1945 Mátyás Rákosi-Roth y sus confederados regresaron a Hungría, el número total de militantes clandestinos del Partido Comunista era sólo de 140. A finales de 1945, durante las elecciones húngaras, los comunistas obtuvieron el diecisiete por ciento del total de votos. En Austria no lograron reunir más del tres o cuatro por ciento de los votos, aunque para entonces los comunistas, tanto en Austria como en Hungría, contaban con el apoyo de las bayonetas de los ejércitos soviéticos. La situación en Rumania, Alemania Oriental y Bulgaria era similar. Sin embargo, todos estos Estados se encuentran hoy bajo el férreo control de dictaduras bolcheviques.

El Partido Bolchevique es por naturaleza conspirativo; es una secta fanática. Al principio Churchill lo vio claramente y lo dijo. Este fanatismo es capaz de vencer incluso a la democracia más perfecta. La libertad es buena porque puede ser explotada y mal utilizada. *Cuanto mayor es la libertad, mayor es la amenaza del bolchevismo.*

Según estimaciones norteamericanas, los miembros del Partido Comunista en Estados Unidos son sólo entre 60 y 100 mil personas. Por lo tanto, dicen los americanos, no puede haber bolchevismo en América, donde el nivel de vida es el más alto del mundo. Como podemos ver, la democracia americana funciona moderadamente bien y una mayoría comunista tan pequeña no debería tener ninguna posibilidad de subyugar a un poderoso país de 160 millones de habitantes.

Edgar Hoover, director del F.B.I., dice que a los 100.000 bolcheviques se suman otros 500.000 compañeros de viaje.

Si esto es así, el panorama general del bolchevismo en América cambia inmediatamente y puede resumirse de la siguiente manera: tenemos 100.000 conspiradores más 500.000 compañeros de viaje (entre ellos muchos ocupando puestos importantes y posiciones clave), más cinco o seis millones de judíos, más doce millones de negros, más corrupción, más espionaje soviético, más las redes nacionales de prensa, televisión y radio (el 100 por cien de las cuales están en manos judías), y finalmente, más la ola de criminalidad en constante aumento en la que la delincuencia juvenil juega un papel escandaloso.

Entre los negros hay muchos ciudadanos temerosos de Dios, civilizados y buenos. Pero el negro se siente una persona "despreciada", y los bolcheviques siempre han reclutado sus quintas columnas entre esas personas. Muchos judíos no son bolcheviques en absoluto. Pero el judío es siempre un nacionalista y se vuelve bolchevique en cuanto reconoce el carácter judío del bolchevismo. Según Gerald K. Smith ya hay por lo menos medio millón de bolcheviques concienzudos y fanáticos en las filas de los judíos norteamericanos. Y, según la estimación más alta, la Revolución Rusa fue iniciada por sólo 500 judíos.

Siguiendo esta línea, el Partido Comunista Americano, liderado por judíos americanos, aprobó la siguiente resolución el 5 de febrero 1951:

"... y, en consecuencia, nuestro congreso incluyó en su orden del día, como preocupación principal, la lucha por la paz, la lucha por la clase obrera y por el pueblo de color, además de llamar a la movilización de todas las fuerzas amantes de la paz del país."

El ala comunista de la judería pretende, como se desprende de lo anterior, movilizar a la población negra de América. Medio millon de judíos pretenden asi realizar un espantoso sueño judío-americano. *Planean organizar y armar una fuerza de terror negra de un millon de hombres, dirigida por comisarios judíos americanos.*

El ala comunista de la judería coopera con los judíos que defienden los derechos del hombre negro. *El Diario Húngaro*, un periódico comunista reconocidamente judío, imprimió un artículo muy esclarecedor en su edición del 14 de abril 1950, bajo el título: "Los judíos lucharon por los derechos de los negros y los trabajadores". El artículo nos habla de E. L. Rose, un judío nacido en Polonia, que llegó a América tras la derrota de la Revolución de 1848 en Viena, y que pronunció varios discursos en defensa de los negros, convirtiéndose así en el líder del movimiento por la liberación de los negros en San Luis. La propaganda comunista judía se refiere al judío ruso S. A. Bierfield como un mártir de la cooperación judeo-negra, cuando unos gángsters lo asesinaron en su tienda junto con su sirviente negro. El artículo antes mencionado también señala que cuando el panfleto "El trabajo y el capital", de Carl Marx, se editó en yiddish en 1888, judíos entusiastas del East Side se lanzaron a organizar sindicatos entre los negros.

Debido a la oposición de los negros religiosos, el gran sueño de los judíos comunistas americanos -la organización de una gran fuerza de terror negra- ha fracasado hasta ahora, pero nos parecerá menos un sueño si leemos los informes del Comité Especial Americano de Actividades Antiamericanas. Según estos informes, el Partido Comunista Americano contaba con 1.160 organizaciones entre trabajadores, granjeros y negros, incluyendo grupos y secciones políticas e incluso supuestamente religiosas.

John T. Flynn, el valiente publicista americano, en su libro *The Road Ahead*, cita una lista bastante formidable de organizaciones *comunistas* negras. De ella se desprende que hay ochenta y ocho grandes organizaciones de negros que trabajan por el bolchevismo americano. Entre ellas están la Hermandad de Sangre Africana y muchos otros movimientos y sectas que llevan los títulos más variados y operan bajo el pretexto de ser movimientos religiosos pacifistas.

Los estadounidenses aún no conocen las tácticas del nacionalismo judío. Pero el advenimiento de una crisis económica, una tercera guerra mundial, o la inestabilidad resultante de una guerra perdida sería suficiente para que el infierno se desatara en América. Los demonios del bolchevismo se desataron de forma similar en Rusia en 1917, en la monarquía danubiana en 1918 y en toda Europa del Este en 1945.

Y si esto ocurre en América habrá amanecido el día del reino mundial. La antigua promesa se cumplirá de acuerdo con las instrucciones escritas:

"De nosotros procede el terror que todo lo engulle".

El ejército negro marchará dirigido por los once principales miembros del Politburó estadounidense, seis de los cuales son judíos. Será una fuerza de un millón de fanáticos sometidos a una disciplina férrea, a la que se prometerán mujeres blancas americanas. Este será el M.V.D. más gigantesco del mundo, dirigido por 500.000 comisarios, oficiales, agentes y policía secreta de la semilla de Abraham, y asumirá el poder sobre América. Pero los despiadados saldrán ahora de los guetos de Brooklyn, de los barrios judíos del Bronx y las masas descarnadas de inmigrantes polacos del Este se pondrán en marcha. También de Harlem surgirá un ejército negro. Los corazones de los soldados negros estarán impregnados de odio, y su sed de sangre, ahora disfrazada con un barniz de civilización, será avivada por la propaganda judía. Estos negros odian a los blancos, pero no odiarán a los judíos, a quienes creen sus liberadores, aunque en realidad son sus amos y señores, y como tales serán protegidos por la fuerza bruta de los negros.

El capital privado amasado por judíos individuales y otros será tomado por el capitalismo de estado judío para conseguir el control completo sobre la enorme riqueza de los Estados Unidos de América. Los judíos dirigirán el Gobierno Federal así como los Gobiernos Estatales, y abolirán la democracia y el voto por papeleta.

Sin duda, los judíos razonan de la siguiente manera:

"Los estadounidenses dicen: '¡Esto no es posible en nuestro país! *Pero hasta ahora ha resultado ser posible en todas partes.* Y si el pueblo norteamericano tratara de resistirnos, levantaríamos una horca en Capitol Hill, frente a la Casa Blanca; y esta horca estaría custodiada por la feroz escolta negra del rey David, por doce millones de negros y seis millones de judíos. Este poder será tan firme como una roca. ¡Intentad sublevaros, pueblo de Washington...! Intentad sublevaros contra nosotros, luchadores por la libertad americana, ¡y vuestro destino será el de los guardias de Wrangel que, una vez, también intentaron sublevarse contra nosotros! La espada de Damocles está ahora suspendida sobre su cabeza. *La artillería atómica os exterminará si os atrevéis a ir a la guerra contra nuestro gran Rey David.* Ya tendríamos que haber levantado cadalsos y no debes esperar ni humanidad ni filantropía una vez que el poder total caiga en nuestras manos. No; ¡es de nosotros de donde procede el terror que todo lo engulle!

"Basta pensar en lo que les ocurrió a los luchadores por la libertad que defendieron las distintas ciudades de Europa del Este contra nuestros ejércitos bolcheviques. En un extremo de la calle todavía se estaba luchando cuando salimos de los guetos; porque nosotros, que supuestamente nunca luchábamos, nos quitamos la máscara en el último momento. Y cuando el combatiente por la libertad miraba a través de su visor hacia la ciudad ocupada por nuestras tropas bolcheviques, podía ver que al cabo de media hora allí había horcas. Las habíamos erigido y salimos de los guetos para colgar en ellas a nuestros enemigos: los cristianos".

Y esta visión puede hacerse realidad en cualquier momento porque la judería ha traicionado a Estados Unidos. La única pregunta ahora es: *¿Despertará el pueblo americano mientras aún hay tiempo para actuar?* Si lo hicieran, otra terrible visión podría hacerse realidad, es decir, la de Oscar Strauss, un gran financiero y hombre de negocios estadounidense:

"Es mi pueblo. Te digo, amigo mío, que si mi pueblo no se enmienda y es un buen ciudadano, pronto llegará el momento en que América verá pogromos al lado de los cuales los pogromos de Europa no habrán sido nada."

Algo que Oscar Strauss no señaló es que la *forma de resolver el problema judío no es la del pogromo.* La fuerza física sólo promueve el nacionalismo desarmado.

La conquista mundial judía debe ser derrotada, pero por métodos diferentes. Porque si no se detiene pronto, las horas de libertad para los estadounidenses y el resto de la humanidad, se están agotando rápidamente con las arenas del tiempo.

CAPÍTULO XVI

El cumplimiento de los Protocolos y la carta de despedida de un mártir húngaro

Al analizar la actual situación mundial no podemos dejar de subrayar la importancia de un hecho que nadie parece estar dispuesto a afrontar, es decir, que la judería, que tuvo éxito en desencadenar dos guerras mundiales entre las naciones cristianas y que, como señalamos en capítulos anteriores, fue el principal criminal de guerra de la Segunda Guerra Mundial, *no considera de su interés permitir un enfrentamiento con los soviéticos o con el bolchevismo en general*. Esto no estaría en el interés de la judería porque una vez que la dictadura bolchevique fuera derrotada, el mundo aprendería quiénes eran los verdaderos asesinos, verdugos, comisarios y carceleros de las naciones esclavizadas y perpetradores de la guerra de clases biológica.

Además de sus sueños de poder mundial, la horrible alianza de una conciencia culpable es el factor de conexión entre los judíos orientales y occidentales. Quienes no puedan comprender por qué la judería mundial se esfuerza por impedir que Estados Unidos luche contra el bolchevismo y por qué se mantiene el Telón de Acero entre Oriente y Occidente, harían bien en leer la declaración del Dr. Goldman, dirigente estadounidense del Congreso Judío Mundial, según la cual *"una tercera guerra mundial significaría el exterminio total de la judería"*. Pinkas Lubianker, líder de la delegación israelí en Londres, dijo esencialmente lo mismo. Solem Traitsman, rabino jefe de la Polonia comunista, dejó salir el gato del saco cuando envió la siguiente circular a la judería mundial en 1951, instándoles a firmar las peticiones de paz soviéticas:

> *"Para la judería el fin de la paz significaría su propio fin. La tercera guerra mundial es una nueva arma en manos de los antiguos archienemigos de la judería. Las peticiones de paz, ya sean instituidas por la derecha o por la izquierda, deben ser firmadas en cualquier circunstancia por la mayoría de la humanidad, pero sobre todo por la judería. En cuanto a la judería, no se trata de una cuestión de "Oriente contra Occidente". Para la judería es una cuestión de vida o muerte".*

Los rabinos de Francia se unieron a los movimientos pacifistas e hicieron declaraciones similares, y tampoco es casual que en 1950, 160.000 judíos de Israel firmaran peticiones de paz comunistas. El porcentaje de los que firmaron, dijo el *Daily Worker*, es mayor en Israel que en cualquier otro país, ¡excepto en la Unión Soviética!

Ahora podemos entender mejor por qué hubo que presentar a los soviéticos los secretos de la bomba atómica, por qué se mantiene el Telón de Acero, así como la finalidad de los falsos eslóganes de paz y de coexistencia y por qué continúa la guerra fría. También vemos por qué no existe una comunidad europea de defensa activa ni un ejército europeo. Queda más claro por qué las naciones son esclavizadas y bisecadas y por qué la mitad de la humanidad tolera la existencia de los campos de esclavos soviéticos.

La respuesta es simple. El poder mundial sobre ambos hemisferios está en manos de la judería mundial.

Se dijo que los *Protocolos de Sion* eran falsificaciones. Pero en medio siglo la Gran Visión se hizo realidad. En este corto tiempo el judaísmo mundial ha pasado las dos primeras etapas de la lucha por el poder mundial y se ha acercado también a la tercera, pero todavía no se ha quitado definitivamente la máscara.

Pero el poder mundial real está ahora en manos de los conquistadores del mundo y es sólo cuestión de tiempo hasta que los judíos orientales y occidentales se den la mano abiertamente a través de las naciones esclavizadas y las masas barbarizadas.

En 1904, Chaim Weissmann comentó lo siguiente sobre el *Judenstaat* de Theodor Herzl:

"Hace cuatro años la judería mundial estaba dividida en dos campos: uno en el este y otro en el oeste. Llegó Herzl y nos dijo que debíamos unir a la judería oriental y occidental, y cumplimos esta orden en consecuencia. *Nuestra unidad* actual es el legado de Theodor Herzl al pueblo judío".

El *Judenstaat* de Theodor Herzl dice: "¡Somos un pueblo!" - "¡Somos un solo pueblo!" *Y hoy ésta es la única unidad* que existe en un mundo dividido en dos hemisferios.

"Somos un solo pueblo a pesar de las ostensibles fisuras, grietas y diferencias entre las democracias estadounidense y soviética. Somos un solo pueblo y *no nos interesa* que Occidente libere a Oriente, porque al hacerlo y al liberar a las naciones esclavizadas, Occidente privaría inevitablemente a la judería de la mitad oriental de su poder mundial."

El gran programa de los *Protocolos* está casi realizado y ésta es la mejor prueba de su autenticidad. Hace cincuenta años, la Sociedad de Naciones y la O.N.U. no eran más que un sueño, pero los autores de los *Protocolos* previeron claramente el papel y la finalidad de estas organizaciones.

Así, para reemplazar a la fracasada y extinta Liga de las Naciones se estableció la O.N.U., con su palacio construido en Lake Success, donde bajo los colores azul y blanco de Sión se unen los gobiernos del mundo. En Corea murieron soldados estadounidenses luchando bajo los colores sionistas. En estas circunstancias, por lo tanto, *las Naciones Unidas pueden ser consideradas con razón como la organización de poder más lograda y más perfeccionada de la judería mundial.*

Todavía no se ha anunciado oficialmente la formación del gobierno mundial judío. Pero Einstein, el profeta, junto con la Organización de Federalistas Mundiales y las Organizaciones Federalistas de varios países europeos, lo proclaman abiertamente. (Véase el programa de los Federalistas Mundiales.) En la parte del Estado de Nueva York más densamente poblada por judíos, el senador Herbert H. Lehman y el congresista Jacob Javits son elegidos bajo este programa.

La sección más importante de las Naciones Unidas es la U.N.E.S.C.O. (Organización de las Naciones Unidas para la Educación, la Ciencia y la Cultura). Está casi exclusivamente bajo el control de los judíos. U.N.E.S.C.O. desea dirigir y controlar la educación de toda la juventud del mundo. Esta es, de hecho, también una de las instrucciones de los *Protocolos:*

"Debemos dirigir de tal modo la educación de las comunidades goyim que cada vez que se enfrenten a un asunto que requiera iniciativa dejen caer las manos en desesperada impotencia". *(Protocolo V.)*

La U.N.E.S.C.O. es, pues, la organización dirigente prevista por los autores de los *Protocolos,* que fue creada en un momento dado para producir y formar una juventud mundial compuesta exclusivamente por proletarios mundiales ateos, que no tendrían ninguna lealtad a su propio país ni a sus tradiciones nacionales y que considerarían "antisemitismo" despreciable todo lo que fuera desfavorable a la conquista judía del mundo.

"En lugar de los gobernantes de hoy estableceremos un bogey que se llamará la Super Administración Gubernamental", se profetiza en *el Protocolo V.* "Sus manos se extenderán en todas direcciones como tenazas y su organización será de dimensiones tan colosales que no podrá dejar de someter a todas las naciones del mundo".

En la ONU, el demócrata occidental, el judío soviético oriental, el rabino neoyorquino y el comisario soviético se sientan hoy codo con codo en plena cooperación. Mientras los soldados gentiles están ocupados derramando la sangre de los demás, la guerra continúa incluso dentro de la propia ONU, donde la famosa sentencia de Theodor Herzl influye en cada declaración de paz de las Naciones Unidas:

"Somos un solo pueblo. Todos somos el mismo pueblo". *Y todo lo demás es una farsa, un espectáculo.* En la Comisión de Energía Atómica de la ONU, los judíos hablan con judíos enmascarados como demócratas o bolcheviques, y discuten entre ellos el problema más formidable del mundo. Aunque el autor de la Carta de las Naciones Unidas, Leon Pavlovsky, es un judío americano, copió palabra por palabra la constitución soviética en la Carta de la ONU. La información considerada conveniente para las naciones gentiles debe ser transmitida por el Centro de Información dirigido por un judío, Jacob Sappiro. En la Comisión de Energía Atómica, Bernard Baruch representa a Estados Unidos y en el Comité Político, D. J. Manuilsky, un judío soviético, representa a la Rusia soviética. La Organización Internacional del Trabajo de la ONU está dirigida por David A. Morse, cuyo verdadero nombre es Maskovich, un judío ruso. Aunque el Secretario General de esta poderosa organización mundial no es judío, Benjamin Cohen, Secretario General Adjunto, sí lo es. También es muy notable que *durante la guerra de Corea, Constantin Zinkovich, un judío ruso, era jefe del Servicio de Seguridad de la O.N.U. Y esto significaba, de hecho, que era el jefe del general MacArthur durante las operaciones coreanas.*

A partir de ahora no será el Congreso americano el que decida el destino de América, sino una organización desconocida, controlada por judíos. Así, los soldados turcos deberán morir a instancias de los judíos de las Naciones Unidas, y estos mismos judíos podrán sabotear a los que luchan contra el bolchevismo. Y de nuevo, la O.N.U. dictará y dirá a Francia, Grecia o Alemania Occidental a quién pueden aceptar estos países como ciudadanos, si pueden recibir préstamos y qué tipo de regulaciones laborales deben adoptarse. Nos ocuparemos de esto en el próximo capítulo.

Veamos hasta qué punto las instrucciones establecidas en los *Protocolos se han llevado a cabo* tanto en Oriente como en Occidente. Nos ocuparemos primero del bolchevismo. De una comparación se desprende claramente que sería más exacto considerar los Protocolos, y no las obras de Lenin, como la Biblia del bolchevismo.

> "El pueblo bajo nuestra dirección ha aniquilado a la aristocracia ..." (dice *el Protocolo III*, escrito en 1897) "que era su única defensa y madre adoptiva en aras de su propio beneficio, que está inseparablemente ligado al bienestar del pueblo. Hoy en día, con la destrucción de la aristocracia, el pueblo ha caído en las garras de despiadados canallas amasadores de dinero que han puesto un despiadado y cruel yugo sobre los cuellos de los trabajadores."

Pero, de hecho, la judería mundial consiguió mucho más que esto en medio siglo. Consiguió destruir no sólo la aristocracia basada en el nacimiento, sino también la basada en la capacidad, así como la *élite* intelectual, *independientemente de* que perteneciera a la clase obrera, al campesinado terrateniente o a la "aristocracia" de las clases medias. La decapitación intelectual de Rusia se completó después de 1917, y en lugar de Dostoievski y su clase, personas como Ilia Ehrenburg representan hoy la "*élite* intelectual" en la Rusia soviética. La mitad de la *élite europea* fue ejecutada, algunos con el pretexto de la liberación y otros porque fueron declarados culpables de crímenes de guerra. El pueblo cayó de hecho en las "garras de los canallas".

Hoy, mientras se escribe este capítulo, se puede echar un vistazo a lo que está ocurriendo en Rusia y detrás del Telón de Acero. Primero se destronó a los reyes y se les arrebataron sus cetros y coronas, luego se destruyó a la aristocracia, después se fusiló y enterró en fosas comunes a las clases medias de los distintos países siguiendo el modelo de los asesinatos del bosque de Katyn o se las deportó a campos de trabajo esclavo o de exterminio, y ahora les toca correr la misma suerte a los dirigentes obreros.

> "A lo que tenemos que llegar es a que haya en todos los Estados del mundo, además de nosotros, sólo las masas del proletariado, unos pocos millonarios dedicados a nuestros intereses, policías y soldados". *(Protocolo VII.)*

Este objetivo se ha logrado completamente en la Unión Soviética, y su logro en los otros países detrás de la Cortina de Hierro está en camino. El reino mundial judío ha tomado forma material en la forma del bolchevismo, en el que no hay nada más que masas esclavizadas y comisarios judíos.

> "De este modo... destruiremos entre los goyim la importancia de la familia y su valor educativo y eliminaremos la posibilidad de que las mentes individuales se escindan...", dice el Protocolo X.

Los profesores judíos de las escuelas de los países tras el Telón de Acero enseñan inseminación artificial a niños de trece años. En los colegios populares, chicos y chicas de trece a quince años duermen juntos. En la Rusia soviética la vida familiar está dispersa, pero no sólo por la deportación. El obrero ferroviario o el cartero nacido en Ucrania es enviado de servicio a Vladivostok y viceversa. Los movimientos juveniles soviéticos separan sin piedad a los niños del círculo familiar.

La siguiente cita de informes americanos auténticos prueba que parte del programa de los *Protocolos se ha* llevado a cabo también en América:

> "La delincuencia juvenil crece hoy en Estados Unidos a un ritmo alarmante. La policía no puede nombrar una sección del código penal con la que la juventud americana, chicos y chicas por igual, no esté familiarizada. El asesinato de padres y hermanos, así como todo tipo de asesinatos sexuales, robos, atracos, atracos a bancos, secuestros comunes y contrabando de drogas no son infrecuentes entre los jóvenes. El panorama que reflejan las estadísticas es sencillamente espantoso". *(The Hidveroek,* diciembre, 1955, página 939.)

En *Der Weg,* Vol. VI, No. 8, leemos que en una entrevista, Herbert Hoover, jefe del F.B.I., dio cifras aún más espeluznantes. Hubo un total de 1.790.030 casos de delincuencia durante 1951. La media diaria de personas asesinadas o atacadas fue de 301; de casas asaltadas, 1.129; de personas robadas, 146; y de coches robados, 468. Así, cada cinco minutos se producía un asesinato, un robo o un secuestro. La característica más inquietante de la ola de delincuencia es que a menudo están implicados menores de edad. Casi a diario se leen casos de chicos de quince años que, armados con revólveres, cometen atracos y robos a mano armada. Según las estadísticas, cientos de miles de jóvenes llevan armas. Hoy en día en América parece haberse *producido intencionadamente* una atmósfera criminal que se inhala con cada respiración. Esto comienza cuando los niños leen regularmente historias escabrosas en los llamados cómics ilustrados. Más de cien de estas publicaciones de alcantarilla producen más de cuarenta millones de copias. El 90% de los niños entre seis y once años leen estas historias de terror. Las historias de detectives y crímenes inundan las librerías en lotes de 100.000 o más ejemplares. Seiscientos "autores" trabajan a tiempo completo escribiéndolas y produciéndolas. Quizás sea correcto añadir que más del noventa por ciento de estos "autores" son judíos.

La atmósfera criminal creada artificialmente se intensifica aún más con la televisión, explica el artículo de *Der Weg*. *Según los* guiones, el año pasado se pudieron ver 16.932 muertes violentas en las pantallas luminosas de los receptores de televisión: 9.652 personas murieron por disparos de revólver y otras 762 fueron acribilladas por ametralladoras. Diversas investigaciones llevadas a cabo en los institutos sacaron a la luz el hecho de que cerca de la mitad de los estudiantes menores de dieciocho años son drogadictos habituales; entre los estupefacientes que consumen se mencionan la marihuana, la heroína y la morfina.

Como sabemos que las peliculas, la television, la radio y la prensa en America estan casi exclusivamente en las manos de los judíos, esta ola de crimenes no puede considerarse accidental. Los autores de los *Protocolos* sabian bien que la estabilidad de su gobierno dependia de que las masas se corrompieran y perdieran su caracter. El programa de los *Protocolos se* cumplio:

> "... los goyim están embobados con los licores alcohólicos; su juventud se ha vuelto estúpida". (Protocolo I.)

> "En nuestro programa, un tercio de nuestros súbditos mantendrá al resto bajo observación por sentido del deber, según el principio del servicio voluntario al Estado. Entonces no será una desgracia ser espía o informador, sino un mérito..." *(Protocolo XVII.)*

Hoy en día, en las oficinas, fábricas y talleres de los países bolcheviques, varios cientos de miles de informadores y agentes del régimen compiten en observar e informar incluso de los asuntos más insignificantes. *El Protocolo XI* nos dice:

> "Los Goyim son un rebaño de ovejas y nosotros somos sus lobos. Y ya sabes lo que pasa cuando los lobos se apoderan del rebaño..."

El letargo de las masas y el terror inducido en ellas demostraron ser importantes salvaguardias para la supervivencia del régimen bolchevique. "Ni un solo anuncio llegará al público sin nuestro control", afirma *el Protocolo XII*, y hoy toda la censura en los países tras el Telón de Acero y especialmente en la Rusia soviética está al cien por cien en manos judías.

"Cuando nos encontremos en el período de transición del nuevo régimen al de nuestra asunción de la plena soberanía, no debemos admitir ninguna revelación por parte de la Prensa de cualquier forma de deshonestidad pública; es necesario que se piense que el nuevo régimen ha contentado tan perfectamente a todo el mundo que incluso la criminalidad ha desaparecido... los casos de manifestación de criminalidad sólo deben seguir siendo conocidos por sus víctimas y por testigos casuales, nada más". *(Protocolo XII.)*

Hoy, tras el Telón de Acero, las noticias policiales y los informes sobre crímenes no aparecen en la prensa. La orden secreta judía de los *Protocolos* fue fielmente ejecutada por el "nuevo régimen" cincuenta años después.

"Cuando lleguemos a nuestro reino será indeseable para nosotros que exista otra religión que no sea la nuestra..." afirman los Sabios Sabios de Sión en *el Protocolo XIV.* Y se dice que en la Unión Soviética hoy en día sólo la fe judía goza de libertad religiosa. "... haremos nuestra la tarea de ver que contra nosotros tales cosas como complots ya no existirán... mataremos sin piedad a todos los que tomen las armas (en la mano) para oponerse a nuestra llegada a nuestro reino. Todo tipo de nueva institución de algo parecido a una sociedad secreta también será castigada con la muerte..." *(Protocolo XV.)*

Esta orden judía fue llevada a cabo con una severidad casi clásica por el M.V.D., dirigido por los judíos. Las purgas y masacres en la Rusia soviética y en los países detrás de la Cortina de Hierro prueban que los judíos en el poder llevan a cabo las instrucciones de los *Protocolos* despiadadamente.

"Toda nueva institución de algo parecido a una sociedad secreta será también castigada con la muerte; las que ahora existen, nos son conocidas, nos sirven y nos han servido, las disolveremos y enviaremos al exilio a continentes muy alejados de Europa. Así procederemos con aquellos masones Goy que saben demasiado". *(Protocolo XV.)*

Esto explica por qué la masonería fue liquidada en Europa del Este tras la instauración del comunismo, a pesar de que había allanado el camino al bolchevismo. Los masones detrás del Telón de Acero viven hoy en una tierra bastante remota, ¡de hecho en Siberia! *Los Protocolos VIII y X* nos dicen:

> "Durante un tiempo, hasta que ya no haya ningún riesgo en confiar puestos de responsabilidad en nuestros Estados a nuestros hermanos judíos, los pondremos en manos de personas... que en caso de desobediencia... deberán enfrentarse a cargos penales". "... organizaremos elecciones a favor de presidentes que tengan en su pasado alguna mancha oscura no descubierta. Algún 'Panamá' u otro - entonces serán agentes dignos de confianza... por miedo a revelaciones..." *(Protocolo X.)*

Este sistema fue empleado con espantosa minuciosidad por los bolcheviques en los países situados tras el Telón de Acero hasta que su poder quedó firmemente establecido. Se puede ilustrar mejor con ejemplos en Hungría. Desde 1945, el verdadero detentador del poder en Hungría fue un judío moscovita llamado Mátyás Rákosi-Roth. El primer Presidente de la República fue Zoltán Tildy, un sacerdote calvinista alcohólico cuya esposa, Elizabeth Gyenis-Gruenfeld, es judía. El segundo Presidente fue Árpád Szakasits, un confidente de la Gestapo cuya esposa fue enviada a prisión por robar en una tienda. El tercer Presidente fue un gitano llamado Alexander Rónai-Roma que tenía una esposa judía. Pero el poder real siempre está en manos de la policía secreta húngara (A.V.H.) dirigida por judíos.

> "... no puede permitirse que por temor a un posible error se dé la oportunidad de escapar a personas sospechosas de un desliz político..." dice *el Protocolo XVIII*, que continúa: "... en estos asuntos seremos literalmente despiadados... no hay posibilidad de excusa para las personas que se ocupan de cuestiones en las que nadie, excepto el gobierno, puede entender nada...".

Y, de hecho, en Europa Central la mayoría de los presos políticos se pudren en las cárceles soviéticas, en los campos de internamiento de los países esclavizados o en las colonias de deportación. Los "criminales" políticos fueron castigados con la aplicación de leyes retroactivas. Según las estadísticas de la Federación Americana del Trabajo (A.F.L.), entre catorce y veinte millones de esclavos están construyendo la estructura del reino mundial judío en los campos de trabajos forzados de la URSS. Los *Protocolos* incluso dan una receta sobre cómo deben ser tratados los prisioneros políticos para evitar que la gente sienta simpatía por ellos:

> "Para destruir el prestigio del heroísmo por el crimen político, lo enviaremos a juicio en la categoría del robo, el asesinato y toda clase de crimen abominable e inmundo. La opinión pública confundirá entonces en su concepción esta categoría de crimen con la deshonra inherente a cualquier otra y la marcará con el mismo desprecio." *(Protocolo XIX.)*

Cualquiera que siga de cerca los juicios políticos tras el Telón de Acero se daría cuenta de que también en este caso los dirigentes de la Unión Soviética siguen las instrucciones de los *Protocolos,* que tienen cincuenta años de antigüedad. Así, bajo coacción. El cardenal Mindszenty fue obligado a confesar que había traficado con divisas; el obispo Lajos Ordass fue obligado a admitir el contrabando de dólares, y László Rajk, ex ministro comunista de Interior, tuvo que declararse culpable de hurto. Todos aquellos a los que no les gusta el dominio judío revestido de bolchevismo son enemigos del pueblo. Cometen "crímenes" contra una raza, es decir, contra los judíos.

Los autores de los *Protocolos* no sólo piensan en el presente, sino también en el futuro. Quieren asegurarse el poder mundial para siempre, y la única manera posible de lograrlo es borrar el pasado histórico de las mentes de los jóvenes de todas las naciones. Entonces estos jóvenes crecerán para engrosar las filas de las masas serviles, desprovistas de toda tradición.

> "El clasicismo, como también cualquier forma de estudio de la historia antigua, en la que hay más ejemplos malos que buenos, lo sustituiremos por el estudio del programa del futuro", leemos en *el Protocolo XVI.* El marxismo y el leninismo también lo enseñan:

> "Borraremos de la memoria del Hombre todos los hechos históricos de los siglos pasados que puedan sernos desfavorables. Aboliremos todas las escuelas privadas y la educación privada".

Todo este programa se ha llevado a cabo detrás del Telón de Acero con extrema precisión, siguiéndose al pie de la letra las instrucciones citadas. En las escuelas soviéticas ya no se enseñan los clásicos. Los jóvenes tienen que aprender las doctrinas de Marx y Lenin, junto con los detalles de los diversos planes quinquenales y de los programas relativos al futuro. Se suprime toda enseñanza privada. Se prohíbe el latín y se sustituye por el ruso. La difamación del pasado y la falsificación de la historia se llevan a cabo sistemáticamente. El dominio mundial judío, que todo lo pulveriza y pudre, puede verse aquí en su forma absoluta: en el bolchevismo.

La propaganda judía ha sugerido recientemente que existe "antisemitismo" tras el Telón de Acero. Los juicios amañados de algunos judíos comunistas parecen corroborar este argumento, por ejemplo, los casos de Slansky-Salzman, Anna Pauker-Rabinovich, Gábor Péter-Auspitz y la ejecución de Beria "... hemos sacrificado a muchos de los nuestros, pero por ello ahora ya les hemos dado una posición en la tierra como ni siquiera hubieran podido soñar. El número comparativamente pequeño de las víctimas del número de los nuestros ha preservado nuestra nacionalidad de la destrucción." *(Protocolo XV.)*

Esto explica el llamado "antisemitismo" de la Rusia soviética. Los cadáveres de Pauker, Beria y Slansky parecen peldaños en la escalera que conduce al poder mundial.

¿Qué esperanzas tenéis en el futuro, hombres de Occidente, que vivís en tierras "libres", bombardeados como estáis por frases vacías que salen de los labios de estadistas y líderes dirigidos por judíos? ¿No veis que *vuestra tan ensalzada democracia no es en realidad democracia, sino judeocracia?* En el Este es la metralleta, en el Oeste es el oro unido a la influencia política. ¿Tenéis alguna esperanza, hombres de Occidente, de escapar al destino de vuestros hermanos y hermanas cristianos de Oriente, a los que habéis abandonado? Tal vez los que os prometen cosas mejores se refieran en realidad a vosotros entre sí con las palabras de los *Protocolos:*

> "Los Goyims son un rebaño de ovejas, y nosotros somos sus lobos".

¿Qué parte del programa de los *Protocolos se ha llevado a cabo* en América hasta la fecha?

Cuando Roosevelt rompió las relaciones diplomáticas con Alemania a causa de "la persecución de los judíos", quedó claro que los Estados Unidos de América estaban ya en manos del gobierno secreto judío. La conferencia de Quebec así como la adopción del Plan Morgenthau demostraron que el poder sobre América había pasado casi completamente a manos de los judíos. Los bombardeos aereos de la Segunda Guerra Mundial, la campana de venganza de Nuremberg y la alianza sovietica, todos reflejaron una America *que retenia pocas de las tradiciones del pasado.*

> "Los administradores, que elegiremos de entre el público, teniendo estrictamente en cuenta sus capacidades para la obediencia servil, no serán personas formadas en las artes del gobierno, por lo que se convertirán fácilmente en peones de nuestro juego en manos de hombres cultos y geniales que serán sus consejeros, especialistas criados y educados desde la más tierna infancia para regir los asuntos del mundo entero." *(Protocolo II.)*

F. D. Roosevelt fue uno de esos peones. Como hemos señalado antes, el número de judíos entre los setenta y dos asesores presidenciales de Roosevelt era de cincuenta y dos.

"La fórmula de la subversión gradual y la desintegración destructiva científicamente planificada que se ha aplicado en el caso de EE.UU. está prescrita por los Protocolos:

> "Este mal es el único medio para alcanzar el fin, el bien. Por eso no debemos detenernos en el soborno, el engaño y la traición cuando deben servir para la consecución de nuestro fin. En política hay que saber apoderarse de la propiedad ajena sin vacilar si con ello aseguramos la sumisión y la soberanía." *(Protocolo I.)*

A este respecto, para no ofender a América, baste citar un artículo titulado "Retorno al paganismo", aparecido en el periódico católico americano *The Wanderer*, el 23 de julio 1950:

"Los ciudadanos de este país tuvieron que presenciar a lo largo de los últimos años una vergonzosa representación teatral en la que los principales miembros de nuestro Gobierno, tanto en asuntos exteriores como interiores, fueron expuestos como comunistas y traidores. Otros fueron declarados culpables de perjurio, y algunos de latrocinio, chantaje y falsificación. *Observadores fiables piensan que, según la estimación más modesta, hay al menos 5.000 homosexuales empleados en la administración del Estado en Washington, y que entre los jefes de los departamentos de la administración no se encuentra ni una sola persona dispuesta a intentar poner las cosas en su sitio y limpiar este desorden de nuestra vida pública.*"

Los *Protocolos* describen esta situación con bastante precisión:

"Si ya ahora nos las hemos arreglado para apoderarnos de las mentes de las comunidades goy... si ya ahora no hay un solo Estado donde exista para nosotros alguna barrera de admisión en lo que la estupidez goy llama secretos de Estado: ¿cuál será entonces nuestra posición cuando seamos reconocidos señores supremos del mundo en la persona de nuestro rey de todo el mundo?". *(Protocolo XII.)*

Los escándalos de los espías americanos, la revelación del secreto de la bomba atómica, el traspaso de información confidencial del Departamento de Estado y el robo de secretos militares, demuestran que los judíos seguían instrucciones de los *Protocolos, ya* que, como hemos señalado, estos crímenes fueron cometidos casi exclusivamente por judíos.

Simultáneamente, con la corrupción de las clases altas americanas y de la administración del Estado, comenzó la desmoralización de las masas a través de sus entretenimientos. La ignorancia de las masas americanas respecto a los asuntos públicos no es natural al carácter americano. Este resultado se ha conseguido artificialmente y se corresponde con los mandamientos de los *Protocolos:*

"Para que las masas mismas no adivinen de qué se trata, las distraemos aún más con diversiones, juegos, pasatiempos, pasiones, palacios del pueblo.... Pronto comenzaremos a través de la Prensa a proponer competiciones de arte, de deporte de todo tipo..." *(Protocolo XIII.)*

Las películas americanas son producidas hoy por Louis B. Mayer, Jack Warner, Harry Warner, Nick Schenk, Joe Schenk, Goldwyn, Zukor y otros reyes del cine de nombres similares. Entre las principales estrellas de cine hay más de cien rojos y comunistas. El 85% de la prensa está controlada por judíos. Estos mismos elementos también se ocupan de las masas en la radio y la televisión. Y así, los frigoríficos son hoy más importantes que la fabricación de armas para defender el mundo "libre".

> "Cada vez más desacostumbrada a reflexionar y a formarse opiniones propias, la gente empezará a hablar en el mismo tono que nosotros, porque sólo nosotros les ofreceremos nuevas direcciones para el pensamiento... por supuesto a través de personas que no serán sospechosas de solidaridad con nosotros". *(Protocolo XIII.)*

Todo esto ha sucedido. Hoy, la prensa, la radio, el cine y la televisión desvían la atención pública de los problemas vitales nacionales e internacionales. La gigantesca red de la industria del espectáculo no sólo representa el "lado soleado de la vida", sino que sigue siendo al mismo tiempo el arma más formidable para las ambiciones destructivas de cierta raza.

La prensa no pronuncia ni una palabra contra esta situación. El propio énfasis de la palabra "libertad" no es a menudo más que hipocresía, o tal vez una excusa para que la judería haga lo que le plazca. Basta leer el artículo de Dorothy Thompson, en el que admite que no pudo encontrar un editor dispuesto a dar espacio en su periódico a su serial condenando el odio creado artificialmente para hacer la guerra. La libertad de prensa ha muerto o se ha convertido en un monopolio, y sólo se publican cosas favorables a los intereses judíos. Este estado de cosas también fue prescrito por los autores de los *Protocolos:*

> "Y si se encuentra a alguien deseoso de escribir contra nosotros, no encontrará a nadie deseoso de imprimir sus producciones". *(Protocolo XII.)*

Los periódicos estadounidenses que entienden las cuestiones judías sólo se mantienen gracias a donaciones privadas. Su circulación es pequeña y su influencia insignificante. La verdad que defienden y predican no puede llegar al gran público lector.

> "Hemos metido la cabeza en la administración de la ley, en la celebración de elecciones, en la prensa, en la libertad de la persona, pero principalmente en la educación y la formación como piedras angulares de una existencia libre". *(Protocolo IX.)*

El tristemente célebre Felix Frankfurter es hoy uno de los jueces del Tribunal Supremo estadounidense. En su libro *El judío internacional* Henry Ford se opuso hace muchos años a la judaización de la administración de justicia. Hoy, en los tribunales de justicia de Nueva York, los judíos constituyen la mayoría de los jueces. La justicia ya no tiene los ojos vendados; mira con cuidado para reconocer y favorecer a la raza conquistadora del mundo. Como en Nuremberg, el nacionalismo judío administra el tipo de justicia que favorece a los nacionalistas judíos.

Es bien sabido que la educación pública está en manos de los judíos. Diversas organizaciones, ligas y asociaciones "educativas" suministran a los jóvenes ideas socialistas oscuras y engañosas. La American Liberty League, bajo la dirección de Robert Filene, el conocido multimillonario judío de Boston, es la mayor de estas organizaciones. Como escribe Flynn en su libro *The Road Ahead,* salió a la luz que entre sesenta y setenta profesores de las universidades de Chicago y Harvard eran miembros activos del Partido Comunista. Uno de estos profesores pertenecía a catorce organizaciones del frente bolchevique. En varias universidades los profesores y catedráticos eran todos judíos. El resultado es que la próxima generación está siendo educada en ideas bolcheviques que conducen a la depravación moral.

> "Hemos engañado, confundido y corrompido a la juventud de los Goyim educándola en principios y teorías que sabemos que son falsos..." *(Protocolo IX.)*

Y el escabroso juego que consumió y sumió en la pobreza y la servidumbre a los pueblos de Europa del Este se está jugando también en América.

> "Aumentaremos la tasa de salarios lo que, sin embargo, no traerá ninguna ventaja a los trabajadores pues, al mismo tiempo, produciremos un alza en los precios de los artículos de primera necesidad..." *(Protocolo VI.)*

Aunque la gran riqueza del suelo elevó el nivel de vida de los trabajadores estadounidenses a cotas fabulosas, el final de este juego económico es siempre el mismo. Durante el apogeo de la producción armamentística los salarios subieron, pero el precio de todo lo demás también subió. El dólar perdió la mitad de su poder adquisitivo durante el auge del armamento.

> "A lo que tenemos que llegar es a que haya en todos los Estados del mundo, además de nosotros, sólo las masas del proletariado, unos pocos millonarios dedicados a nuestros intereses, policías y soldados". *(Protocolo VII.)*

Hoy el obrero norteamericano sigue poseyendo su propia casa, su automóvil y su frigorífico, y sin embargo, mediante la falsa lucha entre el capital y el trabajo, los judíos lo conducen inexorablemente hacia el bolchevismo.

Las sectas cristianas también se han enzarzado en una guerra de nervios. El principio de "libre religión del Estado" debilita a las Iglesias cristianas. Los rabinos judíos protestan contra que en Navidad se canten canciones cristianas en las escuelas.

> "Cuando lleguemos a nuestro reino no será deseable para nosotros que exista otra religión que la nuestra.... Por lo tanto, debemos barrer todas las demás formas de creencia". *(Protocolo XIV.)*

La teoría del "Reino de Dios", de la que nos ocupamos en la parte anterior de este libro, es una forma muy eficaz de inducir un cristianismo falso con un giro judío y bolchevique. Además, en el trasfondo de las diversas sectas se encuentra el mismo poder misterioso al que se refieren los *Protocolos* y que se conoce como Masonería.

"Mientras tanto, sin embargo, hasta que lleguemos a nuestro reino... crearemos y multiplicaremos logias francmasónicas en todos los países del mundo, absorberemos en ellas a todos los que puedan llegar a ser o que sean prominentes en la actividad pública, pues en estas logias encontraremos nuestra principal oficina de inteligencia y medios de influencia. Todas estas logias las pondremos bajo una administración central, conocida sólo por nosotros y absolutamente desconocida para todos los demás, que estará compuesta por nuestros sabios ancianos." *(Protocolo XV.)*

B'nai B'rith, la mayor organización masónica judía, tiene hoy 267 logias bajo una dirección central. Esto por sí solo asegura más influencia para el judaísmo que todas las demás organizaciones similares juntas.

El Protocolo XV, entre otras muchas cosas, nos dice:

"En estas logias haremos el nudo que una a todos los elementos revolucionarios y liberales. Su composición estará formada por todos los estratos de la sociedad. Los complots políticos más secretos nos serán conocidos y caerán bajo nuestras manos rectoras el mismo día de su concepción.... Es natural que seamos nosotros y nadie más los que dirijamos las actividades masónicas, pues sabemos hacia dónde conducimos, conocemos el objetivo final de toda forma de actividad, mientras que los gentiles no tienen conocimiento de nada, ni siquiera del efecto inmediato de la acción."

En América todo esto viene ocurriendo desde hace mucho tiempo. La masonería es el verdadero gobernador de la democracia americana y constituye un auxiliar poderosísimo y obediente en la causa del "nazismo" judío. Es una S.S. invisible, reclutada entre los líderes de todas las naciones y entre los miembros de todas las clases sociales. Desempeñó un papel destacado en la Revolución Francesa, en la primera dictadura bolchevique húngara de Bela Kun, en el inicio de los movimientos anticlericales y antirreligiosos y en la elaboración de los tratados de Versalles tras la Primera Guerra Mundial. Como consecuencia de todo ello, tanto la masonería como sus filiales, los Rotary Clubs, fueron condenados por el Papa.

Una cosa es cierta. La masonería es la negación misma de la democracia. Cuando el liderazgo es ejercido por una organización secreta y cuando las leyes son concebidas y elaboradas en las logias antes de ser sometidas al parlamento, no se puede hablar de la expresión de la voluntad del pueblo. En estas circunstancias, la democracia se convierte en una sombra. Cuando un Estado está dirigido por la masonería, controlada por los judíos, su democracia no representa más que una etapa en un rápido descenso hacia el bolchevismo.

El gran patriota húngaro László Endre, gran autoridad en la cuestión judía en Europa, escribió poco antes del estallido de la Segunda Guerra Mundial un libro interesantísimo sobre los *Protocolos de los Sabios de Sión*, cuya autenticidad establece mediante un estudio y una investigación diligentes. ¿No es de extrañar, entonces, que en 1946 fuera uno de los primeros en ser arrastrado a la horca en la Budapest bolchevique? Este hombre que soportó el martirio por sus ideales, escribió una carta de despedida durante la noche anterior a su ejecución. En esta carta, fechada el 21 de marzo 1946, afirma:

> "Los *Protocolos de los Sabios de Sión* son ciertos... los medios para establecer un reino mundial están en sus manos y destruirán todo lo que pueda constituir un obstáculo para su formación del nuevo Estado Mundial. Todo lo que ocurre aquí es tanto por prevención como por venganza y, por supuesto, no tiene nada que ver con la administración de justicia. Porque la política judía es *exterminar no sólo a los que hicieron algo, sino incluso a los que aún podrían hacer algo o podrían haber hecho algo...*"

Los *Protocolos de los Sabios de Sion* son verdaderos. La razón para aceptar su autenticidad no es porque un mártir húngaro pensara que eran ciertos, sino porque *todo lo que está escrito en ellos se ha hecho realidad hasta ahora*. ¿Puede encontrarse una mejor prueba de veracidad?

CAPÍTULO XVII

Las posiciones clave del poder mundial judío

La civilización MODERNA está gobernada políticamente y controlada económicamente por hombres que ocupan puestos clave. La influencia ejercida a través de hombres en posiciones clave es a menudo más decisiva que las decisiones de los jefes de Estado o las resoluciones del parlamento. Los judíos siempre han sabido cómo ocupar y conservar para sí estos puestos clave, y también cómo utilizarlos, ya sea para hacerse con el poder político o para gobernar entre bastidores.

Los servicios de noticias del mundo están prácticamente todos en manos de unas pocas grandes agencias de noticias judías. Por lo tanto, unos 2.000 millones de personas escuchan noticias generalmente favorables a los judíos y a las aspiraciones del nacionalismo judío. Los judíos controlan el *cine y la industria cinematográfica*, no sólo en América sino en casi todos los países del mundo, incluida la Unión Soviética. La *industria textil y el comercio del algodón* también están casi en todas partes en manos de los judíos. El *comercio y la producción de oro están* asociados en todo el mundo con los siguientes nombres: Rothschild, Bleichroeder, Mendelsohn, Japhet, Seligman, Lazard, Strauss, Morgenthau y Schiff. Los Oppenheimers controlan casi toda la *producción de* diamantes de Sudáfrica y casi todo el comercio mundial de diamantes. La influencia política hostil de un miembro de la familia Oppenheimer es bien conocida por los ministros del Gobierno sudafricano. A través de la Diamond Trading Company Sir Ernest Oppenheimer construyó uno de los mayores monopolios del mundo, que tenía incluso su propia policía secreta. Este monopolio consiste casi exclusivamente de Judíos y mantiene Alemania Occidental bajo un boicot hasta hoy. En consecuencia, las necesidades de Alemania en diamantes industriales sólo pueden cubrirse a través del mercado negro o con la ayuda de contrabandistas. *(Der Spiegel,* Vol. XI , No. 35.) A los Oppenheimers pertenecen 100 de las mayores minas de diamantes, oro, cobre y uranio del mundo. Su fortuna privada ronda los mil millones de dólares. Aunque Sir Ernest ha muerto recientemente, la posición del monopolio Oppenheimer permanece inalterada.

Lord Melchett (Alfred Mond) controla el *níquel,* mientras que el *comercio del trigo está en* manos de Louis Dreyfus.

La *Enciclopedia Judía hace* un repaso muy interesante de cómo los judíos ganaron influencia en los distintos países mediante operaciones de préstamo. Los Sterns y Goldschmidts en Portugal, el Barón Hirsch en Turquía, los Rothschilds en Francia, los Strassbergs en Rumania, Poljakov, Speyer y Co. en Rusia, y Kuhn, Loeb y Co. financiaron la construcción de los ferrocarriles en los Estados Unidos. La *Enciclopedia Judía* también confirma que el *comercio del mercurio está en* manos de los Rothschild; los hermanos Barnato y Wernek, Bett y Co. controlan una parte importante del *comercio de diamantes;* Levinson y Guggenheim el *comercio del cobre*; y Graustein y Dreyfus la *industria papelera.*

Pero aún más interesante que la *Enciclopedia Judía* es un número del *Edmondson Economic Service Bulletin,* fechado en 1939, en el que se puede ver que las 440 familias americanas más ricas, refiriéndose aquí a viejos millonarios gentiles establecidos, poseen en total veinticinco mil millones de dólares, mientras que un puñado de judíos americanos poseen una riqueza calculada en 500 mil millones de dólares. Incluso una empresa judía tan pequeña y relativamente poco conocida como los hermanos Insull controla más de cinco mil millones de dólares.

Siria es un ejemplo típico de la influencia maligna de los conquistadores del mundo. *Hatikva,* el periódico sionista escrito en húngaro, se jacta de que toda la vida económica de Siria está bajo el control de una minoría judía siria de 60.000 personas. Casi el 100% de los profesores de la Universidad de Damasco son judíos. Según fuentes sionistas, la minoría de 60.000 judíos sirios ocupa puestos clave en la vida económica y desempeña un papel importante en la vida cultural, industrial y comercial de Siria.

Como resultado de ello, Siria, mientras vive en un reino de fantasía, se acerca peligrosamente a convertirse en un satélite soviético.

El propio Canal de Suez, cuya nacionalización estuvo a punto de sumir a la humanidad en una tercera guerra mundial, estuvo controlado durante casi 100 años por los intereses financieros de los conquistadores del mundo. Originalmente, Disraeli, el Primer Ministro judío de Gran Bretaña, adquirió una gran participación en las acciones del canal para el Gobierno británico. La casa bancaria Rothschild de Londres obtuvo un beneficio de más de 100.000 libras esterlinas sólo en la primera transacción crediticia. Cuando el presidente egipcio Nasser quiso acabar con uno de los mayores intereses comerciales de los conquistadores del mundo, Israel, Gran Bretaña y Francia intentaron en vano protegerlos con flotas, tanques y cohetes. En capítulos anteriores hemos citado los *Protocolos,* y señalado párrafos que dan instrucciones de cómo establecer un gobierno sobre todos los demás gobiernos. En *el Protocolo V se* dice que: "En lugar de los gobernantes de hoy estableceremos un bogierno que se llamará la Administración del Supergobierno". Con esto esta estrechamente conectado algunas de las instrucciones mas importantes de los *Protocolos,* que nos dicen que mientras *no sea aconsejable poner judíos en las posiciones mas altas los puestos importantes seran ocupados por personas de caracter dudoso.*

Hay que señalar que el judaísmo, como nacionalismo más disciplinado, obedeció esta orden sin falta. Ya se trate de la dictadura soviética o de la democracia estadounidense, en todas partes los judíos ocupan puestos detrás de un frente gentil. Un títere gentil está al frente como jefe de Estado, Primer Ministro, etc., pero a su codo está un judío. Eisenhower es el primero, pero después viene Baruch, que es mucho más influyente. Similarmente, Stalin fue seguido por Khaganovich. Cabe destacar que este plan se llevó a cabo no sólo en los casos que afectaban a los puestos clave más importantes, sino a menudo también en los que afectaban a puestos de menor importancia. El jefe de la oficina es un gentil, su adjunto es un judío. El comandante en jefe de las fuerzas de ocupación es un general estadounidense o soviético, pero su adjunto es judío. En Nuremberg, los jueces gentiles se sentaron en el banquillo, pero Robert M. Kempner, ayudado por otros 2.400 judíos, trabajó en segundo plano.

El primer presidente de la antigua Sociedad de Naciones fue un judío llamado Hymans. Pero fue sustituido rápidamente por un gentil. Aún no había llegado el momento de colocar a judíos en los puestos directivos. Sin embargo, según los informes del *New York Times* del 22 de agosto de[nd], 1922, Nahum Sokolow subrayó en un discurso pronunciado en el Congreso Sionista de Carlsbad, que la creación de la Sociedad de Naciones era "una idea judía".

El Dr. Dillon, refiriéndose en su libro a la conferencia de paz de Versalles, nos dice que los exponentes más influyentes de toda la reunión y los que tenían los intereses más característicos eran judíos venidos de Palestina, Rusia, Ucrania, Grecia, Gran Bretaña y los Países Bajos. Pero los delegados judíos enviados desde Estados Unidos fueron los más importantes de todos. Puede sorprender al lector saber que la mayor parte de los delegados estaban convencidos de que la verdadera influencia del pueblo anglosajón era judía.

También en este caso los judíos estaban detrás de un frente gentil. Los delegados que recibían la publicidad y los que firmaban los tratados eran gentiles. Pero los que actuaban como consejeros y representaban el poder real eran judíos.

Hoy en día el poder mundial judío se basa en el sistema de un frente gentil. Esto es una especie de mimetismo. "El secreto es el carácter de nuestro poder". Si se pudiera dibujar un mapa del poder mundial judío representaria realmente un patron de las posiciones claves ocupadas. Podriamos agregar que este mapa nunca puede ser perfecto y es muy incompleto aun hoy. Mostraría aquellas posiciones clave ocupadas hasta ahora por la judería, o una pequeña fracción de ellas, desde las cuales dicta la política mundial al frente gentil.

Las Naciones Unidas (ONU) se convirtieron en la organización más poderosa de la judería mundial. La ONU es la principal organización de los judíos orientales y occidentales. Es el comienzo, y una muestra, del gobierno mundial supranacional, y en su personal se reúnen tanto judíos orientales como occidentales, capitalistas y "nazis" bolcheviques del Antiguo Testamento. En lo alto del palacio de cristal de las Naciones Unidas en Manhattan se exhibe la bandera de la O.N.U., cuyos colores azul pálido y blanco son sorprendentemente idénticos a los de la bandera israelí. Pero no sólo los colores de las banderas son similares. Las personas representadas por las banderas también se parecen. Los puestos clave más importantes del mundo están ocupados por hombres de la misma raza. Tomando 1951 como base para nuestro estudio, damos una lista de nombres. Es casi tan siniestra como la lista de los dirigentes bolcheviques rusos de 1917.

La Secretaría de las Naciones Unidas

- Dr. H. S. Bloc, jefe del Departamento de Armamento.
- Antoine Goldet, Director Principal, Departamento de Asuntos Económicos.
- Ansgar Rosenberg, asesor especial, Departamento de Asuntos Económicos. David Weintraub, director, Estabilidad y Desarrollo Económicos.
- Karl Lachman, jefe del Departamento Fiscal.
- Dr. Leon Steinig, director de la División de Narcóticos.
- Henry Langier, subjefe del Departamento de Bienestar Social.
- Dr. E. Schwelb, jefe adjunto del Departamento de Derechos Humanos.
- H. A. Wieschoff, en Dpto. Administrativo de los territorios no autónomos.
- Benjamin Cohen, Subsecretario General, Departamento de Información Pública.
- Dr. Ivan Kerno, Secretario General Adjunto, Departamento Jurídico.

- Abraham H. Feller, jefe y consejero jefe del Departamento Jurídico.
- J. Benoit-Levy, director de la División de Películas y Oficina de Información Visual.
- Marc Schreiber, asesor jurídico.
- G. Sandberg, asesor jurídico del Dpto. de Codificación del Derecho Internacional.
- David Zablodowsky, jefe del Departamento de Impresión.
- George Rabinovich, jefe del Dpto. de Intérpretes.
- Max Abramovitz, subjefe de la Oficina de Planificación.
- P. C. J. Kien, jefe del Departamento de Contabilidad.
- Mercedes Bergmann, funcionaria del Dpto. de Personal.
- Dr. A. Signer[?], jefe de la Clínica de Salud.
- Paul Rodzianko, secretario de la Junta de Apelación.

OFICINA DE INFORMACIÓN DE LA ONU

- Jerzy Shapiro, jefe de la Oficina Central de Información de la ONU en Ginebra.
- B. Leitgeber, jefe de la Oficina Central de Información de la ONU en Nueva Delhi.
- Henri Fast, jefe de la Oficina Central de Información de la ONU en Shanghai.
- Dr. Julius Stawinski, jefe de la Oficina Central de Información de la ONU en Varsovia.

OFICINA INTERNACIONAL DEL TRABAJO

- David A. Morse (Mo[s]covitch), jefe del Departamento de I.L.O., Ginebra. Tres de los cuatro jefes del I.L.O. son judíos. Ellos son:
- Altman (Polonia), David Zellerbach (EE.UU.), Finet (Bélgica).
- V. Gabriel-Garces, corresponsal y delegado ecuatoriano.
- Jan Rosner, corresponsal y delegado polaco.

ORGANIZACIÓN DE LAS NACIONES UNIDAS PARA LA AGRICULTURA Y LA ALIMENTACIÓN

- André Mayer, Vicepresidente primero.

- ➢ J. Jacobsen, delegado danés.
- ➢ M. M. Libman, jefe del Departamento de Fertilizantes Químicos.
- ➢ E. de Vries, delegado holandés.
- ➢ Gerda Kardos, jefa del Departamento de Fibras.
- ➢ M. Ezekiel, jefe de la Subdivisión de Análisis Económico.
- ➢ Kardos, jefe de la Sección de Productos Diversos.
- ➢ M. A. Hubermann, jefe del Departamento Técnico Forestal.
- ➢ J. P. Kagan, oficial técnico Sección de Explotación Forestal y Equipamiento
- ➢ J. Mayer, jefe de la Oficina Alimentaria.
- ➢ F. Weisel, jefe del Departamento Administrativo.

ORGANIZACIÓN DE LAS NACIONES UNIDAS PARA LA EDUCACIÓN, LA CIENCIA Y LA CULTURA (UNESCO)

De los cuatro miembros del Comité Ejecutivo, Alfred Sommerfelt y Paul Carneiro son judíos.

- ➢ J. Eisenhardt, presidente del Comité de Reeducación.
- ➢ Srta. Lauffman, jefa del Dpto. de Entendimiento Internacional y Educación.
- ➢ Dr. O. Klineberg, jefe de departamento.
- ➢ H. Kaplan, jefe de la Oficina de Información Pública.
- ➢ C. H. Weitz, jefe del Departamento Administrativo.
- ➢ B. Abramski, jefe del Departamento de Vivienda y Viajes.
- ➢ S. Samuel Selsky, jefe de la Oficina de Personal.
- ➢ B. Wermiel, jefe del Servicio Administrativo de Empleo.
- ➢ Dr. A. Welsky, jefe de la Oficina de Cooperación Científica.

BANCO INTERNACIONAL DE RECONSTRUCCIÓN Y DESARROLLO

- ➢ W. M. Mendels, secretario.
- ➢ Leonhard B. Rist, director económico.
- ➢ Leopold Chmela, Presidente del Consejo de Administración.

- E. Polask, miembro del Consejo de Gobernadores de Checoslovaquia. Gobernadores (Checoslovaquia). [sic]
- P. Mendès France, miembro del Consejo de Gobernadores francés.
- M. de Jong, de la Junta de Gobernadores de Holanda.
- D'Abramovich, de la Junta de Gobernadores de Yugoslavia.

FONDO MONETARIO INTERNACIONAL

- Josef Goldmann, del Consejo de Gobernadores (Checoslovaquia).
- Louis Rasminsky, director general canadiense.
- W. Kaster, director adjunto neerlandés.
- Louis Altman, director general adjunto.
- E. M. Bernstein, jefe del Departamento de Investigaciones.
- Joseph Gold, abogado principal.
- Leo Levanthal, abogado principal.

ORGANIZACIÓN INTERNACIONAL DE REFUGIADOS

- Mayer Cohen, jefe del Departamento de Salud y Bienestar de la O.I.R.
- Pierre Jacobsen, director del Departamento de Repatriación.
- R. J. Youdin, director de la División de Repatriación.

ORGANIZACIÓN MUNDIAL DE LA SALUD

- Z. Deutschmann, jefe del Departamento Técnico.
- G. Mayer, jefe del Dpto. de Traducciones.
- M. Siegel, jefe del Departamento Financiero.
- Dr. N. Goodman, Director General del Departamento de Cooperación.
- Zarb, director de la Sección Jurídica.

ORGANIZACIÓN INTERNACIONAL DEL COMERCIO

- Max Suetens, presidente de la organización.

UNIÓN INTERNACIONAL DE TELECOMUNICACIONES

- F. C. de Wolfe, delegado estadounidense en el Consejo de Administración.
- Gerry Gross, Director General Adjunto de la O.I.T.
- H. B. Rantzen, presidente del Comité Internacional de Telecomunicaciones.

Organización de Aviación Civil

- G. Berg, director de la organización.

Proyectos varios

- Coronel A. C. Katzin, representante de la ONU en Corea.
- George Novshon, oficial de información de la ONU en Corea.
- Ernest A. Gross, segundo delegado de EE.UU. en la O.N.U.
- Isador Lubin, jefe de la Comisión de Economía y Empleo.
- Julius Katz-Sochy, delegado permanente de Polonia.
- Dr. Ales Bebler, delegado permanente de Yugoslavia.

Las listas ya citadas muestran que *los puestos clave vitales están ocupados en todas partes por judíos*.

Hagamos ahora un examen detallado del más alto gobierno político de los Estados Unidos. Entre 1945 y 1951, el no judío Harry Truman estuvo al frente, pero según una declaración del *Chicago Tribune,* la segunda línea, el gobierno secreto de los EE.UU., estaba formada por los siguientes miembros: Morgenthau, Herbert H. Lehman y Felix Frankfurter. Al mismo tiempo que Marshall era Secretario de Guerra, la Sra. Anna Rosenberg, una judía de Budapest, actuaba como Subsecretaria de Guerra. Durante la administración Truman, aunque Dean Acheson era Secretario de Estado, los asuntos exteriores eran dirigidos, de hecho, por Felix Frankfurter. Al mismo tiempo se decía que Bernard Baruch era el verdadero Presidente de los EE.UU.

Dado que, según el *Imperio Oculto, el* ochenta y dos por ciento de los empleados del Departamento de Estado eran judíos, no puede sorprendernos este estado de cosas. El triste cuadro se completa con el hecho de que los puestos clave de la oficina de inmigración americana, junto con los del gran capital, la Prensa, la industria cinematográfica, la radio y la televisión estaban en manos de la judería. Aquí podemos añadir que, según la misma autoridad, los judíos controlaban al menos el sesenta por ciento de la renta nacional de los EE.UU.

En cualquier caso, hay que atribuir al "pequeño" Harry Truman el mérito de que, durante su administración, las investigaciones del Comité McCarthy pudieran avanzar sin ser perturbadas. Tras la muerte de Roosevelt, la Casa Blanca, de la que se hizo cargo Harry S. Truman, parecía una sinagoga. Cuando Truman se fue apenas quedaban miembros de los conquistadores del mundo en la Casa Blanca. David Niles fue desalojado de ella, y también Samuel Roseman.

Durante la administración Eisenhower la situación no mejoró, sino que empeoró. Las investigaciones de McCarthy cesaron y los conquistadores del mundo desalojados por Truman fueron sustituidos por otros judíos. El panfleto *The Coming Red Dictatorship (La dictadura roja que viene)*, editado como número especial por el periódico estadounidense *Common Sense*, da una imagen espantosa del verdadero montaje de la administración Eisenhower. El principal asesor económico de Eisenhower, por ejemplo, es un joven judío llamado Arthur F. Burns, uno de los hombres de Bernard Baruch colocados en la Casa Blanca. El presidente de la Comisión de Energía Atómica es Strauss; el experto militar en cuestiones del Lejano Oriente es el general Lyman Lemnitzer; el jefe del gobierno mundial secreto es James P. Warburg, el banquero; y uno de los principales delegados de Estados Unidos ante la ONU es Jacob Blaustein. Isidore Lubin dirige las reparaciones alemanas. Sería demasiado largo enumerar todos los puestos clave ocupados por los conquistadores del mundo en el régimen de Eisenhower. Pero es cierto que la posición es, si acaso, peor hoy que en tiempos de Roosevelt.

Conjuntamente con los EE.UU. nos ocuparemos ahora de la Unión Soviética. Los rumores nos hacen creer que la inmensa mayoría de los participantes judíos de la Revolución de 1917 fueron llevados a la clandestinidad, y que posteriormente un gran movimiento ruso o paneslavo se hizo con el poder. Se decía que esto era evidente al menos en el Politburó y en los puestos gubernamentales más importantes.

Sería un absoluto error de concepto de los asuntos soviéticos pensar que el llamado "moscovitismo" constituía la forma judía del bolchevismo, o que el titoísmo y el nacionalcomunismo eran en el más mínimo grado "antisemitas". *El moscovitismo representa sin duda la forma más perfeccionada del sistema judío de dominación mundial.* El carácter esencial de este sistema es que los trabajadores civilizados, cultos e inteligentes de todos los países situados detrás del Telón de Acero deben ser gobernados por métodos rusos, sin tener en cuenta el hecho de que estos métodos fueron prescritos originalmente sólo para los ciudadanos soviéticos. Lazar Khaganovich, sin duda, fue el exponente más decidido de este plan. Por otra parte, es perfectamente posible que hubiera ciertos dirigentes comunistas en los diversos Estados detrás del Telón de Acero que se negaran a someterse al moscovitismo. Slansky-Salzman y Anna Pauker eran judíos y comunistas. No era, por tanto, el carácter judío del moscovitismo de Khaganovich lo que suscitaba sus objeciones. Razonaban, sin embargo, que el programa prescrito para uso doméstico no era adecuado para el trabajador checoslovaco, rumano o búlgaro. *Deseaban adoptar los métodos a los que los judíos rumanos, checoslovacos, búlgaros y húngaros estaban acostumbrados desde hacía tiempo.*

Todo esto está lejos de significar que la Unión Soviética se haya vuelto "antisemita". La conclusión de Louis Levine en 1945 de que la Unión Soviética estaba gobernada por un millón de judíos en puestos clave sigue siendo válida hoy en día. Los judíos soviéticos creen firmemente que el *comunismo de tipo moscovita representa la forma más perfeccionada de dominación judía del mundo* y, por lo tanto, exterminarán sin piedad incluso a otros judíos que no estén dispuestos a compartir sus opiniones sobre este punto.

En la Unión Soviética, Lazar Khaganovich fue un exponente tan predominante de cómo los conquistadores del mundo gobiernan detrás del frente gentil como lo es Bernard Baruch en los "democráticos" Estados Unidos de América. El verdadero dictador está aquí, ya sea detrás de Stalin, Malenkov o Kruschev que actúa. Su hermana menor Rosa Khaganovich fue la tercera esposa de Stalin, mientras que su hijo Mikhail Khaganovich se casó con la hija de Stalin, Svetlana.

La reciente destitución de Khaganovich no significa gran cosa. Se retiró por el momento, pero el millón de conquistadores del mundo en puestos clave siguen siendo los verdaderos amos de la Rusia soviética.

Es interesante dejar constancia de las relaciones de Molotov. No es judío, pero su esposa Karpovszkaja, la hermana menor de Samuel Karp, el magnate petrolero multimillonario estadounidense, es judía.

De los nueve miembros del antiguo Politburó, Khaganovich y Mikoyan eran judíos, Saburov muy probablemente también pertenecía a los conquistadores del mundo, y Swernik era un miembro suplente.

Al igual que las democracias, un rasgo característico del sistema soviético es que los líderes visibles no suelen ser los verdaderos gobernantes. *Así, Vladimir Ashberg, un banquero judío, desempeña un* papel *muy importante en la Unión Soviética.* Su posición se asemeja a la de Morgenthau durante la era Roosevelt. Tiene diversos grados de relación con todas las familias bancarias judías importantes, y también es miembro del Congreso Mundial Judío. Es el principal financiero de la Unión Soviética.

Si examinamos a los titulares de los puestos claves en la *Union Sovietica.* veremos que este pais tambien *esta bajo el control de los judíos.* El año en cuestión es 1951.

El profesor Mark Mitin, presidente de la Academia de Ciencias de la Unión Soviética, máxima autoridad en ideología marxista-leninista y editor del documento de Kominform *Por una paz duradera y una democracia popular,* es judío.

También judío es Pavel E. Yudin, una de las personas más importantes de la Unión Soviética, jefe del Departamento de Historia de la Academia de Ciencias de la Unión Soviética, vicepresidente de la editorial de obras de divulgación científica, director del periódico Kominform que publica la propaganda oficial soviética, uno de los principales dirigentes de las "purgas" tras el Telón de Acero, asesor político del Ejército Rojo en la Zona de Ocupación de Alemania Oriental y actual dictador de Alemania Oriental.

- M. Z. Saburov, presidente de la Oficina Estatal de Planificación y del Comité de Planificación, es judío.
- I. Lavrentiev (de nombre real Lippmann), viceministro de Asuntos Exteriores, ex embajador en Checoslovaquia, amigo íntimo de Alger Hiss, director del espionaje diplomático soviético en todo el mundo y jefe de la red de espionaje exterior que organizó los disturbios de Persia, es judío.
- Eugene Varga-Weiszfeld, director del Instituto Económico y Político Mundial de la Unión Soviética, uno de los funcionarios más importantes de la vida económica soviética, también es judío.
- Ilia Ehrenburg, jefe de propaganda, escritor de los principales artículos de *Pravda*, principal publicista de la ideología soviética y director del "Movimiento por la Paz" Kominform, es judío.
- Leonid Menikov, embajador soviético en Rumanía, es judío.
- Nosenko, ministro de industria pesada y transportes, es judío. Anatole Yakovlev, embajador soviético en Estados Unidos durante las audiencias del caso de traición de Rosenberg, y ahora uno de los jefes del espionaje soviético, es judío.
- M. N. Svernik, ex presidente de la Unión Soviética y ahora líder de los sindicatos rusos, es judío.
  - F. Gorkin, Secretario General del Presidium del Soviet Supremo, es judío.
- David Zaslawsky, editor de *Pravda, es* judío.

- S. A. Losowsky, antiguo jefe del Ministerio de Asuntos Exteriores soviético y actual director del Servicio de Información y Noticias Soviético, es judío. El Prof. I. P. Trailin, fiscal general de la Unión Soviética, antiguo miembro moscovita del "Comité para el enjuiciamiento de criminales de guerra", y director de la Facultad de Derecho de Moscú, es judío. Boris Stein, director de la Escuela del Servicio Diplomático del Ministerio de Asuntos Exteriores soviético, uno de los delegados soviéticos ante la ONU, es judío. El Ministerio de Asuntos Exteriores soviético está tan lleno de judíos que los rusos se refieren a él humorísticamente como la "Sinagoga".
- *Franktine Schul, uno de los principales exponentes del comunismo mundial, que habla dieciséis idiomas,* es también judío. En 1950 fue líder de los terroristas rojos en Indochina, y en la actualidad es jefe del Grupo N. 3; como tal dirige el exterminio de anticomunistas detrás del Telón de Acero.
- S. V. Kraftenov, Ministro de Educación Universitaria y Secundaria en la Unión Soviética, es judío.
- El General K. Gorshenin, Ministro de Justicia, es judío.
- Jacob Malik, anteriormente delegado jefe soviético ante la O.N.U., y actualmente embajador soviético en Londres, es judío.
- El general de división Boris Rasin, agregado militar é en Gran Bretaña, es judío.
- Solomon Abrahamovich Reback, subdirector del Comité Soviético de Energía Atómica y también jefe de seguridad del departamento especial del M.V.D. que controla a los científicos del átomo, es judío.
- El coronel I. Vigdor, oficial de contraespionaje comisionado al servicio de seguridad de la Investigación Atómica soviética, es judío.
- El Mayor Kahan, oficial de la policía secreta, destinado en el Comité de Energía Atómica, es judío.
- Mikoyan, miembro del Politburó y ministro de Comercio, es judío armenio.

- M. M. Brodin, jefe de prensa, es judío.
- Peter Levitsky, vicepresidente del Consejo de los Estados Soviéticos, es judío.
- D. Manuilsky, dictador de Ucrania, es judío.
- Kornejchuk, autor y Presidente nominal de la República de Ucrania, es judío.
- N. Jacobson, dictador de Estonia y delegado en representación de Estonia, es judío.
- N. Jakovliev, jefe de la educación pública soviética, es judío.
- Yu Masenko, experto especial en asuntos indios y director del movimiento comunista en la India, es judío.
- G. I. Levinson, experto de la Sección Oriental de la Academia Soviética de Ciencias en asuntos chinos, y uno de los líderes comunistas chinos, es judío.
- D. Danyalov, miembro del Presidium del Soviet Supremo, es judío.
- F. T. Gusev, Viceministro de Asuntos Exteriores, es judío.
- S. Y. Romin, Ministro de Edificación y Construcción de Carreteras, es judío.
- D. I. Fumin, Ministro de Alimentación y Materias Primas, es judío. Jacob Suritz, embajador soviético en Brasil, es judío.
- El coronel Rudenko, fiscal jefe delegado por los soviéticos en los juicios de Nuremberg, es probablemente judío.
- Isaac Zaltman, director de producción de tractores, es judío.
- G. Bosakov, director de la industria cinematográfica y con rango ministerial, es judío.
- El profesor Pontecorvo, director de la producción soviética de bombas de hidrógeno, es judío.
- S. Z. Ginsburg, presidente del Banco del Estado, es judío.
- K. R. Herzberg, presidente del Torg Bank, es judío.

- G. Samuelenko, presidente del Banco Vnieshtorg, es judío.
- X. Yacob Simenov, presidente del Prombank, es judío.

También debemos tener en cuenta que los miembros y dirigentes de la Academia de Ciencias soviética son casi exclusivamente judíos.

En 1957 se publicaron las revelaciones más espeluznantes sobre el alcance de la influencia de los conquistadores del mundo en Rusia. Joseph Stalin, el dictador más poderoso y despiadado, construyó el poder soviético hasta lo que es hoy, y esto lo consiguió con la ayuda de los judíos. Su esposa era Rosa Khaganovich, y la familia Khaganovich ejerció una terrible influencia en la Unión Soviética. Sabemos por testigos judíos auténticos que sólo para los judíos la Unión Soviética es un Jardín del Edén, ya que aquí disfrutan de puestos clave en el Gobierno, en el Ejército, en las academias, en las oficinas de planificación y en las direcciones de las fábricas. Según informes británicos y estadounidenses fiables, en la casa de Stalin se hablaba a menudo yiddish en conversaciones generales.

Pero Stalin, en un principio gran amigo de los judíos y segundo padre espiritual del bolchevismo, se vio sacudido en sus convicciones por los acontecimientos. Así lo afirma Emmanel Birnbaum, escritor judío, y también un artículo de *Aufbau*. La fe de Stalin en los judíos se tambaleó cuando los ejércitos de Hitler alcanzaron las líneas ferroviarias circulares de las afueras de Moscú, lo que permitió a Stalin ver hasta qué punto cundía el pánico entre los 500.000 judíos moscovitas, que huían abandonando a su suerte "la grande y gloriosa Revolución bolchevique" que tanto había hecho por ellos.

A la luz de esto, la exposición publicada en *France Soir* del 7 de junio de 1957, lleva la marca de la autenticidad. En el artículo mencionado, el periódico francés arroja una luz aguda sobre las circunstancias de la muerte de Stalin, que fueron descritas a los miembros de la prensa polaca por Ponomarenko, embajador soviético en Polonia.

Según el relato del embajador, en febrero de 1953 Stalin presentó al Consejo Presidencial del Soviet un decreto por el que todos los judíos de la Unión Soviética debían ser deportados a la República Soviética de Birobidjhan. Muchos polacos, rusos, georgianos, estonios, letones, lituanos, húngaros y otros -más que el número total de judíos en la Unión Soviética- habían sido deportados anteriormente por orden de Stalin, pero contra estas deportaciones ni uno solo de los líderes soviéticos levantó jamás una palabra de protesta.

Pero cuando, como sabemos, Stalin quiso tocar a los judíos, todos los líderes soviéticos se volvieron inmediatamente contra él. Khaganovich y Molotov, cuya esposa es judía, intervinieron inmediatamente, y Voroshilov, cuya esposa también es judía, dijo que abandonaría el Partido Comunista de inmediato si Stalin se atrevía a tocar a los judíos soviéticos.

Según el relato de Ponomarenko, Stalin montó en cólera y sufrió un infarto que le provocó un colapso y la muerte en el acto.

El relato del embajador soviético en Varsovia es perfectamente creíble. Pero se dice que la muerte de Stalin fue en marzo y no en febrero de 1953. Si es así, tal vez su muerte no fue instantánea, debido a un ataque al corazón, sino causada por algo más... *tal vez lo mató una puñalada, una bala de revólver o veneno. El brazo vengador de los judíos puede llegar muy lejos.*

Pero esta historia se vuelve aún más siniestra si examinamos lo que ocurrió tras la muerte de Stalin.

El bien informado semanario húngaro *Camino y Propósito* (Vol. IX, No. 8, página 10) publicó un interesantísimo artículo retratando a Kruschev.

En este artículo se afirma que la biografía de Kruschev se ha publicado recientemente en Estados Unidos. Fue escrita por un judío y en ella nos enteramos de que el sucesor de Stalin, la persona más poderosa del Partido Comunista, procede de Ucrania y es hijo de un herrero cosaco. De joven vivió en la ciudad ucraniana de Mariupol (Zhdanov), un puerto en el mar de Azov, y como tornero ganaba buenos sueldos. Se alojaba con judíos y disfrutaba tanto de su compañía que aprendió a hablar yiddish. Esta familia judía ortodoxa se encariñó con el joven, que se ponía a su servicio los sábados, cuando encendía el fuego de la cocina y el de otras habitaciones de la casa, y que comía con excelente apetito el pescado relleno y otros platos especialmente sabrosos del arte culinario judío, con los que su bondadosa casera se complacía en obsequiarle. En aquella época la vida no era demasiado buena para los judíos que vivían en el imperio del Zar. En aquellos días se ventilaba el caso Beilis ante los tribunales de Kiev. Beilis fue acusado de asesinato ritual, es decir, de haber matado a un joven cristiano y haberle sacado la sangre. Este caso engendró un gran odio contra los judíos y una organización "antisemita" conocida como los Cien Negros aterrorizó a la judería rusa. La excitada población llevó a cabo pogromos en diversas partes del país. La situación era bastante peligrosa también en Mariupol. El líder local de los Cien Negros, un maestro carnicero, instigaba a la población en la plaza del mercado a iniciar un pogromo, y parecía bastante probable que los judíos de Mariupol no escaparan a un destino terrible. Para impedir el pogromo, un maestro judío organizó apresuradamente un cuerpo de hombres para dispersar a la multitud que se había reunido para la masacre de los judíos. Kruschev se presentó voluntario y, cuando llegó el momento de la acción, participó valientemente en los combates. Sangrando por las heridas de la cabeza, regresó a la familia judía, que entretanto había empezado a sospechar que pertenecía a los Cien Negros. Pero este incidente disipó toda sospecha, y los judíos lavaron y limpiaron las heridas del cojo Kruschev, mientras el zapatero, su casero, anunciaba con satisfacción: "Es un tipo decente y estoy seguro de que nunca nos hará daño".

Desde luego, nunca lo hizo y los judíos no le fueron desagradecidos. El hijo del zapatero, que no era otro que el propio Lazar Khaganovich, ayudó a Kruschev durante toda su vida, apoyándole en todas las dificultades. Introdujo a Kruschev en el movimiento bolchevique y ejerció su influencia en su favor siempre que le fue posible. Khaganovich le trajo a Moscú desde Ucrania y le presentó a Stalin. No cabe duda, por tanto, de que las relaciones de Kruschev con los judíos son excelentes y de que ha demostrado ser un fiel servidor de esas aspiraciones al poder mundial establecidas en los *Protocolos de los Sabios de Sión*.

Ciertos intelectuales occidentales han intentado presentar todo tipo de pruebas para establecer la supuesta actitud "antisemita" del Soviet. Citan pruebas como la liquidación de Beria, los juicios a los médicos judíos, la reciente destitución de Khaganovich, el caso Slansky y el pacífico envío de Anna Pauker-Rabinovich. Pero creer que el bolchevismo podría ser capaz de un cambio tan básico sería malinterpretar la esencia del sistema soviético. En el habitualmente bien informado periódico judío *Aufbau* de Nueva York, órgano que representa a los judíos que huyeron a América de Hitler, se publicó el 4 de mayo de 1951 un artículo muy interesante de la pluma de Jehojachim Alkalai, un judío de Tel Aviv. En una época en la que Stalin ya era sospechoso de "antisemitismo", nos informa de que durante la invasión alemana de Rusia, los judíos que tuvieron que huir de las tropas invasoras de Hitler fueron enviados por el Gobierno soviético a Asia Central para su reasentamiento. Esto garantizó que más de 400.000 judíos no sólo estuvieran a salvo de nuevas persecuciones alemanas, sino que al mismo tiempo encontraran excelentes puestos en las Repúblicas de Kazajstán, Uzbegistán y otros estados de Asia Central miembros de la Unión Soviética. Estos puestos se encontraban en los territorios donde se iban a construir los nuevos grandes centros de producción de armamento y de investigación atómica de la Unión Soviética.

El artículo señala que con el reasentamiento de los judíos el Gobierno soviético consiguió varios objetivos importantes. En primer lugar, los judíos *fueron apartados de aquellas partes del imperio soviético donde la mayoría de la población está formada por rusos que, según la experiencia pasada, son propensos al "antisemitismo"*. También se preservó a los judíos de cualquier otra sospecha por parte de cierta fracción del Partido Bolchevique que poseía rasgos "cosmopolitas" en su ideología, ya que entre los habitantes de Kazajstán y Uzbegistán no tenían ninguna posibilidad de expresar ninguna de las supuestas simpatías occidentales que supuestamente tenían. Pero el objetivo más importante de este reasentamiento era asegurar que la industria soviética de armamento pesado que se establecería en estos distritos estuviera en manos fiables.

"Por el momento parece seguro", escribe Jehojachim Alkalai, "que debido a su inteligencia superior a la media, así como a su larga experiencia, los científicos, técnicos y expertos administrativos judíos son casi indispensables para la Unión Soviética." También se señala en este artículo que hay tres ministros judíos en el Gobierno de Uzbegistán y dos viceministros judíos en el Gobierno de Khazajstán. *"En los ministerios de estos Estados una larga lista de importantes puestos clave están ocupados por judíos"*. Los judíos están muy fuertemente representados en la oficina de planificación estatal conocida como "Gosplan", que *controla toda la economía del Estado*. Entre los ejecutivos del partido, nos informa este mismo periódico, hay muchos judíos y abundan especialmente en "Agitrop" (el Ministerio de Propaganda). En las organizaciones comerciales, mercantiles e industriales también hay judíos como directores y científicos destacados. Por último, este bien informado artículo *de Aufbau* concluye afirmando que la posición económica y social de los judíos es mucho mejor en las repúblicas soviéticas de Asia Central que en cualquier otra parte de la Unión Soviética.

Lo que de hecho ocurrió fue que la Rusia soviética transfirió con éxito la base de su poder. Los mejores y más indispensables elementos de la judería fueron transferidos a las nuevas y vitalmente importantes regiones industriales. La industria armamentística y la producción de uranio de la Unión Soviética están en manos judías y bajo administración judía. *Así* se construyó *un segundo y un tercer* Telón de Acero ocultando a los conquistadores del mundo tras los Montes Urales. Como resultado de ello, la Rusia europea, completamente infectada de "antisemitismo", está casi desprovista de los científicos, directores de obras y diseñadores de planes estatales judíos que constituyen la base indispensable del poder soviético. Se encuentran lejos, en los nuevos centros vitales de producción de la Unión Soviética, que son difícilmente accesibles incluso para los misiles balísticos intercontinentales estadounidenses de largo alcance.

También cabe señalar que, según el informe de *Aufbau* de 1951, Lazar Khaganovich seguía controlando este nuevo centro estratégico de poder soviético. Fue elegido miembro del Buró Político soviético por el distrito de Tashkent de la República de Uzbegistán. También es cierto, según *Aufbau*, que estos altos funcionarios judíos, líderes de la vida política, económica y cultural del Soviet, fueron enviados a estas regiones con una misión definida.

Detrás del segundo y tercer Telón de Acero se *ha erigido un gigantesco anillo de posiciones clave* que gobierna toda la Unión Soviética. En él se basa todo el futuro del sistema soviético. Y, sin embargo, mediante la detención, el juicio y la absolución de unos cuantos médicos judíos se pudo anunciar convenientemente al mundo exterior que "somos 'antisemitas'..." o "antisionistas". Aunque Lazar Khaganovich fue destituido del puesto visible que ocupaba anteriormente en la Rusia europea, donde era muy conocido, no fue ahorcado ni encarcelado. El observador político de hoy podría preguntarse con razón qué hacía Khaganovich en el nuevo centro de poder del Soviet, donde se fabrican la bomba de hidrógeno, los misiles balísticos intercontinentales y los sputniks del Soviet.

En 1956, una delegación del Partido Socialista Francés, encabezada por su secretario general, Pierre Comin, visitó la Unión Soviética. A su regreso a casa, Pierre Lochak, el intérprete ruso-francés, publicó el relato taquigráfico de todo el material de las conversaciones que tuvieron lugar durante esta visita entre Kruschev y Khaganovich, por una parte, y la delegación francesa, por otra. En el curso de estos intercambios bastante francos, Lazar Khaganovich respondió a las observaciones francesas sobre el humanitarismo occidental:

> "No queda lugar para el humanitarismo hasta que hayamos asegurado la victoria final de la Revolución Soviética. El único deber de la dictadura proletaria es asegurar y completar la victoria total de la Revolución..."

Según Khaganovich, la victoria de la Revolución no puede ser otra que la dominación mundial absoluta. Y Kruschev, también, añadió puntualmente que el Gobierno soviético se basa hoy en la dirección judía y que sólo por ciertas consideraciones se enmascaró a la judería con un frente gentil.

"Si los judíos ocuparan hoy en día en todas partes los primeros puestos de nuestra República", dijo el sucesor de Stalin, *"lo más probable es que no fueran muy populares entre la población nativa rusa*. Si, por ejemplo, nombráramos a un judío para un alto cargo administrativo en Ucrania y éste procediera a rodearse de personal judío, ello despertaría sin duda los celos y la animadversión de la población local hacia los judíos. *Pero no somos "antisemitas". Si observan al Sr. Khaganovich, verán que es judío. Y el Sr. Mitin también es judío. Y la querida Lydia Faktor, nuestra intérprete, también es judía. Yo mismo tengo un nieto medio judío. Todos luchamos contra el "antisemitismo"".* (Sueddeutsche Zeitung, 5 de julio 1957.)

Es un corolario del sistema soviético que para engañar al mundo occidental, y especialmente a las naciones árabes antiisraelíes, necesita crear de vez en cuando una falsa apariencia de "antisemitismo". Pero el verdadero poder de la Unión Soviética -la industria pesada y la producción bélica basadas en el liderazgo judío- sigue existiendo hoy detrás del segundo y tercer Telón de Acero. La Unión Soviética tampoco ha olvidado el pronunciamiento de los venerables rabinos en 1951 que ya hemos citado, a saber, que "una tercera guerra mundial tendría como resultado el exterminio total de la población judía del mundo". Y si el judaísmo mundial pereciera, el bolchevismo perecería con él. Kruschev, Molotov y toda la nueva intelectualidad soviética podrían, por supuesto, acabar convirtiéndose en jornaleros agrícolas. Pero esto es exactamente lo que ni siquiera al sector gentil del movimiento bolchevique le gustaría que ocurriera.

A la prensa occidental le gusta difundir diversas historias sobre el "antisemitismo" de Kruschev y de los soviéticos en general. El *Rheinischer Merkur,* el periódico democristiano de Alemania Occidental, supuestamente cercano al canciller Adenauer, publicó recientemente un extenso artículo escrito por Stephen Pollak, un publicista judío de Londres. Este periodista judío bien informado y honesto se queja en su artículo de que el sistema soviético estrangula la cultura judía. En la Unión Soviética los teatros yiddish están cerrados y varios actores judíos han sido ejecutados. Enumera como una grave queja el hecho de que no haya un rabino jefe en la Unión Soviética y que las instalaciones de los colegios de formación rabínica sean insuficientes. Se queja amargamente de que el desarrollo de la vida cultural entre los tres millones y medio de judíos soviéticos es imposible. *Pero esto es válido para todas las demás naciones de la U.R.S.S.* El bolchevismo consiguió asfixiar a la propia cultura rusa.

"Durante el Congreso Mundial Judío en Londres", escribe Pollak, "el Dr. Levenberg, representante de la Agencia Judía en Gran Bretaña, dijo cosas muy interesantes sobre la posición social y económica de los judíos que viven hoy en la Unión Soviética. Mientras que en 1933 había 270.000 judíos en la agricultura, *hoy en día toda la población judía de la Unión Soviética trabaja en las ciudades como funcionarios, médicos, científicos, etc. Incluso se precian de ocupar algunos puestos clave de los que los rusos aún no han podido desalojarlos. Según las estadísticas oficiales, todavía hay 25.000 científicos judíos trabajando en la Unión Soviética".* (Rheinischer Merkur n° 50, del 13 de diciembre de 1957.)

Aquí se admite un hecho de la mayor importancia, aunque esté envuelto en la apariencia de una queja. Los hechos y cifras registrados por Louis Levine concuerdan plenamente con las estadísticas del Dr. Levenberg: La Rusia soviética está gobernada por unos tres millones de judíos en puestos clave y administrativos, 25.000 *de los cuales trabajan en los altos cargos científicos del Soviet responsables de las bombas atómicas y los cohetes espaciales.*

Esta cuestión del llamado "antisemitismo" en la Unión Soviética puede responderse sin prejuicios citando al propio Kruschev. Como sabemos, Eleanor Roosevelt visitó a Kruschev en 1957, y lo primero que hizo fue interrogar a Kruschev sobre la posición de los judíos soviéticos. Y esto es lo que le dijo Kruschev:

El comunista no puede ser 'antisemita' porque el comunismo está en contra de toda forma de discriminación racial. Y si se supiera que algún miembro del Partido Comunista es 'antisemita', ninguno de nosotros le daría la mano. *¿Cómo podría un comunista convertirse en "antisemita" cuando el propio Karl Marx era judío?* Mi propio hijo, que murió en la guerra, se casó con una judía. Los judíos soviéticos tienen todas las posibilidades de conseguir tanto la mejor educación como los puestos más altos". *(Bridge Builders,* Vol. X, No. 23.)

A este respecto, la posición de Polonia es muy esclarecedora. La política del frente gentil se demuestra aquí de la manera más conspicua. El judaísmo ha evitado cuidadosamente nombrar a un judío Primer Ministro de Polonia. Pero el arzobispo de Polonia, durante su visita a América en 1946, declaró enfáticamente que la mayoría del Partido Comunista Polaco estaba formado por judíos que aterrorizaban despiadadamente a Polonia. El primer ministro polaco nunca fue judío. El frente gentil consiste hoy en el polaco Gomoulka, pero detrás de él están los verdaderos detentadores del poder: Roman Zabrovszky (judío), secretario general del Partido Comunista, Hilary Minc (judío), ministro de Economía, y Jacob Berman (judío), subsecretario del Ministerio de Economía. Los judíos ocupan los puestos clave del Gobierno polaco desde los que dictan al desafortunado pueblo polaco.

El destino de Hungría, especialmente tras el intento de levantamiento para conseguir la independencia en 1956, es otro ejemplo llamativo del frente gentilicio. En 1951, el Presidente de Hungría era Sándor Rónai, medio gitano de nacimiento, aunque su esposa era judía. El presidente del Buró Político húngaro también es un no judío llamado Istvan Dobi, un trabajador ferroviario bebedor empedernido, siempre a disposición de Moscú a cambio de unas copas.

Hasta la primavera de 1956 Mátyas Rákosi-Roth fue el verdadero dictador judío *entre bastidores.* Era secretario del

Partido Comunista. Más tarde, otro importante judío moscovita llamado Ernoe Geroe-Singer sustituyó a Rákosi en esta función.

A pesar de algunos cambios y sustituciones, los judíos eran los amos de Hungría.

- ➢ Josph Révai, alias Moses Kahana, Ministro de Educación, el notorio instigador de los juicios Mindszenty, es judío.
- ➢ Mihály Farkas, ministro de Defensa (de nombre real Israel Wolff), otro judío moscovita, fue impresor en Kassa.
- ➢ Ernoe Geroe, alias Singer, desempeñó un importante papel en la Guerra Civil española en el bando comunista. Más tarde, en la Segunda Guerra Mundial, ayudó a organizar la organización traidora conocida como Freies Deutschland -Alemania Libre- bajo el mando del general Paulus, y posteriormente fue durante mucho tiempo el representante personal de Stalin en Extremo Oriente. El discurso radiofónico de Ernoe Geroe Singer del 23 de octubre de 1956 contribuyó en gran medida a provocar el levantamiento húngaro, ya que en él pidió a los soviéticos que mantuvieran la ocupación de Hungría. Los jóvenes obreros y universitarios húngaros, enfurecidos, respondieron con una revuelta espontánea.
- ➢ Zoltán Vass, alias Weinberger, ministro de Economía y director del consorcio minero Komlo, también era judío. Su esposa, que era una de las médicas del hospital judío y que entregaba a los verdugos soviéticos a los heridos y enfermos a su cuidado, era judía.
- ➢ Gábor Péter, alias Benjamin Auspitz, el tristemente célebre jefe de la M.V.D. (policía secreta) húngara era, naturalmente, también judío. De ayudante de sastre en una pequeña ciudad se convirtió en jefe de la policía secreta comunista húngara y es responsable del asesinato y tortura de 30.000 personas. Más tarde cayó en desgracia y, según las escasas noticias que hay sobre

su destino, fue condenado a nueve años y medio de prisión.
- El ministro de Asuntos Exteriores, Erik Molnar, también era judío. Había escrito un largo tratado "científico" en el que concluía que los húngaros, como pueblo "asiático", debían ser reasentados en la estepa de Golodnia.
- Ivan Boldizsar, alias Bettelheim, jefe de propaganda del régimen comunista húngaro, también era judío.

Los judíos acapararon los puestos clave de toda la red de la policía secreta comunista en Hungría. Se convirtieron en los comisarios, los dirigentes del gobierno local y los directores de las fábricas populares. Los giros y cambios que se produjeron en Hungría entre el frente gentilicio y los que formaban su trasfondo no son difíciles de seguir. En 1956 Rákosi fue sustituido. Su sucesor en el puesto de secretario del Partido Comunista Húngaro, es decir, en la dictadura, fue otro judío, Ernoe Geroe-Singer, que representaba la misma línea moscovita y prosionista que su predecesor. Cuando comenzó el levantamiento húngaro el 23 de octubre de 1956, los jóvenes húngaros que durante los doce años anteriores habían sido educados en la ideología comunista y, en consecuencia, no tenían conocimiento alguno de las aspiraciones judías al poder mundial, querían que Imre Nagy se convirtiera en Primer Ministro.

Muy poca gente sabe que Imre Nagy era un minifundista medio judío de Hungría occidental y que su verdadero nombre era Grosz. Su madre era húngara, pero su padre era judío. Su esposa es judía. Vivió mucho tiempo en Moscú y fue estudiante bajo el régimen estalinista. Su papel como líder de la rebelión húngara parece haber sido *ineficaz y su comportamiento sospechoso*.

Por grande que haya sido el crimen que cometió contra la Unión Soviética, no fue *juzgado hasta hace muy poco*.

Tanto la lucha húngara por la libertad, como su supresión, demostraron que *aunque muchas cosas pueden cambiar en el comunismo, sus características judías y sionistas de dominio mundial son permanentes e inmutables*. Después de los ataques soviéticos del 4 de noviembre 1956, los puestos clave húngaros fueron ocupados de nuevo por los judíos que actúan ahora como dictadores despiadados sobre el desafortunado pueblo húngaro reprimido. Dictan en las fábricas, en los centros del partido y desde todos los puestos dirigentes de la reorganizada policía secreta.

La posición de Rumania también es interesante y merece un estudio más detenido. Esta joven y valiente nación de Europa Central ha conocido durante siglos las aspiraciones de la potencia mundial judía y podría haber sido uno de los mejores aliados de Hungría. Justo antes de la Segunda Guerra Mundial, un nuevo movimiento obtuvo el apoyo de todos los sectores del pueblo rumano; era conocido como *la Guardia de Hierro,* Los viejos conceptos del socialismo fueron adoptados por este grupo fanáticamente chovinista que, por desgracia, chocó a menudo tanto con los húngaros como con otros vecinos. Pero detrás de Carol, el rey rumano, su amante, la señora Lupescu, alias Maggie Wolf, la pelirroja judía, llevó a cabo sus intrigas y persuadió al rey para que desarraigara el movimiento, cosa que de hecho hizo. Es espantoso pensar que incluso la Alemania de Hitler, en la búsqueda de su propio "gran concepto político", malinterpretó y ayudó a liquidar este movimiento rumano, cuyos líderes se sentaron con judíos en los campos de concentración hasta 1944. Fue necesaria la traición del rey Miguel para que los dirigentes alemanes se percataran de la importancia de la Guardia de Hierro, que se organizó entonces en una legión antibolchevique. Durante los últimos meses de la guerra se completó su entrenamiento y se les entregó su equipo, y el 8 de mayo de 1945, la legión de la Guardia de Hierro rumana constituyó la última resistencia armada a las unidades bolcheviques.

Después de la guerra se organizó con gran eficacia un frente gentilista en Rumanía. George Groza se convirtió en Primer Ministro, pero detrás de él estaba la judía Anna Pauker-Rabinovich, fiel discípula de Stalin. Kisinevszky, primer secretario del Partido Comunista Rumano, era, por supuesto, judío. Theohary Georgescu-Lebovich, ministro del Interior; Maurice Roller, jefe de educación pública; Maurice Bercovici, jefe de comercio exterior; Max Salamon, jefe de propaganda; y Mondy Kerkovici, que junto con Rebecca Nathason dirigían los asuntos culturales soviético-rumanos, eran todos judíos.

Con la llegada al poder de Georghiu Dej y con la destitución de Anna Pauker-Rabinovich, puede parecer que la situación ha cambiado, pero eso es sólo una visión superficial. El desafortunado pueblo rumano sigue sometido al mismo terror que antes ejercía Anna Pauker-Rabinovich.

Checoslovaquia presenta otro ejemplo del frente gentil. Aquí el primer ministro, el camarada Gottwald, era medio judío. Pero detrás de él Slansky-Salzman era el primer secretario del Partido Comunista Checo, líder de la guerra de clases biológica y un judío característico. Slansky-Salzman, como el húngaro no judío László Rajk, fue ejecutado, aunque era comunista, porque no estaba dispuesto a aceptar la dominación mundial judía de tipo moscovita. Quería asegurar el poder sólo para el judío occidental. En la actualidad, un judío llamado Dr. Kosta dirige el servicio de prensa extranjera de este Estado híbrido. El Dr. Eugen Loebl, asistente del secretario de comercio exterior, es judío. Ludwig Frejka, asesor económico del presidente Gottwald, también es judío. Vasely, jefe de la policía secreta checoslovaca, la réplica checa de Gábor Péter (Benjamin Auspitz); Bruno Kohler, comandante de la milicia, junto con Lomsky, Bubona, Fuchs y Taussigov, importantes secretarios de distrito; Bistricky y Goldstecker, embajadores checos; Truda Jakaninova Cakutrova, jefa de la delegación checoslovaca ante la U.N.O.; Jiu Hironek, jefe de departamento del Ministerio de Información, así como Augenthaler y Gottlieb, los dos altos funcionarios del Ministerio de Asuntos Exteriores, son todos judíos. El periódico húngaro medio comunista, *Világ (Mundo)*, escribió el 15 de marzo 1953: "Con la ayuda del M.V.D. soviético muchos judíos consiguieron ocupar puestos de dirección en el Partido Comunista". Con la ejecución de Slansky-Salzman, el trasfondo judío parecía haber sido liquidado. Hubo que demostrar a los obreros checos antijudíos que el bolchevismo no era judío. Sin embargo, el trasfondo judío aún se conserva manteniendo, en sus garras, el poder real. Yugoslavia es otro ejemplo de lo anterior. El mariscal

Tito -nombre real Joseph Broz- no es judío. Pero hasta su reciente muerte, un judío, Mojse Pijade, ejercía aquí el poder real. El nombre de Mojse Pijade está relacionado con el asesinato y la muerte por hambre de 200.000 miembros de la comunidad alemana y también con otros macabros casos de genocidio en Yugoslavia. Treinta mil húngaros fueron víctimas del exterminio sistemático de grupos raciales y nacionales en Yugoslavia.

Wilhelm Grothewohl, Primer Ministro de Alemania Oriental, no es judío. Pero Gerhard Eisler, el judío detrás de él, es el único poseedor del poder real. Actúa como con la autoridad de los judíos orientales y occidentales. Es el fiel seguidor y protegido de Eleanor Roosevelt. Paval E. Yudin, comisario soviético, detentador del poder soviético en Alemania, es, naturalmente, judío. La organización terrorista está en manos de la sanguinaria judía Hilda Benjamin.

La lista anterior, por supuesto, dista mucho de ser completa. Pero da alguna información sobre la organización del frente gentil, es decir, sobre la verdadera cara del poder judío enmascarado. También sabemos que el número de judíos en puestos clave y dirigentes es en realidad mucho mayor en los países esclavizados tras el Telón de Acero de lo que muestran nuestras listas. Esto se debe al hecho de que los judíos bolcheviques viven en todas partes bajo diferentes nombres encubiertos, y la mayoría de ellos incluso han cambiado su nombre de pila para no ser reconocidos por sus anteriores nombres del Antiguo Testamento. De todos los países tras el Telón de Acero, Polonia parece ser el más dominado por el poder judío. La declaración del Cardenal Hlond hecha en América el 6 de julio 1946, llama la atención sobre esto. Dijo:

"El liderazgo judío en el Gobierno ha creado una forma de gobierno que no gusta a la mayoría del pueblo. La cuestión importante no es cuántos judíos se sientan en el Gobierno sino, más bien, qué *tipo de cargos ocupan*".

Por lo general, el primer secretario del Partido Comunista es el verdadero dictador en los países situados detrás del Telón de Acero. Tiene a sus órdenes toda la maquinaria de la policía política, del Partido Comunista y de la administración soviética. Por esta razón es una señal muy peligrosa que en 1951, exceptuando Bulgaria, el puesto de primer secretario de los Partidos Comunistas de todos los países detrás del Telón de Acero estuviera *ocupado por judíos*. Esto es cierto incluso en la Yugoslavia de Tito. Los judíos son también los jefes de la policía política (secreta) o, alternativamente, ocupan el cargo de ministro del Interior. Además, parece que los puestos ministeriales de educación, propaganda y defensa también están siendo ocupados gradualmente por judíos. También es revelador que al mismo tiempo los judíos estén deseosos de obtener el puesto de Ministro de Defensa en el mundo occidental. En este momento Jules Moch es Ministro de Defensa en Francia, Emmanuel Shinwell en Gran Bretaña, mientras que en EE.UU. Anna Rosenberg es Subsecretaria de Guerra. El Sr. Eisenhower ha nombrado recientemente a un judío como Subsecretario de Guerra del Sr. McElroy.

El Sr. Bernard Baruch, "Elder Statesman" estadounidense, que controlaba las 351 industrias más importantes de EE.UU. durante la Segunda Guerra Mundial, dijo con orgullo:

> "¡Es indudablemente cierto que probablemente tuve más poder que cualquier otro hombre en la guerra!"

¡Tenía más poder que nadie! - dice Baruch, y este poder mismo forma parte del poder mundial judío.

Es un hecho político claramente discernible en el mundo occidental que cuantos más judíos haya sentados en los puestos clave de un Estado democrático, más rápidamente derivará este Estado hacia el bolchevismo. Por ejemplo, toda la posición política y las perspectivas de la Francia actual pueden explicarse por la inconmensurable judaización de la vida política francesa. Mientras escribimos estas líneas, el Primer Ministro francés es Pierre Isaac Isidore Mendés-France, hijo de David Mendele Cerf-Hirsch y Sarah Farburger Cohen. Al igual que en los Estados que se encontraban tras el Telón de Acero, Robert Hirsch, como jefe de la Sûreté, ejerce el poder policial supremo en Francia. Jacques Duclos, el segundo comunista más importante de Francia, también es judío. Jules Moch, una de las personalidades más influyentes del Partido Socialdemócrata francés, que fue ministro de Defensa durante mucho tiempo en los gobiernos franceses de la posguerra -y fue, por tanto, uno de los que sabotearon la integración de las divisiones alemanas en el Ejército europeo- procede también de las filas de los conquistadores del mundo para hacerse cargo de las gloriosas tradiciones de una herencia napoleónica.

París sigue siendo el centro de la diáspora, nos dice con orgullo el *Monde Juif.* Y Francia, mientras tanto, se precipita vertiginosamente por la pendiente de la corrupción siguiendo el ejemplo de los Imperios romano y español, ya desaparecidos.

Desde la ocupación estadounidense, la industria pesada alemana ha sido infiltrada por el llamado capital "americano", cuya presión domina hoy la Alemania occidental. En Berlín Occidental, sólo se aceptaba como burgomaestre al difunto Ernst Reuter, que había sido antes primer secretario del Partido Comunista Alemán y que, por supuesto, era judío. Mientras tanto, un judío llamado Lipschitz es ministro del Interior en Berlín Occidental.

Ya hemos señalado que en 1951 todos los primeros secretarios de los Partidos Comunistas en los países al este del Telón de Acero eran judíos. Con la destitución de Slansky-Salzman en Praga; Gábor Péter, alias Benjamin Auspitz, jefe del terror, en Hungría; Anna Pauker-Rabinovich en Rumania, y Beria en la Unión Soviética, parecían haberse producido ciertos cambios en los puestos clave. A la propaganda radiofónica occidental, también firmemente en manos de los conquistadores del mundo, le gusta atribuir esto al "antisemitismo" en la Unión Soviética y en los países esclavizados. Pero el "antisemitismo" es sencillamente inexistente. Con los datos detallados que hemos dado relativos a la Unión Soviética y a los países forzados tras el Telón de Acero, *demostramos que también allí el poder está firmemente en manos de los judíos.* El hecho de que en estos países cambien las figuras políticas y que a veces se asignen ciertas tareas desagradables a comunistas no judíos, no significa absolutamente nada. Tampoco tiene importancia la liquidación ocasional de uno o dos judíos, ya que los *Protocolos* dicen que uno o dos de su propia calaña serán sacrificados. Esta es la explicación de la liquidación de Beria, Slansky, Peter-Auspitz y Pauker, en vista del hecho de que la población de estos países que sufrían bajo su tiranía se dieron cuenta poco a poco del carácter predominantemente judío del poder bolchevique, y en su rabia se volvieron contra los jefes del terror. Así, Beria y algunos otros tuvieron que ser sacrificados para *crear la ilusión* de que el Estado estaba en contra de los judíos. Todos los que llevaron a cabo estas medidas eran ellos mismos judíos. Nadie conocía mejor que ellos las verdaderas razones y motivos de sus acciones y la judería occidental también las comprendía perfectamente. Cuando aquí y allá en el mundo occidental se hacen perceptibles signos de tendencias antibolcheviques, es conveniente distraer la atención pública del carácter judío del poder bolchevique.

"Somos un solo pueblo", escribió Theodor Herzl.

Hasta que el mundo no judío no reconozca la verdad de esto, todo lo que se diga sobre las diferencias entre el mundo occidental y el oriental es pura mentira y estupidez. No hay ninguna diferencia. Los judíos estan sentados en las posiciones claves del Hemisferio Oriental asi como del Hemisferio Occidental, y nunca se atacaran o dañaran unos a otros porque saben que solo se destruirian a si mismos. Así destruirían el poder mundial judío. *De estas consideraciones surgió la idea de la coexistencia, el sabotaje del rearme europeo y de los movimientos populares patrióticos, la venta de la bomba atómica y todos aquellos descubrimientos e inventos que ofrecían a los hemisferios oriental y occidental la posibilidad de vivir uno al lado del otro.*

Mientras esta sea la posición, todo lo que se diga en la radio de las naciones occidentales sobre el "antibolchevismo" es mentira. Y mientras no se pueda afirmar francamente en Occidente que el bolchevismo no es otra cosa que la forma más perfeccionada del poder mundial judío, es inútil hablar del mundo occidental libre y de la democracia occidental. Y del mismo modo, mientras no se pueda señalar libremente en Oriente que el mundo occidental no está gobernado por el "capitalismo imperialista", sino por el terror silencioso de la influencia política y por la explotación despiadada por parte del poder monetario y la prensa judíos, es deshonesto hablar del sistema imperante en los Estados suprimidos tras el Telón de Acero como "socialismo".

Los judíos comercian hoy con nuestro trigo, diamantes, ropa, religión y oraciones. Controlan los Partidos Comunistas en China e India, así como los Partidos Republicanos del mundo occidental libre, como se vio cuando planearon la destrucción del senador McCarthy. Mandan los ejércitos de la ONU contra los norcoreanos, y están detrás de los norcoreanos frente a las fuerzas de la ONU. En Vietnam se oponen a los comunistas, y mientras muchos miles de "legionarios" no judíos morían heroicamente en Dien-Bien-Phu, mantenían a los bolcheviques informados de los movimientos franceses desde el propio Consejo Nacional de Defensa francés. Al mismo tiempo que defienden la reunificación y la integración de Europa, la hacen imposible. Hablan de la posibilidad de asegurar la coexistencia, aunque saben muy bien que la coexistencia es, de hecho, perfectamente posible. El judío occidental y el oriental siempre se han entendido. En 1917, durante la guerra de intervención, el judío occidental ayudó al judío oriental mediante la construcción material del Soviet, y durante la Segunda Guerra Mundial le ayudó mediante el préstamo de once mil millones de dólares, mediante la Ley de Préstamo y Arriendo y mediante el apoyo prestado en Yalta, Teherán y Nuremberg. Se llega a esto: el judío occidental y oriental, al venderse mutuamente el secreto de la bomba atómica, desplegaron la bandera negra de una posible muerte atómica sobre las cabezas de las naciones no judías, con el fin de establecer su dominio sobre el mundo.

Al mundo occidental no le faltan sus ensoñaciones. Los bolcheviques "moderados", los intelectuales rosas y los llamados antibolcheviques tienen que aprender que la humanidad no puede clasificarse correctamente en grupos de bolcheviques, bolcheviques "moderados" y "antibolcheviques". La clasificación correcta es en los dos grupos de los que ven y reconocen el peligro del nacionalismo judío, y de los otros que lo niegan. *Cualquiera que sea "pro-judío" o niegue que las principales características del bolchevismo son judías, ¡no puede ser al mismo tiempo un verdadero antibolchevique!*

"¡Somos un solo pueblo! Somos el mismo pueblo", dijo Theodor Herzl.

El frente gentil es para el "hombre de la calle", para "nuestra criatura y esclavo"; para las masas. Es una ilusión, como la soberanía de la Casa Blanca, o la democracia o la igualdad de derechos. Pero en la segunda línea, entre bastidores, en puestos clave, están Bernard Baruch, Frankfurter, David Lilienthal, Strauss, Oppenheimer y el puño de hierro de Jehová blandiendo el poder que hará pedazos reinos y democracias. Para las masas del hemisferio oriental, Kruschev, que no es judío, es dios; pero la segunda línea la ocupan la dinastía Khaganovich, Yudin y los pistoleros del M.V.D. y los macabeos con cascos de acero.

"¡Somos un solo pueblo!" Pero un pueblo que abandonará a su nación de acogida siempre que sus intereses lo dicten. En una ocasión abandonaron incluso a la propia Unión Soviética. Esto ocurrió cuando los ejércitos europeos se enfrentaron al sistema ferroviario circular en las afueras de Moscú. Los judíos, tras expropiar para su uso exclusivo los últimos vagones y vehículos y cargarlos con todos los tesoros del pueblo soviético, huyeron, dejando atrás a los furiosos rusos.

Pero ahora, como resultado de su gran victoria en la guerra, pueden decir: "Hemos conquistado el mundo. Controlamos la humanidad desde posiciones clave entre bastidores".

CAPÍTULO XVIII

Poderes secretos

LOS conquistadores del mundo no podrían mantener su poder ni por un momento sin sus tropas auxiliares que comandan desde posiciones clave. Es un rasgo espantoso de nuestro mundo actual que las democracias y cierta parte de las Iglesias cristianas estén tan controladas por estas tropas auxiliares como lo están las dictaduras bolcheviques y las logias masónicas. Los parlamentos y los gobernantes, así como los medios de entretenimiento público como el teatro, la radio y la televisión, que se dedican a drogar sistemáticamente a la opinión pública, están organizados para actuar como tropas auxiliares tanto como el congreso del partido de las dictaduras bolcheviques. Pero detrás de los gobiernos, comisarios y títeres de la oposición se encuentra el Director Satánico - el Becerro de Oro - el "poder del dinero", lavando oro de la sangre y el sudor de los 2.500 millones de habitantes de la tierra.

¿Cómo se ha llegado a esto? ¿Está el mundo realmente gobernado por un poder oscuro y maligno?

En el frente ruso, durante la Segunda Guerra Mundial, un oficial de la División Azul española encontró cerca del cadáver de un policía bolchevique llamado Guzmin un expediente que contenía actas de singular interés. Estas actas, redactadas en 1939 por Guzmin, contenían una declaración de Rakovszky, entonces embajador soviético en París, incriminado en la gran conspiración contra el general Tuhachevsky. En las actas, cuya autenticidad parece incuestionable, se levanta el velo que oscurece al bolchevismo y queda al descubierto uno de los mayores secretos del mundo. Fueron dictadas por un testigo auténtico, uno de los más estrechos colaboradores de Lenin. Huelga decir que Rakovszky era judío.

Rakovszky admite francamente en las actas que al final de la Primera Guerra Mundial la posición del bolchevismo se volvió extremadamente crítica debido a la propagación y el progreso de la contrarrevolución rusa. A finales de 1917, los bolcheviques habían retrocedido hasta el territorio del principado de Moscú. Pero *en ese momento apareció un poder superior que, según Rakovszky, gobierna el mundo*. Este poder superior actuó desde Occidente y detuvo el flujo de suministros militares y económicos para la contrarrevolución que hasta entonces había sido constante y fiable.

En una serie de confesiones confidenciales, Rakovszky también afirma en las actas que el gran crack financiero de Wall Street en 1929 fue obra de un misterioso grupo formado por unas pocas personas dirigidas por un poder superior. Este mismo poder mundial puso en marcha el famoso New Deal de Roosevelt, pero por otro lado también apoyó al movimiento de Hitler en sus dificultades financieras iniciales *mediante la ayuda de Schacht, que era masón.*

"Este poder mundial es mayor y más omnipotente que la propia Komintern", dijo Rakovszky.

A la repetida pregunta de Guzmin sobre quiénes eran los poseedores de este poder mundial, Rakovszky dio varias respuestas evasivas, tales como: "Ellos"; "Esa gente", etc. Al parecer, ¡no quería pronunciar la palabra judío!

Dijo que no sabía exactamente quiénes eran esas personas. Pero sabía que eran omnipotentes y que se les podía llamar desde cualquier lugar. No tenían forma visible y aparecían sobre todo bajo la apariencia de intereses financieros internacionales. A veces se les denomina "el poder del dinero". Pero una cosa era cierta: este poder mundial estaría seguro de intervenir en caso de que surgiera alguna fuerza arrolladora para destruir el comunismo. Trotsky, que conocía más de cerca estos círculos, dijo en una ocasión a Rakovszky: "El hombre que ha logrado romper el bloqueo que rodea al Soviet es Walter Rathenau, el millonario miembro del gobierno de Weimar".

Estos registros también insinúan que este poder mundial desconocido está encarnado en algún tipo de organización masónica. Pero es aún más interesante aprender de Rakovszky que Karl Marx no fue el verdadero fundador de la revolución mundial comunista. Su verdadero padre fue Adam Weishaupt, fundador de la orden masónica de los Illuminati. Este Weishaupt, que procedía de Alemania, fue alumno de Moses Mendelssohn, el filósofo judío.

Kuhn, Loeb and Co., según las estadísticas de 1935, controlaban una fortuna de cuatro mil millones de dólares, y hoy sin duda controlan mucho más.

La política mundial de este poder secreto es de lo más interesante. El odio de los judíos hacia la Rusia zarista era tan grande que este mismo banco, Kuhn, Loeb and Co, hizo un préstamo de 130 millones de dólares a los japoneses para financiar la guerra ruso-japonesa. En años posteriores, cuando parecía que los bolcheviques iban a ser derrotados, al final de la Primera Guerra Mundial, también salvó al bolchevismo. Sabía muy bien que la victoria de la contrarrevolución que conduciría a la venganza del torturado y engañado pueblo ruso acabaría con la destrucción de la judería rusa.

Pero el capítulo más horrible de esta política satánica es cuando, según no sólo Rakovszky sino otras fuentes alemanas fiables, esta misma potencia mundial da sumas aún mayores a Hitler y al nacionalsocialismo, para ayudar a Hitler y a su movimiento a superar las dificultades iniciales. Sabían que si Hitler lograba hacerse con el poder, Alemania podría verse obligada a una nueva guerra. *El verdadero objetivo no era sólo la destrucción del nacionalsocialismo alemán, sino algo aún mayor: la realización de la última gran y gloriosa aspiración, que es la destrucción biológica y la esclavización de todas las naciones no judías.*

Algunas partes de las declaraciones de Rakovszky alcanzan cotas impresionantes. Debía de estar familiarizado con la naturaleza de este poder mundial secreto para haber profetizado desde la celda de una prisión ya en 1938: "Hitler estrechará la mano de Stalin para poder liquidar Polonia, y Stalin aceptará la oferta de Hitler. Aunque ambos habrán atacado así a un país católico importante para Occidente, sin embargo Occidente declarará agresor sólo a uno de ellos, y ése será la Alemania de Hitler."

Las actas del Gran Oriente relativas a la reunión del Gran Consejo del 29 de mayo de 1939, cayeron en manos del servicio de contraespionaje alemán antes del estallido de la última guerra. De ellos se desprende que Groussier, el Gran Maestre, mantuvo en esa época importantes consultas con el embajador de Roosevelt en París, el Sr. Bullit, a quien informó del punto de vista del Gran Oriente, según el cual *debían tomarse todas las medidas posibles para impedir que se llegara a ningún entendimiento sobre la cuestión polaca, ni entre Hitler y los polacos, ni entre Hitler y las potencias europeas. Ya en* marzo de 1939 se le dijo a Chamberlain que si continuaba con su política conciliadora, los EE.UU. retirarían todo el apoyo moral y financiero a Gran Bretaña.

Las actas del Congreso Judío, que se celebró en París mucho antes de la Segunda Guerra Mundial, se publicaron en la *Gaceta Católica* de febrero de 1936. En este congreso, se nos dice, el poder mundial secreto demostró toda la magnitud de su arrogancia. Los oradores se refirieron con orgullo al hecho de que los dirigentes más importantes de todas las naciones eran masones y se movilizaban así para la promoción de las aspiraciones de Israel.

"¡Somos dueños de la guerra y de la paz!" suena el desafío confiado de los conquistadores del mundo. "Francia cayó en nuestras manos; Gran Bretaña depende de nuestro dinero y es nuestra esclava. Muchos otros Estados y naciones, incluidos los EE.UU., se inclinan ante nuestro poder y organización."

Que esta potencia mundial no sólo existe, sino que de hecho es dueña del mundo, está fuertemente subrayado, en primer lugar por las declaraciones de Rakovszky, en segundo lugar por el ex-

Rey Alfonso XIII, en tercer lugar en informes secretos encontrados por los alemanes tras la ocupación de París, en cuarto lugar por el diario de Forrestal, y por último por los papeles confidenciales de un diplomático polaco. El conde Jean Szembek, uno de los principales funcionarios del Ministerio de Asuntos Exteriores polaco, publicó su diario en Francia bajo el título *Journal 1933-1939*. Aquí registra su conversación con el rey de España, Alfonso XIII, el 19 de febrero 1939. "El rey español se ha formado una opinión muy pesimista de la situación mundial", dice el diario. "La judería mundial y la masonería juegan un papel muy importante en el intento de desencadenar la guerra.

El 6 de julio de 1939, Jerzy Potoczky, embajador polaco en Estados Unidos, regresó a Varsovia desde Washington para informar a su gobierno. En el curso de su relato dice: "Hay todo tipo de personas en Occidente que nos empujan a la guerra: los judíos, los grandes capitalistas y las empresas armamentísticas. Sienten que están entrando en una era de prosperidad. Nos consideran y nos tratan como a negros, cuyo único deber es trabajar y sudar en interés de la multiplicación de su capital." Los judíos y los masones encontraron aliados en círculos inesperados. El 19 de marzo de 1939, el conde Szembek visitó al conde Ledochowszky, general de la Orden de los Jesuitas, y dejó constancia de lo siguiente: "Por casualidad estuve presente durante la consulta del Conde Ledochowszky con el Cardenal Marmaggi sobre la llegada de una delegación de la Falange Española. Durante su conversación, ambos condenaron duramente el fascismo y el hitlerismo y llegaron a la conclusión de que la Falange era un movimiento similar. Ledochowszky se refirió a todos estos sistemas como la 'opera del diavolo', es decir, 'obras del diablo'..." El 21 de abril de 1939, monseñor Montini, legado papal en Polonia en aquella época, dijo al conde Szembek que, *según el punto de vista oficial del Vaticano, si Polonia se decidía por la guerra, sería una guerra justa y legítima.*

Szembek también relata en sus memorias que el 11 de agosto de 1939, el embajador polaco en el Vaticano le dijo que "hay que mantener una actitud inflexible hacia Alemania y que el Vaticano fomenta abiertamente esta política".

Y así encontramos incluso al propio Vaticano entre los satélites de los conquistadores del mundo, sin detenerse aparentemente a considerar el peligro inherente del bolchevismo.

Ya nos hemos ocupado de las posiciones clave ocupadas por los conquistadores del mundo. Pero el avance politico era solamente una consecuencia bastante modesta de ese poder mundial economico que la juderia mundial capturó ya a principios de este siglo para dominar las naciones.

La aparición de esta misteriosa potencia mundial fue calificada por marxistas, leninistas y otros socialistas soñadores como "imperialismo del dólar". Aunque las banderas de los "imperialistas del dólar" eran portadas por norteamericanos que murieron defendiéndolas, sin embargo, detrás de estas banderas de una nación nueva y poderosa, políticamente ignorante e inexperta, estaban los conquistadores del mundo, que, de hecho, marchan hoy hacia el sometimiento de todos los pueblos libres e independientes.

Daremos algunos ejemplos para ilustrarlo. Speyer and Co., la gran casa bancaria judía, en 1903 dio a México su primer préstamo de doce millones y medio de dólares. Con esta transacción adquirieron todas las concesiones petroleras de México. Rockefeller, Morgan, Jacob Schiff y los otros grandes financieros judíos siguieron su ejemplo y así casi todos los recursos naturales de México cayeron en manos judías. Bernard Mannes Baruch, el National City Bank bajo dirección judía, y Guggenheim, el magnate judío del cobre, se convirtieron en los verdaderos amos de México.

En 1906 los mismos conquistadores del mundo obtuvieron monopolios sobre los ingresos nacionales de Nicaragua por concepto de aduanas e impuestos, así como sobre sus ferrocarriles y líneas navieras.

El banco Kuhn, Loeb and Co. fue uno de los fundadores y principal financiero de la Panama Canal Co.

La mayor parte de la industria cubana está controlada por los Guggenheim.

Bolivia fue convertida en una colonia del "imperialismo del dólar" por Speyer y Guggenheim, que explotaron las minas de zinc.

Desde 1935, el treinta y cinco por ciento del nitrato de potasio y el noventa por ciento de la industria del cobre de Chile están en manos de los fideicomisos Guggenheim y Morgan.

En Perú, las minas de cobre están en manos de los Seligman y los Goldschmidt.

Lord Melchett, bajo su nombre original de Mond, controla la industria del níquel de Canadá. De un total de treinta mil millones de dolares que constituyen los activos nacionales de Canada, un total de tres mil millones esta en las manos de los judíos.

El comercio exterior con China fue organizado por los Morgan y también por el National City Bank y, por supuesto, por Kuhn, Loeb. Más tarde, la International Banking Corporation, dirigida por Edward Harriman, el rey del ferrocarril, e Isaac Guggenheimer, inició la "explotación" económica de China. Schiff, Morgan, Kuhn, Loeb y Harriman hicieron fortunas con la construcción de ferrocarriles en ese país.

Según Rakovszky, fuerzas similares rescataron al bolchevismo y, con el objetivo último de destruir Alemania, apoyaron al movimiento de Hitler en sus inicios. También estuvieron detrás del pacto con Stalin y de la guerra aérea total, de la expulsión de dieciocho millones de alemanes de sus tierras natales, que condujo a la esclavización de Europa, y de la supresión de las naciones asiáticas que luchaban por su independencia. Esta potencia mundial se identifica con los juicios de Nuremberg, con el sórdido regateo de Yalta, mientras que la muerte del demócrata Forrestal así como la del comunista Zhdanov se debieron a que estos hombres deseaban provocar un enfrentamiento entre el mundo bolchevique y el capitalista. Exterminó a muchos de los dirigentes de los pueblos cristianos europeos so pretexto de "crímenes de guerra", y de ahí se ha incubado la última teoría de la coexistencia para salvar a la Unión Soviética. Rakovszky nos informa de que este poder "superior" reveló su verdadera identidad durante el juicio de los espías atómicos.

¿Por qué Julius Rosenberg se negó a revelar al tribunal los nombres de quienes le dieron las órdenes, a pesar de que con ello podría haber salvado su vida y la de su esposa?

La respuesta es sencilla. Este pequeño e insignificante judío era, junto con sus cómplices, el agente de este poder "superior". No fue por iniciativa propia que transmitió secretos atómicos a Khaganovich y sus amigos. Ciertas personas le ordenaron que lo hiciera; ciertas personas lograron convencerle de que era un deber sagrado, patriótico y religioso para él -un pequeño pero leal judío- transmitir al Kremlin el secreto de la bomba atómica, y con ello evitar una tercera guerra mundial que conduciría al exterminio total de los judíos.

Lo que es cierto, sin embargo, es que estos judíos comparativamente sin importancia, Rosenberg y su esposa Ethel, murieron como mártires, llevándose a la tumba uno de los mayores secretos del siglo XX. Aquellos judíos que siguieron sus ataúdes hasta el cementerio en un cortejo fúnebre amenizado por incidentes dramáticos y fanáticos, sabían muy bien que esta pareja había sacrificado sus propias vidas por la supervivencia del judaísmo mundial. Y por eso nunca se revelaron los nombres de los verdaderos culpables.

En su edición del 15 de junio 1955, *La Voix de la Paix,* un periódico francés, publicó un interesante artículo de la pluma de un escritor de izquierdas, arrojando, aunque seguramente de forma bastante involuntaria, una luz muy aguda sobre la naturaleza básica de las "democracias" gobernadas desde posiciones clave. "El propio Parlamento francés", escribe, "es una especie de sociedad cerrada en la que se reúnen los representantes de los grandes grupos bancarios. Estos consisten en:

(1) L'Union des Banques Américaines, representada en el ámbito político francés por Ren é Pleven, que comenzó su carrera como secretario de Jean Monnet;

(2) L'Union Européenne, a la que pertenecen las casas bancarias de los Rothschild. Este grupo está representado políticamente por René Mayer, antiguo director de los Rothschild".

En este breve artículo se presenta un cuadro asombroso, que muestra que la Francia de San Luis está hoy bajo la dictadura de varios grupos financieros judíos ayudados por parlamentarios democráticos podridos, y que al mismo tiempo ella sirve como una de las bases principales de la conspiración internacional que está estrangulando al mundo.

Entre las muchas revelaciones sobre este poder mundial secreto que aparecieron después de la Segunda Guerra Mundial, quizá el artículo de Francis Quisney sea el más notable. Se publicó en la revista *Der Weg*, editada en Argentina, y trataba de la política mundial de los Rockefeller. En pocas palabras, el actual jefe de la casa bancaria "cristiana" de los Rockefeller, Nelson Aldrich Rockefeller, trabaja desde hace mucho tiempo en estrecho contacto con la casa bancaria judía Kuhn, Loeb & Co. de Nueva York. Durante la Segunda Guerra Mundial, Roosevelt nombró a Nelson Aldrich Rockefeller para el puesto de Coordinador de la Defensa del Hemisferio, cuyo propósito era "mantener bajo control" a los Estados sudamericanos y controlar los mercados sudamericanos.

Llenaría un volumen intentar describir en detalle el papel fatal desempeñado por el jefe de la casa bancaria Rockefeller en la bolchevización del mundo mientras estaba bajo la influencia de Kuhn, Loeb y Cía., que financiaron la revolución bolchevique y la bomba atómica. En el *Wall Street Journal* del 13 de mayo, de 1948, Ray Cromley, periodista estadounidense, confirmó que no sólo en Yalta, sino mucho antes de esa conferencia, se había concluido un acuerdo secreto entre Nelson A. Rockefeller, por un lado, y Gromyko, el representante judío del Kremlin, por el otro, para dividir el globo en dos hemisferios. La línea de demarcación que divide el globo pasa por las fronteras orientales de Finlandia, y continuando a lo largo de las costas de Suecia, atraviesa la Alemania dividida para correr a lo largo de las fronteras orientales de Austria, desde donde sigue los límites septentrionales de Turquía y termina en el Golfo Pérsico. Este acuerdo secreto entre los conspiradores orientales y occidentales tuvo en cuenta el hecho de que los ricos yacimientos petrolíferos de Arabia Saudí debían permanecer bajo el control de los Rockefeller y de los magnates del petróleo judíos que estaban detrás de ellos. Otra parte alarmante de esta exposición es la afirmación, debidamente apoyada por pruebas, de que el petróleo suministrado por las plantas saudíes de Rockefeller y de Kuhn, Loeb and Co. para la maquinaria de guerra comunista, hizo posible que los rojos coreanos llevaran a cabo su ataque contra Corea del Sur.

En varias ocasiones el bolchevismo fue salvado de la destrucción por una conspiración secreta occidental. El mismo poder secreto lo salvó originalmente ejerciendo presión a través de los sindicatos británicos y los banqueros estadounidenses para poner fin a la guerra de intervención antibolchevique; más tarde ayudó a Stalin en la industrialización de la Unión Soviética. Salvó de nuevo a la Unión Soviética cuando en el momento del pacto Ribbentrop-Stalin sólo se señaló a Hitler como enemigo. Salvó de nuevo a la Unión Soviética cuando La Guardia entregó el cheque de once mil quinientos millones de dólares a Litvinov, y otra vez cuando se estableció prematuramente el segundo frente mediante la invasión de Europa sin esperar a que los ejércitos de las dictaduras alemana y rusa "se desangraran mutuamente hasta la muerte".

Esto se hizo, a pesar de que Truman, a quien podemos considerar como el único Presidente "antisemita" de EE.UU. desde Jefferson, había dicho en el momento del estallido de la guerra soviético-alemana en 1941:

> *"Dejemos que se maten unos a otros. Después tendremos que apoyar a la parte más débil".*

Truman era todavía sólo Vicepresidente y Roosevelt se acercaba al final de sus días cuando la sugerencia de resolver definitivamente la cuestión soviética estaba siendo considerada seriamente por el mundo occidental. Truman llegó incluso a concebir la posibilidad de destruir juntos al bolchevismo y a Hitler de un solo y oportuno golpe. *Era la última oportunidad para las democracias y para el mundo libre de asegurarse una victoria real.*

Se iniciaron consultas con los jefes militares del derrotado ejército alemán. Se propuso que, tras una capitulación formal, los alemanes unirían sus fuerzas a las de los aliados occidentales y caerían sobre los exhaustos ejércitos soviéticos. Todos los que vivían en Europa en aquellos tiempos febriles intuían que el mundo estaba en el umbral de un nuevo enfrentamiento que decidiría el destino de la humanidad. Parecía que aunque el nazismo alemán pudiera ser destruido, sin embargo, la victoriosa Wehrmacht marcharía de nuevo en alianza con las aún más victoriosas fuerzas británicas y estadounidenses.

En marzo de 1945, los operadores de las emisoras de radio alemanas y húngaras, así como los Estados Mayores, sabían que la Unión Soviética estaba a punto de derrumbarse. En Hungría y en los territorios de Alemania Oriental se interceptaron y descodificaron los mensajes codificados enviados a Moscú por los diversos mandos soviéticos. Todos ellos consistían en peticiones desesperadas de ayuda a los "victoriosos" generales soviéticos: armas, municiones y refuerzos.

Pero en ese momento, cuando las democracias tenían la oportunidad de acabar con el bolchevismo con la ayuda del nacionalsocialismo alemán, el misterioso poder mencionado en los registros de Rakovszky intervino una vez más a través de la persona de un títere típico: el general Dwight Eisenhower, que más tarde se convertiría en presidente de Estados Unidos.

Las noticias sobre las negociaciones entre la Wehrmacht alemana y los británicos no eran cuentos ociosos. Rokossovsky, el mariscal de campo "rojo" y reciente comandante en jefe de los ejércitos comunistas polacos, sacó a la luz algunos detalles notables sobre este asunto. Dijo que el mariscal Zhukov poseía pruebas de que, en abril de 1945, los británicos pretendían concluir un acuerdo con la Wehrmacht alemana para abatirse sobre los ejércitos soviéticos que habían avanzado mucho en Europa occidental. Mientras tanto, el Alto Mando soviético interceptó y descodificó las telecomunicaciones entre los cuarteles generales británico y alemán. La única condición era que el ejército alemán ofreciera su capitulación antes del 22 de abril[nd] , 1945. Inmediatamente después se produciría un ataque combinado para hacer retroceder a los ejércitos soviéticos, al menos hasta el Oder.

Se cree que un coronel del ejército británico reveló este plan a Eisenhower, quien a su vez comunicó rápidamente a los británicos que si ayudaban a los alemanes contra los bolcheviques, cortaría todo el material de guerra vital a Gran Bretaña, que se vería obligada a actuar en solitario.

Y hoy el Mariscal Zhukov se refiere al momento que constituía quizás la última oportunidad para la libertad de la humanidad diciendo: "La intervención de *mi buen amigo* Eisenhower frustró este plan traicionero". *(Das Neue Zeitalter,* del 28 de septiembre 1957.)

Y así, el manso general de Roosevelt, el influyente maestro de la masonería estadounidense, de quien el general MacArthur comentó agriamente: "Eisenhower no era mi oficial de Estado Mayor sino mi empleado"- destruyó la última esperanza de la humanidad. La Unión Soviética no sólo se salvó, sino que se convirtió en una de las potencias más fuertes del mundo. Después de esto, era natural que el favorito de Baruch y Morgenthau y el ejecutor del Plan Morgenthau, se convirtiera en Presidente de los Estados Unidos, mientras que los poderes entre bastidores impedían las candidaturas de Taft y MacArthur para las elecciones presidenciales. Una vez que Eisenhower fue elegido para el puesto presidencial se detuvieron las investigaciones del Comité McCarthy. Los conquistadores del mundo volvieron a la Casa Blanca y, a la vista de los acontecimientos posteriores, hasta un niño puede comprender la actitud indiferente hacia la histórica rebelión húngara del 4 de noviembre de 1956, así como la omisión de prestarle ayuda efectiva.

Gracias al Sr. Eisenhower la mitad oriental de la potencia mundial judía se salvó de nuevo. Por la irresponsabilidad de este títere-soldado arribista los secretos de los cohetes cayeron también en manos soviéticas. Al enterarse de la aproximación de los bolcheviques los científicos alemanes evacuaron Penemuende en 1945. Aquí se habían fabricado los cohetes V-1 y V-2, y también estaba listo el V-9, el equivalente del sputnik soviético de 1958. Los científicos alemanes trajeron cincuenta y cuatro vagones con planos y material científico que pretendían entregar a los estadounidenses. El C.I.C. estadounidense, que en aquel momento estaba formado casi exclusivamente por conquistadores del mundo, ordenó a los científicos alemanes que dejaran los cincuenta y cuatro vagones de material científico en manos de los soviéticos. A los propios científicos se les permitiría el acceso al territorio ocupado por las fuerzas norteamericanas, pero llevando sólo 100 libras de equipaje personal por cabeza. Cabe preguntarse si estas cosas eran conocidas por Eisenhower, el comandante en jefe de Morgenthau. Esto puede ponerse en duda. Pero el hecho es que los secretos de los cohetes, como los secretos de la bomba atómica, cayeron en manos de los soviéticos.

Así pues, a la pregunta: "¿Existe una conspiración supranacional que abarque a todas las naciones?", no podemos dar otra respuesta que un rotundo "¡Sí!". Esta conspiración ha tomado forma y ha intervenido en todas las grandes crisis que afectan a la humanidad. Intervino en la Revolución Francesa, en los movimientos socialistas-comunistas del siglo XIX y en los tratados de paz posteriores a la Primera Guerra Mundial. Sus rasgos se hicieron visibles por un instante en 1917, cuando la Rusia zarista fue destruida, y según los registros de Rakovszky citados anteriormente, fue gracias a esta conspiración que el bolchevismo se salvó durante el tiempo en que la contrarrevolución rusa estaba a punto de alcanzar el éxito. Este misterioso poder inició la Segunda Guerra Mundial, destruyó la Europa cristiana y exterminó a la *élite* intelectual europea. Este misterioso poder conspirativo transmitió el secreto de la bomba atómica a los soviéticos y traicionó a Estados Unidos.

¿Quiénes son, pues, los miembros de este grupo conspirativo? No hay duda de que en primer lugar se encuentran los líderes de la judería mundial, los fanáticos obsesionados del "nazismo" conquistador del mundo del Antiguo Testamento, dirigidos por los banqueros de los grandes grupos e intereses financieros internacionales y también por los comisarios en jefe del bolchevismo, es decir, los amos del Kremlin. Tal vez no se pueda incluir a todos ellos, pero hay muchos entre ellos que luchan bajo el liderazgo de Khaganovich por el establecimiento del reino mundial judío.

Casi más peligrosos que estos líderes conspiradores son las tropas "auxiliares" que consiguieron reunir para su causa hace casi medio siglo. Según las últimas estadísticas, hay más de seis millones de masones en el mundo, y cuatro millones de ellos están en Estados Unidos. La mayoría de estos masones probablemente no son comunistas, pero sin embargo están promoviendo involuntariamente objetivos comunistas. Además, motivados por intereses o convicciones financieras o materiales, están sirviendo conscientemente a las aspiraciones judías, cuyo objetivo final es el comunismo, y a través del comunismo el establecimiento de la dictadura totalitaria judía y la completa abolición de la libertad humana.

Para comprender las colosales dimensiones y consecuencias de esta conspiración debemos darnos cuenta de que la humanidad vive hoy en lo que podríamos denominar una "era umbral", y que quizás ya ha pasado de la era del hierro a la era atómica. No hace falta mucha imaginación para ver que el mundo está superpoblado y que el futuro de todo el globo -la vida y el pan de la población- depende de que aumente enormemente la producción mediante el uso más eficiente de la energía atómica. Esta energía, que puede ser una fuente de mal o, por el contrario, una bendición celestial, está controlada por un grupo cerrado de profetas del "nazismo" supranacional. La mayoría de la humanidad ya está indefensa ante este grupo que, mediante experimentos de explosiones atómicas, sólo sirve a sus propios intereses lucrativos, sin tener en cuenta el hecho de que ya ha envenenado posiblemente nuestra agua y nuestro pan e incluso ha afectado a los genes de nuestros hijos no nacidos por la radiación atómica. ¿Qué ocurrirá si este grupo se hace con el control exclusivo de esta energía fatal bajo el título de "energía atómica con fines pacíficos"? No se trata de un concepto utópico ni de un sueño de pesadilla sino, por el contrario, es muy probable que esta energía resulte ser el medio para el establecimiento de la dictadura mundial. Sólo el continente que se someta incondicionalmente recibirá combustible y energía eléctrica. Aquellos que no estén preparados para servir a este grupo judío y asegurarse así conservar su posición cerca de la cima de la pirámide social disfrutando del lado soleado de la vida, pero que se atrevan a resistirse a la explotación general, perecerán miserablemente. Porque este "nazismo" del Antiguo Testamento no conoce ni la misericordia ni la humanidad.

Si su poder no es erradicado pronto, y si continúa disfrutando de monopolios políticos, económicos e intelectuales, entonces en una o dos décadas llegará el terror mundial totalitario, que traerá la destrucción de la libertad humana, junto con la del espíritu libre de la humanidad y de todos los ideales humanos, incluyendo el concepto de la propia tierra natal y del orgullo nacional. Al final quedarán, por un lado, las masas de helot que ascienden a cuatro mil millones de personas esclavizadas sin lazos nacionales, raciales o religiosos, y por otro, quince millones de personas elegidas que cumplieron la profecía de la Torá y *se convirtieron de hecho en los amos de todas las naciones.*

CAPÍTULO XIX

La revuelta húngara por la libertad

EN OCTUBRE DE 1956 estallaron en Hungría los combates por la libertad nacional.

Toda una nación se sublevó, no sólo contra el Este, sino también contra Occidente. Los luchadores húngaros por la libertad, que con valentía impávida se enfrentaron a la policía secreta de la A.V.H., dirigida por los judíos, se negaron con igual heroísmo a aceptar el régimen corrupto de chequera del capitalismo occidental.

Aunque aún no podía nacer una Hungría libre, un nuevo mundo se vislumbraba en el corazón de los hombres. El concepto milenario de socialismo tomó forma y se materializó de nuevo en el corazón y la imaginación de las masas, un concepto que también podía considerarse parte de un nuevo mundo ejemplar que contenía el orden social más moderno. El esclavo explotado de las minas y fábricas del capitalismo de Estado soviético, el alumno del instituto marxista-leninista, el oficial de origen obrero del Ejército Popular y el pequeño campesino, todos se alzaron unánimemente contra el bolchevismo, la forma más desarrollada de dominación judía del mundo.

Los luchadores por la libertad parecen haber evitado plantear el problema del dominio judío. Los dirigentes y terroristas de la policía secreta (A.V.H.) fueron exterminados, no como judíos sino como asesinos comunes y como elementos antisociales culpables de crímenes contra el pueblo y la humanidad. Sin embargo, en sus rasgos esenciales, esta lucha por la libertad constituyó la primera revolución real contra los conquistadores del mundo, ya que los líderes del régimen de terror bolchevique en Hungría, que ocupaban puestos clave en las organizaciones de terror de la policía y del ejército, eran casi exclusivamente judíos. El *carácter del propio terror era predominantemente judío* y sólo en pequeña medida eslavobolchevique.

"De nosotros procede el terror que todo lo engulle", dicen los Protocolos. Y todo lo profetizado y previsto en los *Protocolos* en relación con la policía secreta judía se materializó aquí y fue altamente desarrollado. El Departamento de Seguridad del Estado, controlado exclusivamente por judíos, tenía a todo el mundo en Hungría registrado en sus archivos policiales en el sistema de fichas. Estas llamadas "fichas de cuadros" daban detalles sobre cada miembro de la población. En ellas se registraba con meticuloso cuidado el carácter de cada persona, sus peculiaridades, etc., incluyendo incluso expresiones ocasionales de sus opiniones o ideas. Se sabía que la peor anotación posible en la ficha de cualquier persona era figurar como "antisemita". Conocemos el caso de una joven empleada a la que pusieron el sello de "antisemita" sólo porque no le gustaba buscar la amistad de sus colegas, que así "intuían" que tal vez no le gustaban los judíos.

Las Autoridades de la Seguridad del Estado (A.V.H.) empleaban a 40.000 personas para mantener estos registros secretos, compilados por 400.000 espías a partir de artículos transmitidos desde fábricas, trabajos, oficinas y todos los ámbitos de la vida. Todas las personas citadas en el Departamento de Seguridad del Estado eran tratadas con la mayor crueldad y crueldad.

En 1945-46 la Sociedad Fraternal de Sociedades Laborales Judías organizó la policía del terror comunista en Budapest. Esta organización estaba dirigida por el Dr. Zoltan Klar, antiguo notorio médico judío millonario de Budapest, actualmente activo en América como "editor". Los diversos grupos de esta sociedad visitaban regularmente las prisiones y otros lugares de detención donde violaban a las prisioneras varias veces al día. Inventaron métodos tan bestiales para torturar a la gente que no se pueden encontrar iguales ni siquiera entre los métodos de los torturadores chinos. Los presos con condenas de larga duración eran obligados a escenificar riñas que terminaban en peleas sangrientas durante su paseo diario por el patio de la prisión. Es interesante señalar que el actual primer ministro, Janos Kadar, también fue torturado cuando durante un breve periodo de tiempo se atrevió a desafiar al sistema moscovita. Le arrancaron todas las uñas y, según informaciones aparecidas en varios periódicos suizos, fue castrado.

Miles de casos similares fueron denunciados por los luchadores por la libertad y por los liberados de las cárceles comunistas que llegaron a Occidente. Cuando los luchadores por la libertad lograron ocupar los edificios de la policía secreta, encontraron nuevas pruebas de un terror casi increíble para el mundo occidental. Enormes salas y grandes habitaciones estaban repletas de las conversaciones telefónicas más intrascendentes grabadas en cinta y archivadas. Cartas sin importancia procedentes del extranjero habían sido fotografiadas en microfilms y archivadas en un gigantesco sistema de fichas. En la plaza Tisza Kálmán de Budapest se había construido y equipado una prisión secreta con 3.000 celdas en el emplazamiento de una estación de metro a medio terminar, cuya existencia se desconocía hasta que comenzaron las luchas por la libertad. También se detectaron cárceles subterráneas similares en centros provinciales, junto con pasadizos subterráneos para permitir a los "líderes" comunistas escapar en caso de emergencia.

Y así, si tenemos en cuenta que en Hungría los dirigentes eran judíos, puede decirse con verdad que *aquí se materializó el sueño más extremo del reino mundial de los judíos.*

Este reino mundial judío disponía de otros medios además del terror. Además de la guerra de clases biológica, que destruía físicamente a las personalidades más dotadas de la vida social húngara, había también una guerra de clases política. Cualquiera cuyo abuelo hubiera sido un pequeño agricultor, propietario de entre veinte y veinticinco acres de tierra, o cuyo padre hubiera sido un funcionario menor antes de 1945, era *declarado "extranjero de clase".* Un hombre así podía poseer las más altas cualificaciones como médico, profesor universitario, abogado o científico, pero todo ello resultaba inútil una vez que era declarado "extranjero de clase", tras lo cual el único empleo que le quedaba era el de obrero no cualificado. Los puestos así vacantes fueron ocupados en parte por comunistas ignorantes e incultos y también, en mayor parte, por los judíos que ocupaban puestos clave en el régimen. Al mismo tiempo, 50.000 intelectuales fueron deportados a las provincias, donde vivían en condiciones miserables. En 1953 había unos 95.000 presos políticos sometidos a trabajos forzados en los campos de internamiento, mientras que unos 25.000 se encontraban en las diversas prisiones. Además, según los *registros del régimen comunista, entre 1945 y 1956 se produjeron 15.000 ejecuciones "oficiales"*. Esta última cifra salió a la luz cuando los luchadores por la libertad liberaron la Prisión Central el 1 de noviembre de 1956.

Son cifras sorprendentes. En toda la Rusia zarista sólo hubo 40.000 exiliados, y en Hungría, entre 1867 y 1939, el número total de personas muertas durante huelgas, motines y disturbios, como consecuencia del uso legítimo de la fuerza por parte de los servicios armados, sólo ascendió a diecisiete.

Es evidente que el objetivo de estas atrocidades era reducir al pueblo húngaro a una masa intimidada de esclavos, de acuerdo con la fórmula de los *Protocolos*, y establecer así el dominio de los judíos sobre él. Contra el dominio de este reino mundial judío la nación húngara se levantó el 23 de octubre de 1956, porque a pesar de todo no había resultado posible doblegar y reducir a este pueblo a una masa antropomorfa e irreflexiva.

En las aceras empapadas de sangre de la capital, Budapest, se atacaron al mismo tiempo los dos aspectos de los conquistadores del mundo. El proletariado húngaro junto con los estudiantes universitarios, armas en mano, lucharon desesperadamente contra la tercera etapa de la conquista judía: contra la campaña de terror con su organización de supresión. Pero el pueblo húngaro se opuso igualmente a la segunda etapa, que consistía en la reintroducción del capitalismo liberal.

Su programa no escrito era: ¡Socialismo sin terror! Libertad nacional sin subordinación económica.

Es evidente que este programa no podía ser tolerado por el Este más que por el Oeste. La lucha húngara por la libertad era de carácter nacionalista. En consecuencia, se oponía tanto a Moscú como al terror alternativo y al sistema esclavista de la O.N.U.

La realidad de la división del mundo en dos hemisferios quedó bien demostrada cuando el pueblo húngaro intentó salir del hemisferio oriental, y cuando el mundo árabe, dirigido por los nacionalistas egipcios, intentó salir del hemisferio occidental. Parecía bastante natural que Khaganovich, una vez más en el candelero, comenzara a hacer rodar las divisiones blindadas de Zhukov hacia Hungría. Pero, por otro lado, no parecía tan natural que Israel, en alianza con Gran Bretaña y Francia, atacara Egipto tan repentinamente.

Casi el mismo día los acontecimientos demostraron que *la existencia de los dos hemisferios era un hecho sobrio.* Y, por supuesto, también estaban en vigor los acuerdos de Yalta y Potsdam, junto con el Plan Gomberg. Las líneas de demarcación establecidas en estos acuerdos no pueden ser transgredidas ni por Hungría ni por Egipto. De lo contrario, las divisiones blindadas de Ben Gurion y de Khaganovich vendrán y aniquilarán toda forma de nacionalismo con su anhelo de libertad e independencia.

El levantamiento por la libertad de Hungría comenzó el 23 de octubre y las fuerzas israelíes cruzaron las fronteras de Egipto el 29 de octubre. Ese mismo día las radios de los combatientes húngaros por la libertad informaron de que fuertes unidades soviéticas habían comenzado a invadir Hungría desde el Este.

El mundo occidental traicionó groseramente a Hungría y Egipto. Los judíos de Nueva York celebraron una reunión especial en los primeros días de la rebelión húngara y rápidamente calificaron la guerra de independencia húngara de movimiento "antisemita", por lo que la O.N.U. decidió rápidamente no ayudar a los luchadores por la libertad sino dar vía libre a las divisiones blindadas de los soviéticos. Mientras tanto, Gran Bretaña y Francia, en alianza con Ben Gurion, se apresuraron a bombardear a los "antisemitas" de Port Said.

Pero la traición del mundo occidental fue más insidiosa y fatal que la brutalidad abierta de los soviéticos. El mundo occidental traicionó sus propios intereses, así como sus tan publicitados principios, por no hablar de la democracia y la humanidad, cuando tuvo cada vez más certeza de que tras las frases grandilocuentes pronunciadas durante la crisis de Suez se escondía un interés ajeno, a saber, el interés del nacionalismo mundial judío. Ni que decir tiene que nadie llevó a Ben Gurion ante el Tribunal de Nuremberg "por planear una guerra agresiva", por lo que fueron ejecutados los generales Jodl y Keitl. Mientras tanto, las Naciones Unidas, con sus 1.200 judíos de un total de 1.800 funcionarios, miraban sin murmurar mientras los soviéticos cometían actos del más horrible genocidio ante sus propios ojos.

Pero todo esto era natural y según el plan, ya que el reino mundial judío completo y perfecto fue restaurado en Hungría, incluso sin Mátyás Rákosi-Roth.

A cierta parte de la prensa del mundo occidental le gusta difundir el rumor de que el "gobierno" comunista húngaro formado tras la supresión del levantamiento es en realidad "antisemita". Examinemos lo que se esconde detrás de los titulares. Aquí puede verse un excelente ejemplo del funcionamiento del "frente gentil". Aquí, la marioneta, János Kádár, cuyo verdadero nombre es Csernák, es de hecho de origen eslavo y no judío.

Pero los dos viceprimeros ministros, Antal Apró-Apfelbaum y Ferenc Muennich, son judíos. El Ministro de Asuntos Exteriores, Imre Horváth, junto con sus dos viceministros de Asuntos Exteriores, Endre Silk e István Sebes, son judíos. Además, Géza Révész, Ministro de Defensa; István Antos, Ministro de Finanzas; Ferenc Nezvál, Ministro de Justicia; Sebestyén Bakonyi, Viceministro Primero de Comercio Exterior; János Tausz, Ministro de Comercio Interior; Gyula Kállai (Campescu), Ministro de Educación, y su viceministro, György Aczél, principal organizador de la Campaña Antirreligiosa y de la persecución de las Iglesias, son todos judíos.

Los conquistadores del mundo pululan en el Comité Central del Partido Comunista Húngaro, una autoridad más importante que el propio Gobierno. Los miembros judíos del Comité Central son actualmente (1958): Antal Apró-Apfelbaum, György Aczél, Jan õ Fock, Lászl ó Földes, István Friss, Imre Horváth, Gyula Kállai (Campescu), Károly Kis, Ferenc Mũnich, Dezs õ Nemes, presidente del Comité Editorial del diario comunista húngaro *Né pszabadság*, Ferenc Nezvál, Sándor Nógrádi, Lászlo Orbán y Kálmán R évai.

La mal afamada policía secreta (A.V.H.), con su organización del terror, la tortura y el asesinato, fue creada de nuevo, y como antes, sus líderes estaban formados casi exclusivamente por miembros de la fraternidad judía.

No nos sentimos culpables de prejuicios al afirmar que la lucha húngara por la libertad en 1956 tuvo una importancia histórica considerable. Demostró que *toda forma de marxismo* había fracasado por completo a la hora de ganarse a los trabajadores y a los socialistas auténticos, a pesar de que en la promoción del mundo judío los valores del reino se habían nivelado a la baja durante más de un siglo. El poder mundial ejercido desde posiciones clave también fracasó, ya que tanto los obreros como el proletariado unieron sus fuerzas instintivamente con los sectores intelectuales y su primera acción fue liquidar estas posiciones clave. En Hungría se hizo evidente que tanto los obreros como el resto de la nación ya no deseaban el llamado sistema capitalista occidental. Se negaban a aceptar la forma de explotación oriental u occidental. *La nación húngara desea que los medios de producción permanezcan en sus manos, y esto no en forma de comunismo nacional, sino sobre la base de un nuevo sistema nacional y socialista libre de totalitarismo*. Este concepto debería hacer reflexionar al mundo capitalista occidental y también a los trabajadores occidentales. La humanidad sólo puede salvarse de los horrores de la guerra atómica y de la muerte atómica si el mundo occidental muestra a los trabajadores del Este esa misma forma de socialismo que nació durante la lucha por la libertad húngara de 1956, cuya carta aún está por escribir. Ese socialismo podría arrebatar la pistola a los grupos terroristas, aplastar el Becerro de Oro y liquidar el poder de las finanzas internacionales judías.

Sólo una sociedad socialista purgada de sus odios puede salvar a la humanidad. Hasta que el mundo no se libere del odio con el que ha sido infectado por la mentalidad judía durante los últimos 2.000 años, el peligro de la muerte atómica o de la servidumbre sin fin estará siempre con nosotros.

El primer paso a dar debería ser la abolición de todas las formas infantiles de "antisemitismo". Debe quedar claro que no somos "antisemitas". Condenamos el "antisemitismo" ante todo por motivos raciales, pues los verdaderos semitas, las naciones árabes, son nuestros hermanos y aliados naturales de todas las fuerzas nacionalistas en la lucha mundial.

Tampoco somos "antisemitas" en el sentido hitleriano de la palabra, es decir, por motivos raciales, porque ni enseñamos ni aceptamos la superioridad de ninguna raza.

Tampoco somos "antisemitas" en el sentido religioso de la palabra, pues somos lo suficientemente liberales como para respetar una religión tanto como la otra.

Y, por último, no somos "antisemitas" en absoluto en el sentido de odiar cualquier característica personal judía. No nos molesta ni la forma de su nariz ni sus gestos sociales.

Lo que odiamos es *el poder mundial judío con sus 2.000 años de intrigas y complots "nazis" para llevar a toda la humanidad a la servidumbre, la muerte atómica y la explotación.* Por lo tanto, no debemos atacar las características personales, raciales o nacionales de los judíos, pero por otro lado, ya sea como demócratas, socialistas o nacionalsocialistas, *debemos cumplir con nuestro deber como seres humanos de resistir por todos los medios lícitos -e incluso, si es necesario, mediante la revolución- la supervivencia de cualquier forma de dominación mundial judía. Tenemos todo el derecho a levantarnos contra un poder ilegal para destituir a quienes ocupan puestos clave detrás del frente gentilista.*

Dondequiera que se ejerza esta dominación, su identidad debe ser expuesta sin piedad. Por esta y otras razones debería crearse una organización mundial antijudía internacional -o mejor aún- supranacional.

Esta organización definiría las tácticas a emplear en función de las características de los distintos países. No debería tratar de prescribir a las diversas naciones la forma de gobierno a adoptar, ni aconsejarles sobre política. Tal vez las mejores armas en América serían las democráticas del voto, respaldadas por una política de ilustración general junto con el boicot social y financiero si fuera necesario. En los países llamados fascistas sería necesario ganarse al poder central y en los países socialistas convencer a los socialistas honestos y sinceros. Detrás del Telón de Acero habría que luchar en guerrillas y campañas partisanas contra los dirigentes judíos del régimen. En este caso, la ametralladora es un arma lícita en la lucha que aquellos héroes de la lucha por la libertad húngara libraron con tan ejemplar resolución. El terror es la respuesta al terrorismo, *pero sólo debe utilizarse contra los terroristas.*

La ley y el orden no significan la supresión de la libertad. La única "libertad" que hay que abolir es ese tipo espurio de tolerancia que permite a los exponentes del "nazismo" tribal hacer lo que les plazca. Cuando se supriman todas las "libertades", hasta ahora restringidas al "pueblo elegido", que le permiten sembrar el terror, la explotación y el lucro ilimitado, entonces la judería, despojada de sus privilegios y monopolios, se enfrentará a la gran cuestión de su propio destino. ¿Cuánto tiempo puede continuar la actual tendencia de los acontecimientos? ¿Por cuánto tiempo más deben las naciones ser arrastradas de un engaño a otro? ¿Cuánto tiempo podrá mantenerse el bolchevismo y cuándo despertará por fin América? ¿Continuarán las naciones en la servidumbre, reprimidas y engañadas, y sometidas de vez en cuando a guerras sangrientas planeadas por un nacionalismo extranjero?

Aunque esta conquista mundial ha continuado con creciente ímpetu durante los últimos 2.000 años, siempre se ha apoyado en las bayonetas de otras naciones. "El judío occidental equipará un ejército de veinte millones en Oriente..." presagiaba el profeta húngaro. Pero las mayores y más poderosas fuerzas de la judería mundial, los Ejércitos Rojos soviéticos, fueron sacudidos por los sacrificios de los proletarios húngaros. En la ciudad provincial septentrional de Miskolc, en Hungría, los oficiales de las divisiones blindadas rusas a los que se ordenó avanzar contra los estudiantes universitarios, se suicidaron en la calle metiéndose balas en sus propias cabezas antes que llevar a cabo sus tareas asesinas. Los soldados rusos se entregaron con frecuencia, diciendo que no dispararían contra sus hermanos húngaros. En los momentos más críticos de la sublevación en Budapest ocurría a menudo que unidades blindadas rusas enteras se pasaban al lado de los luchadores por la libertad y junto con ellos disparaban contra los terroristas. Se sabe con certeza que una gran división blindada rusa con 400 tanques envió emisarios a los luchadores por la libertad húngaros diciendo que estaba dispuesta a volver sus cañones T-54 contra sus opresores siempre que los húngaros se negaran a negociar con los capitalistas occidentales. (Se llegó a un acuerdo, pero ya era demasiado tarde. El 4 de noviembre 1956, las divisiones rusas recibieron la orden de atacar y, por el momento, la disciplina militar resultó ser más fuerte que los sentimientos individuales de los soldados).

La confianza y la fe del mayor ejército judío del mundo se vieron sacudidas. También lo fue la confianza de los soldados de otras naciones reprimidas que tomaron abiertamente partido por el pueblo húngaro. El ejército rumano no pudo ser enviado a Hungría porque los líderes judíos rumanos advirtieron a Moscú que sus unidades se pasarían al bando de los húngaros.

"Cuando llegue la hora", dijo un oficial ruso de alto rango a los líderes de los luchadores por la libertad de Hungría, "nosotros también volveremos nuestras armas contra nuestros opresores judíos, como hicisteis vosotros. Vuestro error fue sólo que actuasteis prematuramente".

Los poderes ocultos ya no pueden confiar en el soldado ruso.

Pero, ¿pueden confiar en el soldado *estadounidense*? A pesar de que la vida política estadounidense sigue en gran medida orientada hacia la perspectiva de Morgenthau, el Ejército de

Estados Unidos ha aprendido mucho desde 1945. Vio el cuerpo aplastado del general Patton, los sufrimientos del pueblo alemán, se desangró profusamente en Corea y fue testigo de cómo la judería mundial eliminó al general MacArthur, el victorioso líder militar estadounidense.

El levantamiento húngaro de 1956 no fue el final, sino el principio. Y para los conquistadores del mundo este comienzo planteó la gran pregunta: ¿hasta cuándo podremos seguir?

¿Es posible seguir siendo conquistadores para siempre? ¿Es posible para siempre ir en coches blindados como Rabinovich, Rákosi-Roth y los de su calaña, custodiados de momento por guardaespaldas mongoles, húngaros o rumanos? ¿Podemos estar seguros de que los mongoles no se rebelarán algún día? ¿Podemos navegar en yates de lujo frente a Florida y sentarnos en la cima de la civilización sin ser presa del temor incesante de que en cualquier momento nuestro poder pueda derrumbarse? ¿Durante cuánto tiempo más se podrá hipnotizar al mundo haciéndole creer que todos los que ven a través de nuestros designios no son más que "antisemitas" incitadores al odio? ¿Y hasta cuándo habrá que mantener vivo el fuego del odio entre las naciones para repetir los horrores de otro Auswitz en América?

¿Durante cuánto tiempo más podremos enviar a la horca a la *élite de las naciones* y, sin embargo, gritar "antisemitismo" cuando se levanten contra nuestro nacionalismo? ¿Hasta cuándo podemos predicar el internacionalismo a las naciones mientras nosotros mismos practicamos el nacionalismo racial y tribal más extremo? ¿Hasta cuándo podremos mantener la ficción de que si nos hacen algún daño eso es "antisemitismo", pero *cuando* matamos a alguien o masacramos naciones enteras, eso es un acto de democracia americana o de liberación soviética? Cuando destruimos, eso es construcción; cuando asesinamos, eso es libertad; cuando aterrorizamos al mundo entero, eso es democracia; pero cuando se pierde un miembro de la sagrada semilla de Abraham, ¡entonces es deber del mundo entero llorar con nosotros! Si explotamos a otros pueblos como corresponde a nuestros principios egoístas, eso no es nacionalismo, pero si otros pueblos quieren vivir su propia vida independiente, ¡eso es barbarie!

¿Cuánto tiempo va a durar todo esto? ¿Cuándo despertará el mundo? ¿Hasta cuándo se tolerará un estado de doble moral, según el cual un judío es libre de cometer casi cualquier crimen contra otras personas? ¿Cuándo dará el mundo con la verdad de que detrás de las guerras, revoluciones y depresiones son nuestros planes los que prosperan? La bobina de la serpiente simbólica ha rodeado todo el globo y también la vida, la mentalidad y la moral de las naciones. Ha nivelado a las masas hacia abajo y ha destruido la individualidad para esclavizar a los pueblos. ¿Cuándo se levantará nuestra criatura y esclava, las masas bárbaras? ¿Cuándo descubrirá el mundo que no existen pueblos elegidos, sino sólo opresores? ¿No sería mejor que nosotros mismos despertásemos y encontrásemos un país que pudiésemos llamar realmente nuestro? En este país ya no deberíamos ser opresores, sino ciudadanos libres; no extranjeros odiados, sino nativos de la tierra. ¿No valdría la pena sacrificar el Becerro de Oro y la metralleta y fundar un país propio con esfuerzo y sudor? ¿No sería mejor tener un hogar seguro en nuestro propio país que vivir una vida peligrosa como opresores, banqueros, dictadores o como clase dominante, siempre acosados por la eterna inquietud e incertidumbre de nuestra posición?

Los Sabios Ancianos de Sión debieron pensar todo esto antes, pero no es posible ningún compromiso en las laderas de semejante locura chovinista. Menos aún es posible cuando se trata de un nacionalismo de varios miles de años de antigüedad, que hoy no tiene otra opción que la victoria o la muerte - ¡la *dominación del mundo o la destrucción!*

Pero el pueblo cristiano declara que hay otro camino mejor. Para el mundo esclavizado y estrangulado por las garras de la serpiente simbólica, está el ejemplo de Cristo con su azote - Cristo, el mayor "antisemita" de todos. Detrás del crucifijo del odio saduceo levanta en alto el azote entre los ladrones de dinero del templo. Esta es la contrarrevolución cristiana que sustituirá a todos aquellos valores que el judaísmo arrebató a la humanidad: el respeto a la autoridad personal, la restauración de la independencia a las naciones y de la justicia a los pobres. Favorecerá la suerte de las masas proletarias y desviará la mirada de los hombres del mundo material hacia las estrellas.

Esta es la Resistencia Cristiana, este es el espíritu del Jueves Santo levantándose contra el reino mundial de los judíos. Este es el Nuevo Testamento, cuya verdad será quizás victoriosamente reivindicada en la última hora.

Pues San Pedro se presenta una vez más ante las masas engañadas del pueblo e, inspirado por el Espíritu Santo, grita en voz alta a esos gentiles judaizados que están "bajo la ley" de los judíos:

"¡Salvaos de esta generación perversa!" (Hechos *ii.* 40.) Contra el cumplimiento de los mandatos de los *Protocolos* suena claramente *el mensaje de la Nueva Era* con su promesa de libertad. Durante el siglo pasado otro eslogan decía:

"¡Trabajadores del mundo, uníos!"

Pero hoy, en esta civilización sufriente y medio arruinada, el nuevo lema de un pueblo que despierta debe ser:

"Los antijudíos del mundo uníos antes de que sea demasiado tarde".

Epílogo E

LA LUCHA por la libertad que libran los obreros, los campesinos y las clases medias húngaras obliga a todos los hombres de buena voluntad. Afecta no sólo a los húngaros, sino a todas las naciones de la tierra. Debemos unir nuestras fuerzas para romper el poder de los conquistadores del mundo, de lo contrario habrá una tercera guerra mundial y los supervivientes serán los miserables esclavos de la judería o despojos humanos e idiotas degenerados por la radiación atómica y los efectos del estroncio.

Fue esta creencia, y no el odio, lo que me impulsó a escribir este libro. No somos antiamericanos, porque nos gustan y admiramos a los agricultores, trabajadores y valientes pioneros estadounidenses. Sólo detestamos en Europa la América de Morgenthau y Baruch. Del mismo modo, no somos enemigos del pueblo ruso, sino enemigos mortales de la Unión Soviética de Kaganovich y del bolchevismo judío.

En el futuro, si ha de haber paz en este mundo, no debe haber "pueblos elegidos", sino naciones libres sólo con igualdad de derechos. Esta es la verdad. Al final, la verdad prevalecerá.

BIBLIOGRAFÍA

Libros

(arch./anon.) - TALMUD DE BABILONIA.

(arch./anon.) - SANTA BIBLIA.

(arch./anon.) - HIDDEN EMPIRE, THE (referencias diversas 1888, 1945, 1946; posiblemente por The National Republic, o por Christian Nationalist Crusade, St. Louis (fundador: Gerald L. K. Smith); incluye parte de un tratado de Minerva Press, Londres, 1888).

(arch./anon.) - ENCICLOPEDIA JUDÍA.

(arch./anon.) - PROTOCOLOS DE LOS SABIOS DE SION (Sergei Nilus 1905, EN. traducción Victor E. Marsden (1934)).

Bardeche, Maurice - NUREMBERG OU LA TERRE PROMISE (1948).

Beaty, John - EL TELÓN DE ACERO SOBRE AMÉRICA (1951).

Bradley - YOUR FRANCE (después de la Segunda Guerra Mundial; ¿por (Gen. Omar) Bradley? Inencontrable bajo este título).

F. Yeats-Brown - LA JUNGLA EUROPEA (1939).

Chamberlain, Houston Stewart - Die Grundlagen des neunzehnten Jahrhunderts (LOS FUNDAMENTOS DEL SIGLO XIX) (2nd edición, 1912).

Churchill, Winston - Paso A PASO 1936-1939 (Londres, 1939).

Disraeli, Benjamin (Conde de Beaconsfield) - CONINGSBY OR THE NEW GENERATION (1844).

Dodd, Maurice Leon - HOW MANY WORLD WARS (Nueva York, 1942).

Edmond[t]on, Robert Edward - HIJOS FAMOSOS DE PADRES FAMOSOS - LOS ROOSEVELT (fecha desconocida).

Edmonson, Robert Edward - I TESTIFY; amazing memoir - exposure of international secret war-plotting (1953).

Fagan, Myron C. - ESTRELLAS ROJAS SOBRE HOLLYWOOD (1948).

Fahey, Rev. Denis - THE MYSTICAL BODY OF CHRIST IN THE MODERN WORLD (3 edición, junio de 1939).

Fehér, Lajos - JEWRY (en húngaro, desacreditando la historia y los objetivos judíos) (fecha desconocida).

Flynn, John T. - THE ROAD AHEAD [AMERICA'S CREEPING REVOLUTION] (1944).

Ford, Henry - THE INTERNATIONAL JEW (recopilación de una serie de artículos publicados en The Dearborn Independent, 1920).

Gasset, Ortega y - LA REBELIÓN DE LAS MASAS. (1929)

Grimm, Hans - LA RESPUESTA DE UN ALEMÁN: [CARTA ABIERTA AL ARZOBISPO DE CANTERBURY] (EN. trans. de Lyton Hudson, 1952).

Gyula, Sziliczei-Várady - DEL GUETO AL TRONO (1923).

Gwynne, H.A. - LA CAUSA DEL MALESTAR MUNDIAL (1920).

Haertman, Charles G. - THERE MUST BE NO GERMANY AFTER WAR (Nueva York, 1942).

Hedin, Sven - OHNE AUFTRAG IN BERLIN (SIN COMISIÓN EN BERLÍN) (Buenos Aires, 1949).

Herzl, Theodore - JUDENSTAAT (1896).

Hitler, Adolf - MEIN KAMPF (traducción EN., 1939).

Huber, Canon Lipót - JEWRY AND CHRISTIANITY [vol. 1: Krisztustól a középkor végéig (1936); vol. 2: Újkori és modern zsidók Jézus Krisztusról és a kereszténységröl (1933)].

Hull, Cordell - MEMORIAS DE CORDELL HULL (Macmillan, 1948).

Jouin, Mons. - LE PÉRIL JUDÉO MAÇONNIQUE: LES "PROTOCOLES" DES SAGES DE SION (1920).

Kaufman, Th. Nathan - ALEMANIA DEBE PERECER (1941).

Keyes, Frances Parkinson - JOY STREET (p.456 citado de una copia en la biblioteca de la Casa Americana de Munich) (1950).

Kovach, Aladar - A la SOMBRA DE LOS JUICIOS MINDSZENTY (fecha desconocida).

Lemann, Abbott - L'ENTRÉE DES ISRAÉLITES DANS LA SOCIÉTÉ FRANÇAISE ET LES ÉTATS CHRÉTIENS D'APRÈS DES DOCUMENTS NOUVEAUX (1886).

Levine, (Lord) Louis - La RUSIA SOVIÉTICA DE HOY (1946).

Moccata, David - LOS JUDÍOS EN ESPAÑA Y PORTUGAL (fecha desconocida).

Nagy, Docvenyi - LOS KHAGANOVICH (fecha desconocida).

Newman, William L. - Making The Peace, 1941-1945 (fecha desconocida).

Ossendowski, Ferdinand [Antoni] - Lenin, dios de los impíos (1931).

Palil, Einzig - ¿Podemos ganar la paz? (Londres, 1942).

Pike, Albert - [Moral y Dogma del Rito Escocés Antiguo y Aceptado de la Masonería (1871)].

Encíclicas papales - Rerum Novarum y Quadragesimo Anno.

Reichenberger, E.J. - Europa In Trümmern (Europa en ruinas) (1950).

Roth, Samuel - Los judíos deben vivir (1934).

Rubens, William - Der Alte Und Der Neue Glaube Im Judenthum (La antigua y la nueva fe del judaísmo) (1878).

Runes, Dagobert Davis - El impacto hebreo en la civilización occidental. (NY 1951).

Smith, Gerald K. - Los judíos tienen la bomba atómica (1948).

Stoddard, Lothropp - Rebelión contra la civilización (1922).

Szembek, Conde Jean - Diario 1933-1939 (fecha desconocida).

Tharaud, Jean & Jérôme - À L'ombre De La Croix (A la sombra del crucifijo) (1917).

Theobald, Contralmirante Robert A. - El secreto final de Pearl Harbor: The Washington Background Of The Pearl Harbor Attack (citado en el texto como "El verdadero secreto de Pearl Harbour") (1954).

U.S. Congressional Record (29 de febrero de 1933 y 17 de mayo de 1946).

Williams, Robert H. - Conoce a tu enemigo (1950).

Congreso Judío Mundial - Unity In Dispersion [: A History Of The World Jewish Congress] (Nueva York, 1948).

Zajthy, Ferenc - Hungarian Millennia (fecha desconocida).

Periódicos:

American Hungarian Voice - artículo de K.D. Nicholson, A.E.C. (página 7, 19 de abril de 1954; véase también lo mismo, 19 de junio de 1953 y página 8, 29 de junio de 1953).

Periódico Aufbau, NY (6 de abril de 1951 / 17 de marzo de 1950).

BASELER NACHRICHTEN (12 de junio de 1946).

BRIDGE BUILDERS - Eleanor Roosevelt interroga a Kruschev sobre el antisemitismo (Vol. X, No. 23).

GACETA CATÓLICA - actas del Congreso Judío: la mayoría de los dirigentes mundiales son masones (febrero de 1936).

Periódico COMMON SENSE (Conde McGinley, pub.) edición especial [Asociación Educativa Cristiana] - THE COMING RED DICTATORSHIP: LOS JUDÍOS MARXISTAS ASIÁTICOS CONTROLAN TODO EL MUNDO MIENTRAS COMIENZA LA ÚLTIMA GUERRA MUNDIAL. MILES DE CONSPIRADORES COLOCADOS (c. 1953).

Revista COLLIERS (26 de agosto de 1950).

DAS NEUE ZEITALTER - Eisenhower intervino para impedir que aliados y alemanes se combinaran al final de la II Guerra Mundial para derrotar a los bolcheviques (28 de septiembre de 1957).

DER SPIEGEL - artículo sobre los diamantes industriales (Vol. XI, n° 35).

DER WEG - artículos de Hagen, Walter (pseud. Dr Wilhelm Hoettl).

DER WEG - artículo sobre el juez Wenersturm: DAS LETZTE WORT ÜBER NURNBERG' (La última palabra sobre Nuremberg) (n° 6 de 1954); {sc.:? Mark Lautern, Das LETZTE WORT ÜBER NURNBERG, Durero, Buenos Aires 1950}. Véase también Vol. VI, n° 8.

DIE NEUE ZEITUNG (4 de febrero de 1946).

BOLETÍN DEL SERVICIO ECONÓMICO EDMONSON (1939).

FRANCE SOIR - artículo sobre las circunstancias de la muerte de Stalin (7 de junio de 1957).

HUNGARIAN DAILY JOURNAL - artículo "Los judíos lucharon por los derechos de los negros y los trabajadores" (14 de abril de 1950).

ISRAELITISCHE WOCHENBLATT, Leipzig (5 de enero de 1926).

JEWISH CHRONICLE (US) (6 de enero de 1933).

JEWISH CHRONICLE (4 de febrero de 1949).

LA VOIX DE LA PAIX - artículo que describe las democracias parlamentarias como lugares de encuentro representativos de los grupos bancarios (15 de junio de 1955).

LE TEMPS (3 de septiembre de 1897) - discurso del Dr. Mandelstein citado en un artículo sobre el Congreso Sionista.

MAGYAR JOVO (27 de abril de 1951).

Revista NINETEENTH CENTURY (septiembre de 1943).

PEUPLE JUIF - artículo de celebración de la Revolución bolchevique (8 de febrero de 1919).

PITTSBURGI MAGYARSAG (2 de julio de 1954).

POLITICAL-ANTHROPOLOGICAL REVUE - artículo sobre la pureza racial judía (página 1003, marzo de 1904).

PORTLAND JOURNAL (12 de febrero de 1933).

RHEINISCHER MERKUR - Kümlien, Gunnar D.: artículo sobre la guerra de clases biológica (4 de octubre de 1957; también n° 50, 13 de diciembre, 1957).

ST LOUIS DESPATCH - James Whiteside: - 'Mr Roosevelt and Communism' (fecha desconocida).

SATURDAY EVENING POST (13/20 de mayo de 1944) - artículo de Forest Davis: "¿Qué ocurrió realmente en Teherán?".

SÜDDEUTSCHE ZEITUNG - artículo sobre los frentes gentiles citando a Kruschev (5 de julio de 1957).

THE HIDVEROEK - artículo sobre la delincuencia juvenil (página 939, diciembre de 1955).

THE KEY TO THE MYSTERY - el artículo describe cómo "en la fiesta de Purim, celebrada en conmemoración de la matanza de 75.000 gentiles, los judíos todavía se saludan con el puño cerrado en alto" (página 21, 7 de agosto de 1939).

THE NEW YORK HERALD TRIBUNE (22 de diciembre de 1938).

THE NEW YORK TIMES - informe sobre un discurso de Nahum Sokolov: La Sociedad de Naciones es una "idea judía" (22 de agosto de 1922).

THE NEW YORK TIMES - artículo: Roosevelt Jewish (14 de marzo de 1935).

THE NEW YORK TIMES (1942, fecha desconocida) - artículo de Douglas Miller en el que se afirma que setenta millones de alemanes son "demasiados".

THE NEW YORK TIMES (11 de enero de 1945/1 Mayo de 1946).

THE WANDERER - artículo: Retorno al paganismo' (23 de julio de 1950).

UJ KELET (30 de abril de 1954).

VILAG (MUNDO) - Judíos del Partido Comunista húngaro ayudados por el M.V.D. soviético (15 de marzo de 1953).

WALL STREET JOURNAL - artículo de Ray Cromley informando de que en Yalta se había concluido un acuerdo secreto entre Nelson A. Rockefeller y Andrei Gromyko para dividir el globo en dos esferas de control/influencia. (13 de mayo de 1948).

WAY AND PURPOSE (página 10, Vol. IX, n° 8) (fecha desconocida).

WIENER FREIE PRESSE - artículo de Walter Rathenau (judío asesinado posteriormente) sobre el Comité de los 300 / Cahilla (Kahal) (24 de diciembre, 1921).

WORLD SERVICE/WELT DIENST, (1936, I 1) (fecha desconocida).

ZENTRAL EUROPA OBSERVER - artículo de Ivor Duncan: "Die Quelle des Pan-Germanismus" (marzo, 1942).

OTROS TÍTULOS

OmniaVeritas

Omnia Veritas Ltd presenta:

Historia Proscrita
I
Los banqueros y las revoluciones

POR

Victoria Forner

Los procesos revolucionarios necesitan agentes, organización y, sobre todo, financiación, dinero.

Las cosas no son a veces lo que aparentan...

OmniaVeritas

Omnia Veritas Ltd presenta:

Historia Proscrita
II
La historia silenciada de entreguerras

POR

Victoria Forner

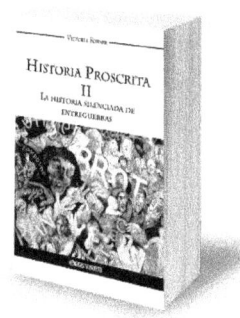

"El verdadero crimen es acabar una guerra con el fin de hacer inevitable la próxima."

El Tratado de Versalles fue "un dictado de odio y de latrocinio"

OmniaVeritas

Omnia Veritas Ltd presenta:

Historia Proscrita
III
La II Guerra Mundial y la posguerra

POR

Victoria Forner

Distintas fuerzas trabajaban para la guerra en los países europeos

Muchos agentes servían intereses de un partido belicista transnacional

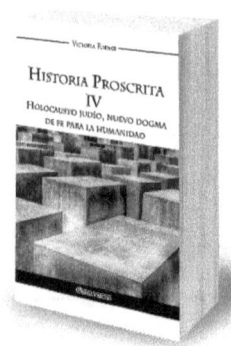

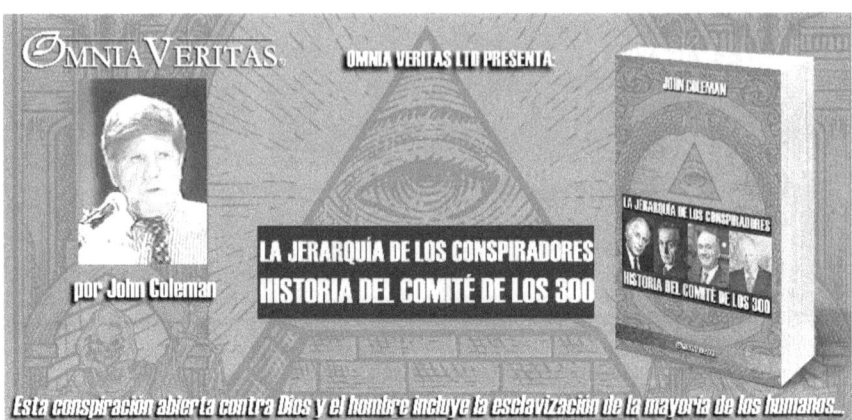

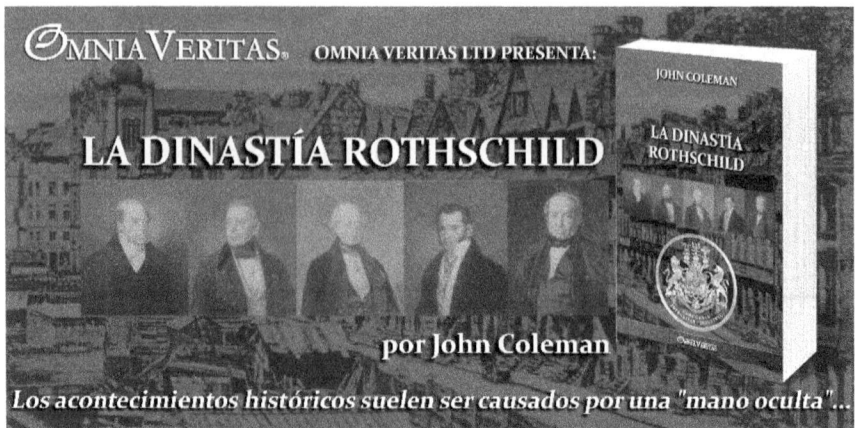

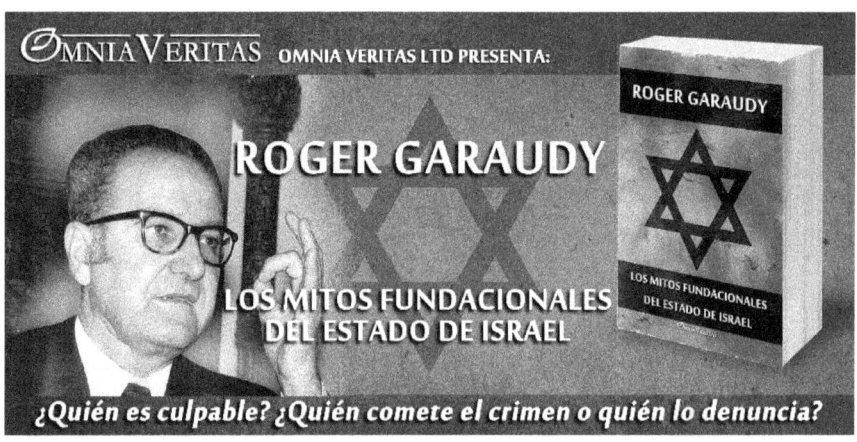

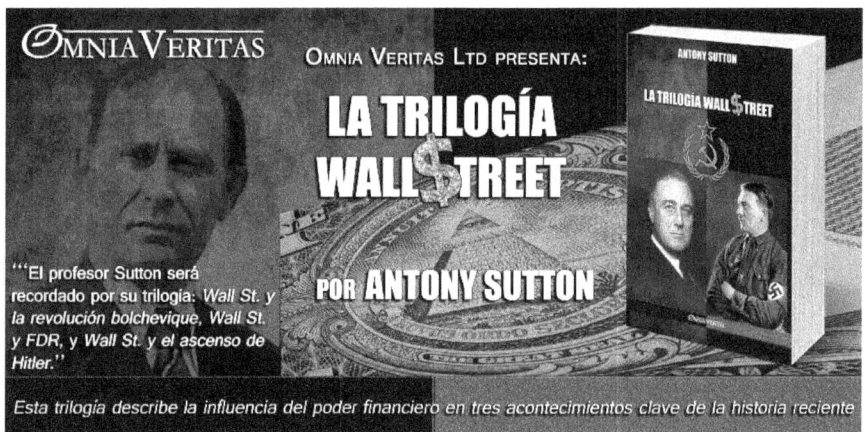

www.ingramcontent.com/pod-product-compliance
Lightning Source LLC
Chambersburg PA
CBHW060107170426
43198CB00010B/798